Vorwort

Die Zeit der Reformation war eine Zeit der Veränderungen. Die Menschen mussten sich mit neuen Ansichten auseinandersetzen, was für viele nicht ganz einfach war.

Als Autorin habe ich versucht die historischen Gegebenheiten so genau wie möglich wiederzugeben. Sollten sich trotzdem Fehler eingeschlichen haben, so bitte ich dies zu entschuldigen.

Das Buch

„Mit Luthers Thesen verändert sich die Welt. Im Land gärt es. Der Reichstag in Worms 1521 soll Klarheit bringen. Inmitten dieser turbulenten Zeit begegnen sich in Worms zwei junge Frauen: Mara, eine Christin von ungeklärter Herkunft, welche Speyer verlassen hat nachdem sie zur heimlichen Mitwisserin eines geplanten Mordanschlages auf Luther wird und Nahel, eine Jüdin, die nach einem Pogrom gegen die Juden in Regensburg fliehen musste und nun ihre jüdische Identität aus Angst vor neuer Verfolgung leugnet.

Beide Frauen freunden sich an. Aber können sie einander vertrauen? Nahel fühlt sich zu dem Buchhändler Christo hingezogen, glaubt aber er würde sie als Jüdin verachten. Mara hingegen versucht mit aller Macht Luther vor dem geplanten Anschlag zu schützen. Hilfe erhält Sie dabei von dem jungen Novizen Eckbert, für den das alles ein großes Abenteuer ist. Ihre Nachforschungen bleiben jedoch nicht geheim und Mara gerät selbst in tödliche Gefahr.

Die Autorin

Birte Jacobs wurde 1964 in Speyer geboren. Nach einem abgeschlossenen Studium der Betriebswirtschaft arbeitete sie lange bei einer Bank, bis sie sich entschloss ihr Hobby zum Beruf zu machen. Die Autorin lebt mit ihrer Familie in Speyer. Geheimsache Luther ist ihr erster Roman.

Historischer Roman

Birte Jacobs

Der Kleine Buch Verlag

Die Deutsche Nationalbibliothek verzeichnet diese Publikation in der
Deutschen Nationalbibliografie; detaillierte bibliografische Daten sind im
Internet über http://www.d-nb.de abrufbar.
Birte Jacobs, Geheimsache Luther
Der Kleine Buch Verlag, Karlsruhe

Alle Rechte vorbehalten.
Nachdruck, auch auszugsweise,
ohne Genehmigung des Verlags nicht gestattet.
© Der Kleine Buch Verlag, Karlsruhe
1. Auflage Oktober 2012
Lektorat: PUNKTUM, Sandra Nagel
Redaktion, Satz, Umschlagfotos
und Umschlaggestaltung: Sonia Lauinger
Umschlagfoto hinten: Fenster im Dom zu Speyer
Gedruckt in Deutschland,
Druckerei PRESSEL, D - 73630 Remshalden
ISBN 13: 978-3-942637-16-9
http://www.derkleinebuchverlag.de

Für meinen Vater.

Die Reichstadt Speyer um 1525, Bearbeiter: Karl Rudolf Müller

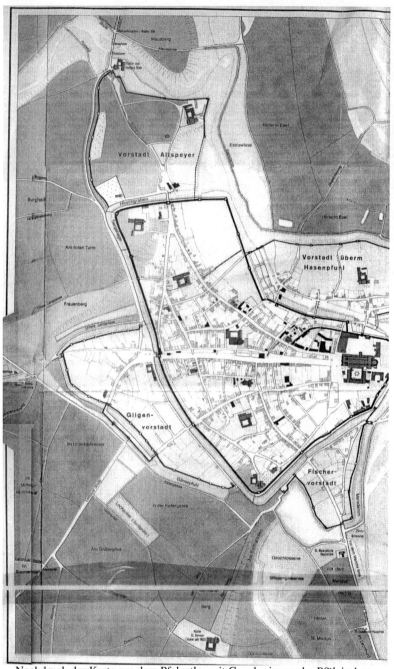

Nachdruck der Karte aus dem Pfalzatlas mit Genehmigung der Pfälzischen Gesellschaft zur Förderung der Wissenschaft zu Speyer.

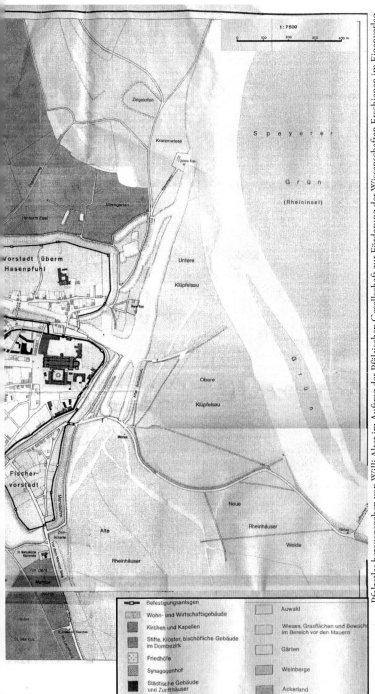

Pfalzatlas herausgegeben von Willi Alter im Auftrag der Pfälzischen Gesellschaft zur Förderung der Wissenschaften Erschienen im Eigenverlag zu Speyer 1982, Kartographie: Georg Schiffner zu Lahr im Schwarzwald, Gesamtherstellung: Zechnersche Buchdruckerei in Speyer

PLAN der Freien Stadt Worms in der Neuzeit (16. - 18. Jh.)

Die Lage der Gebäude ist in das heutige, im Innenstadtbereich nur geringfügig veränderte Straßennetz eingezeichnet. Als Grundlage für die Darstellung der äußeren Umwallung diente die Isometrie von Peter Hamman (Bild Nr. 2) sowie der dem 3. Band des Urkundenbuches von Heinrich Boos beigegebenen Plan von Heinrich Blaß. Einen auf das frühe 16. Jahrhundert bezogenen Plan siehe bei Reuter, 1521, S. 28 f., einen nahezu identischen Plan siehe bei Reuter, Mehrkonfessionalität, S. 46 ff.

MV = Mainzer Vorstadt; SV = Speyerer Vorstadt;
AV = Andreasvorstadt

Gassen, Plätze, Straßen: Andreasgasse, Fischergasse (Friesenstraße), Fischmarkt, Hangasse (Hagenstraße), Judengasse, Kämmerergasse, Mainzer Straße, Marktplatz, Obermarkt, Rheingasse, Speyergasse (Valckenbergstraße), Steinweg (Speyerer Straße), Wollgasse, Zwerchgasse (Römerstraße, nördlicher Teil Friedrichstraße).
Die Angabe von Straße und Hausnummer soll der Auffindbarkeit dienen, entspricht aufgrund veränderter Bauflucht- und Grundstücksverhältnissen bisweilen jedoch nur dem ungefähren Standort.

Bischofshof, Stifts- und Pfarrkirchen

1 Bischofshof (zerstört 1689, im 18. Jh. barocker Neubau, zerstört 1794) [Heylshofgarten]
2+3 Domstift St. Peter und Paul, mit Pfarrkirche St. Johannes (1807 abgerissen)
4+5 Andreasstift, mit Pfarrkirche St. Magnus (nach 1521 lutherisch)
6+7 Martinsstift, mit Pfarrkirche St. Lampertus (1689 zerstört)
8+9 Paulusstift, mit Pfarrkirche St. Rupertus (1689 zerstört, im 18. Jh. teilerneuert)
10+11 Liebfrauenstift, mit Pfarrkirche St. Amandus (nach 1632 zerstört)
12 Pfarrkirche St. Michael in der südwestlichen Vorstadt (im 17. Jh. zerfallen) [Ostecke Knappenstraße und Speyerer Schlag]

Kirchen, Spitäler, Friedhöfe

13 St. Meinhart in der Speyerer Vorstadt (zwischen Katholiken und Lutheranern strittig) [südlich des Klosters Maria-Münster, vgl. 25]
14 Leprosenhaus [Gutleutstraße]
15 Heilig-Geist-Spital (zerstört um 1632) [Andreasring 1]
16 Hohes Spital oder Elendenherberge und Allerheiligenkapelle in der Mainzer Vorstadt [Mainzer Straße 6]
17 Lutherischer Gottesacker in der Mainzer Vorstadt mit Kapelle Armer St. Stephan (auch Pestfriedhof genannt) [um die Woensamstraße]

Klöster und Ordensniederlassungen

18 Augustinerkloster (im 16. Jh. eingegangen) [Ecke Hagen- und Augustinerstraße]
19 Franziskaner- oder Barfüßerkloster, ab 1527 Lutherische Lateinschule, nach 1689 barocker Neubau [östlicher Marktplatz an der Petersstraße, heute Rathaus]
20 Dominikanerkloster, die Kirche um 1527 mit den Lutheranern geteilt, das von diesen benutzte Schiff nach 1689 nicht erneuert [Römerstraße, gegenüber dem Roten Haus und der Friedrichskirche, vgl. Nr. 40]
21 Reuerinnenkloster (Bergkloster) [Lutherring 5]
22 Kapuzinerkloster (um 1630 erbaut) [Liebfrauenstift 20]
23 Karmeliterkloster [Wilhelm-Leuschner-Straße 4]
24 Kloster Kirschgarten (Augustiner-Chorherren, 1525 zerstört) [südlich des Kirschgartenweges]
25 Kloster Maria-Münster oder Nonnenmünster in der Speyerer Vorstadt (Zisterzienserinnen) [Klosterstraße 32]
26 Richardikonvent oder Reichkonvent (Augustinerinnen) [Stephansgasse 10-14]
27 Remeyerhof (ehem. Remigier- oder Wilhelmitenkloster; der an dessen Stelle im 16. Jh. errichtete Profanbau seit 1646 im Besitz des Hochstiftes Speyer) [Nordostseite der Remeyerhofstraße]
28 Johanniterhof [Kämmerergasse 39]
29 Jesuitenkolleg (ab 1773 Fürstbischöfliches Schulseminar) [Seminariumsgasse und Luginsland]

Juden

30 Judengasse mit Synagoge, Tanzhaus und Spital
31 Heiliger Sand (Judenfriedhof) in der Andreasvorstadt zwischen innerer und äußerer Stadtbefestigung [Andreasring 21]

Profanbauten, Höfe und Neubauten im 18. Jh.

32 Bürgerhof (Rathaus) [Hagenstraße und Bürgerhofgasse]
33 Münze (dreiteiliger Gebäudekomplex mit Amts- und Gerichtshaus, 1689 zerstört, an seiner Stelle 1725 Dreifaltigkeitskirche) [Marktplatz 10-12]
34 Tanzhaus (zeitweilig als lutherische Kirche benutzt)[Martinsgasse 1]
35 Pfalzgrafenhof [zwischen Friedrich- und Rheinstraße]
36 Schönauer Klosterhof [Wollstraße 40]
37 Otterberger Klosterhof [nördlich neben der Magnuskirche am Glaskopf]
38 Deutsche Stadtschule, zerstört 1689, erneuert im 18. Jh. [Südwestecke Schilder- und Kohlgasse]
39 Neues (lutherisches) Spital von 1772 [Hardtgasse 6]
40 Reformierte Friedrichskirche von 1744, daneben reformierte deutsche Schule [Römerstraße 78-82]
41 Reformierter Friedhof in der Mainzer Vorstadt, 18. Jh. [Nordostecke Gau- und Arndtstraße]

Innere Stadtmauer: feine Linie; äußerer Wall: fette Linie.

Die Lage von Pforten und Türmen zeigt der Stadtmauerplan auf.

Kartographie: Hans-Jürgen Arnold, Worms

Siehe Nr. 42 bis Nr. 57 auf Seite 28.

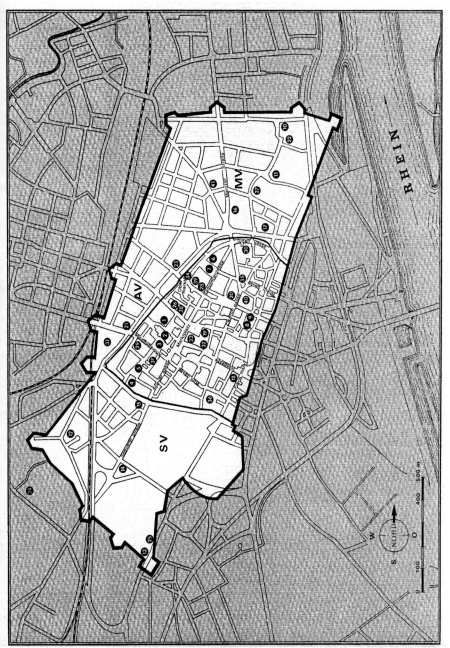

Quelle: Mit freundlicher Genemigung des STADTARCHIV WORMS

Seiten

6-7	Die Reichstadt Speyer um 1525
8-9	Plan der Freien Stadt Worm in der Neuzeit (16.-18. Jh.)
13	Prolog
15	1. Kapitel
	Speyer im Jahr des Herrn 1515
40	2. Kapitel
	Cordoba im Jahr des Herrn 1515
61	3. Kapitel
	Speyer im Jahr des Herrn 1519
78	4. Kapitel
	Regensburg im Jahr des Herrn 1519
102	5. Kapitel
	Speyer im Jahr des Herrn 1521
132	6. Kapitel
	Worms Anfang März im Jahr des Herrn 1521
145	7. Kapitel
	Speyer Anfang März im Jahr des Herrn 1521
165	8. Kapitel
	Worms im April im Jahr des Herrn 1521
183	9. Kapitel
	Worms vor Luthers Anhörung im April im Jahr des Herrn 1521
205	10. Kapitel
	Zur gleichen Zeit im Bischofspalast und Johanniterhof
229	11. Kapitel
	Die Nacht vor Luthers Anhörung April im Jahr des Herrn 1521
252	12. Kapitel
	Der Tag der Anhörung von Luther vor dem Reichstag
277	13. Kapitel
	Entscheidung in Worms April im Jahre des Herrn 1521
302	14. Kapitel
	Der Kreis schließt sich, Speyer Anfang Mai im Jahre des Herrn 1521
317	Danksagung

Prolog

„Komm!", sagte die Mutter und schritt zügig aus.

Weinend blickte das Mädchen zurück zu dem gemütlichen Haus, welches ihr in den letzten neun Jahren Heimat gewesen war.

Aber es gab kein Zurück für sie. Die Frau, die behauptete ihre Mutter zu sein, zog die Kleine unerbittlich vorwärts.

Weg von allem, was ihr lieb und gewohnt war, hin in Richtung der fremden und kalten Stadt, die von nun an ihr Zuhause sein sollte. Bald ragten die Türme des mächtigen Doms in der Ferne in den mit dunklen Wolken verhangenen Himmel. Ein kalter Windstoß ließ die Kleine frösteln. Mara spürte, in dieser Stadt würde sich ihr Schicksal entscheiden.

Speyer im Jahr des Herrn 1515

1. Kapitel

Am frühen Morgen hatte Mara zusammen mit der Mutter den Hof ihrer Tante verlassen.

Dort hatte sie eine glückliche Zeit verbracht. Ihre Mutter war Mara fremd. Sie verdiente in der Stadt das Geld und hatte sich bisher wenig um ihr Kind gekümmert.

Am vergangenen Abend war die Mutter unverhofft auf dem Hof aufgetaucht und hatte erklärt, Mara würde von nun an bei ihr in der Stadt leben. Die Tante hatte bei dieser Mitteilung geweint, doch das konnte Maras Mutter nicht umstimmen.

Nun waren sie seit einigen Stunden auf dem Weg in eine ungewisse Zukunft. Mara hatte es aufgegeben, auf die Umgebung zu achten. Der Weg war trocken, staubig und durch unzählige Karrenspuren uneben. Mit gesenktem Kopf stolperte Mara hinter ihrer Mutter her. Ihr taten die Füße weh, außerdem hatte sie Hunger. Doch sie wagte es nicht sich zu beklagen. Zu groß war ihre Angst vor der unbekannten Mutter.

In Sichtweite der mächtigen Stadtmauern, welche die freie Reichsstadt Speyer umgaben, machten sie endlich Rast. Zum ersten Mal, seit sie Mara abgeholt hatte, nahm sich die Mutter Zeit, die Kleine näher zu betrachten. Was sie sah, stimmte sie nicht gerade froh. Mara war für ihr Alter groß und schlank. Sie trug einen schäbigen grauen Kittel, welcher schon bessere Tage gesehen hatte und der ihr etwas zu kurz war. Ihre Arme und Beine waren von der Sonne gebräunt. Mara war diese erste ausführliche Begutachtung unangenehm.

Sie scharrte verlegen mit ihren nackten Füßen im trockenen Gras und hielt den Blick gesenkt. Eine Fülle bernsteinfarbiger Locken fiel ihr dabei ungebändigt ins Gesicht. Nachdem die Mutter sie einige Zeit von allen Seiten begutachtet hatte, legte sie Mara grob die Hand unter das Kinn und zwang sie den Blick zu heben.

Mara war diese Berührung unangenehm. Die Hand fühlte sich rau und kalt an und der Griff war hart und fest. Er gab

Mara einen Vorgeschmack darauf, was sie in Zukunft erwartete.

Erstaunt musterte die Mutter Maras Gesicht. Die intensiven smaragdgrünen Augen begegneten ihrem Blick wachsam, jedoch ohne Furcht. In diesem Moment spürte sie zum ersten Mal Maras starken Willen.

Die Mutter drückte Mara ein Stück hartes Brot und etwas Käse in die Hand. Mara setzte sich damit ins Gras am Wegesrand und begann hungrig zu kauen. Plötzlich sprach ihre Mutter sie mit rauer Stimme an. Bisher hatte sie mit Mara nur einige Worte gewechselt. Erstaunt sah Mara deshalb auf.

„Was ich dir jetzt sage, sage ich dir nur einmal", begann die Mutter mit spröder Stimme. „Du wirst mich in Zukunft Mutter nennen. Ich habe meinen Nachbarn erzählt, dass es mir aufgrund meiner Arbeit bisher nicht möglich war, mich um dich zu kümmern. Deshalb hast du bisher bei meiner Schwester gelebt. Jetzt habe ich dich geholt, damit du mir bei der Arbeit hilfst. Wage es nicht, irgendwem irgendetwas anderes zu erzählen."

Der Blick der Mutter war drohend. Mara nickte eingeschüchtert. „Mutter" sollte sie diese Frau nennen. Sie kannte sie ja kaum. Von einer Mutter hatte Mara eine ganz andere Vorstellung. Während sie noch darüber nachdachte, wie sie diese Anrede umgehen könnte, sprach ihre Mutter weiter:

„Du wirst in Zukunft in einer Stadt leben. Da geht es anders zu als im Dorf. Dort herrschen andere Sitten. Nur wer Geld hat ist in der Stadt etwas wert. Du und ich, wir stehen ganz unten. Wir erhalten den gerechten Lohn erst im Jenseits. Deshalb ist es wichtig, zu beten und sich an die Gebote der Kirche zu halten. Hast du das verstanden?"

Die Mutter sah Mara eindringlich an. So ganz klar war Mara nicht, was die Mutter ihr damit sagen wollte. Doch sie wusste, dass Beten oftmals helfen konnte. Die Tante hatte jeden Abend gebetet. Meist um Gesundheit für Mensch und Vieh. Mara beschloss, auch in Zukunft um Gesundheit zu beten und dafür, dass es in der Stadt eine Möglichkeit gab, lesen und schreiben zu lernen.

„Mutter", zaghaft sprach sie ihre Mutter an. „Die Tante hat mir einmal erzählt, in der Stadt dürften auch Mädchen zur Schule gehen und ich würde so gern lesen und schreiben lernen." Erwartungsvoll sah Mara ihre Mutter an. Der Ausbruch traf sie deshalb völlig unvorbereitet. Ihre Mutter packte sie grob am Oberarm und schüttelte sie heftig.

„Was glaubst du eigentlich, wer du bist?", fing die Mutter mit sich überschlagender Stimme an, laut zu schreien. „Ein nichtsnutziger Balg bist du und ein unnötiger Esser, den ich die nächsten Jahre am Hals habe. Hast du eine Ahnung wie schwer es ist, in einer Stadt wie Speyer zu überleben? Natürlich nicht, du hattest bisher ja alles im Überfluss!"

Erschrocken über die harten Worte schniefte Mara leise vor sich hin. Ihr Arm tat vom festen Zupacken weh und sie verstand nicht, warum ihre Mutter so verärgert war. Doch die Mutter war noch nicht am Ende:

„Lass dir gesagt sein, früher, zu Zeiten der Salier, war die Stadt reich und mächtig, doch heute ist der größte Glanz dahin. Nicht mehr der König hat in der Stadt das Sagen, sondern die Kirche, unterstützt von den reichen Kaufleuten. Glaubst du im Ernst, jemand hat Interesse daran, armen Mädchen den Zugang zu Wissen zu eröffnen? Oder willst du Nonne werden? Selbst das ist ohne Geld nicht möglich. Schlag dir also solchen Unsinn wie Lesen und Schreiben ganz schnell aus dem Kopf. Ich will nie wieder etwas davonhören."

Nach diesen Worten holte Maras Mutter erst einmal tief Luft. Sie bedachte das schniefende Kind mit einem bösen Blick. Dann zog sie Mara weiter in Richtung der bereits in Sichtweite liegenden mächtigen Stadtmauer.

Kurze Zeit später gelangten die beiden durch eines der großen Stadttore in der Nähe des Doms ins Innere von Speyer. Mara sah sich erstaunt und neugierig um. So viele Menschen hatte sie noch nie zuvor gesehen. Es gab Händler mit ihren Waren, Dienstmädchen mit schweren Einkaufskörben, Mönche in verschiedenen Kutten, Pastetenverkäufer und unzählige Dirnen und Bettler. Die Luft war angefüllt vom Lärm und den unterschiedlichsten Gerüchen. Mara konnte sich kaum sattsehen. Vor allem die reichen Kaufmannsfrauen in ihren prächtigen Kleidern hatten es Mara angetan. Zu gern hätte sie das ein oder andere Kleid einmal angefasst. Sie streckte bereits die Hand nach einem besonders prächtigen Stoff aus. Doch ihre Mutter ließ Mara keine Zeit dazu. Unerbittlich zog sie Mara durch das Menschengewühl. Nur vor den Stufen des mächtigen Doms blieb sie kurz stehen und verwies Mara noch einmal darauf, regelmäßig den Gottesdienst zu besuchen. Mara nickte pflichtschuldig. Allerdings hatte sie trotz ihres jungen Alters bereits einige Zweifel, was die Aussagen der Kirche betrafen. Diese Meinung behielt sie wohlweislich für sich.

An der Hand der Mutter überquerte sie den lebhaften Marktplatz, welcher ihr mit seinen vielen Buden und Ständen wie das diesseitige Paradies vorkam. Sie folgte der Mutter durch die Gassen in eines der ärmlichen Viertel der großen Stadt. Hier war nichts mehr von Pracht und Reichtum zu bemerken. Dicht an dicht standen die ärmlichen und oft auch schon halbverfallenen Holzhütten der Bewohner. Schmutzige Kinder in zerschlissenen Kitteln lärmten in der Gasse oder rauften sich im Staub mit kläffenden Hunden. Einige magere Schweine suhlten sich in schmutzigen Pfützen. Es roch nach sauerem Kohl und Abfällen. Erschrocken sah Mara sich um. So hatte sie sich ihr zukünftiges Leben nicht vorgestellt. Langsam begann sie zu ahnen, wie gut es ihr bisher ergangen war.

Fast am Ende der schmalen schmutzigen Gasse blieb die Mutter vor einer kleinen armseligen Hütte stehen. Sie stieß eine verzogene alte Holztür auf und schubste Mara über die Schwelle in ihr neues Zuhause.

Trotz ihrer Beklemmung sah sich Mara neugierig in dem einzigen kleinen und dämmrigen Raum um. Durch die offene Tür und das winzige Fenster, welches mit einigen alten Stoffresten notdürftig verhängt war, fiel nur wenig Licht in das Innere der Hütte. Unter dem Fenster lag ein alter Strohsack mit einigen zerschlissenen Decken, deren bunte Farben schon lange verblasst waren. Mara nahm an, dass dies das Bett ihrer Mutter war. Die Wand gegenüber der Tür nahm zum größten Teil eine gemauerte Feuerstelle ein. Von der Decke über der erkalteten

Glut hing ein rußiger, alter Kessel an einer rostigen Kette. Auf einem Regal an der Wand neben dem Herd standen einige Teller und Becher aus billigem Ton. Mara fiel eine massive Holztruhe auf, die mit ihren Verzierungen und den polierten Beschlägen in dieser ärmlichen Umgebung seltsam wirkte. Vermutlich war darin die restliche Habe der Mutter verstaut.

Ansonsten gab es im Raum nur noch einen alten Holztisch und drei Hocker. Beim Anblick der Armut wurde Maras Angst um ihre Zukunft immer größer und sie musste heftig schlucken. Die Mutter ließ ihr keine weitere Zeit zum Nachdenken. Mit harter Stimme erklärte sie ihr:

„Mädchen wie du sind oft nachlässig bei ihren Pflichten. Deshalb höre mir genau zu, was ich jetzt sage. Ich werde es dir kein zweites Mal erklären."

„Ja Mutter", kam es leise von Mara. Sie nahm sich vor, alles zu behalten, um ja in Zukunft keinen Fehler zu machen.

„Also, sei dir darüber im Klaren, dass ich weder Verständnis für Tagträumereien noch für irgendwelche Ausreden habe. Du bekommst von mir jeden Morgen, bevor ich das Haus verlasse, deine Arbeiten aufgetragen und ich erwarte, dass diese bei meiner Rückkehr erledigt sind. Wage es nicht, die Zeit unnütz zu vertrödeln oder dich in der Stadt herumzutreiben. Ich würde es herausfinden und dich entsprechend bestrafen. Sollten die Arbeiten nicht zu meiner Zufriedenheit erledigt sein, erhältst du kein Abendessen. Denn nur wer arbeitet, soll auch essen. So steht es in der Bibel. Hast du alles verstanden?"

Die Mutter musterte Mara mit zusammengekniffenen Augen. Mara nickte heftig mit dem Kopf. Es war ihr nicht möglich zu antworten. In ihrem Hals saß ein dicker Kloß, die pure Angst. Sie überlegte erschrocken, ob ihre Mutter vielleicht insgeheim beabsichtigte sie langsam verhungern zu lassen, nur um sie loszuwerden?

„Ansonsten musst du nicht viel mehr über mich wissen", sprach die Mutter weiter. „Nur, dass ich mein Geld damit verdiene, dass ich für die Beginen im Konvent in der Vorstadt die Wäsche wasche und auch sonst ab und zu dort aushelfe. Manchmal kann ich auch für die eine oder andere

Kaufmannsfamilie in der Stadt waschen. Nicht gerade die beste Arbeit, ewig im eiskalten Wasser zu stehen – geht einem ganz schön in die Knochen. Man muss eben nehmen, was sich bietet. Nun zu deinen Pflichten. Du kümmerst dich um die Hütte. Damit meine ich fegen, putzen, einkaufen und auch kochen. Ich erwarte am Abend etwas zu essen auf dem Tisch. Wenn du älter bist, wirst du mir bei der Wäsche helfen. So, das wäre es vorerst. Ich muss mich heute doppelt ranhalten. Durch deine Trödelei auf dem Weg hierher habe ich viel Zeit verloren und bin mit meiner Arbeit im Rückstand."

Nach dieser barschen Erklärung packte die Mutter ein Bündel Wäsche, das in einer Ecke der Hütte lag. Bevor sie den Raum verließ, drückte sie Mara einen alten abgenutzten Reisigbesen in die Hand und trug ihr auf, den Boden zu fegen, Feuer im Herd zu machen und den Tisch zu decken.

Die Mutter hatte die Hütte verlassen. Mara stand mit dem Besen in der Hand angstvoll da. Tränen der Verzweiflung liefen ihr über das Gesicht. Sie wollte nur noch eines, schnell weg von hier, zurück zu ihrer Tante. Doch Mara wusste, das war nicht möglich. Sie musste hier bleiben. Vorerst zumindest.

Die erste Zeit hatte Mara Schwierigkeiten sich einzuleben. Die Stadt erschien ihr groß und kalt. Die vielen Häuser und die engen Gassen verwirrten das Mädchen. Das Stadtbild wurde von den vielen Klöstern und Kirchen, allen voran dem mächtigen Dom, geprägt. Die Kirche teilte sich die Macht mit dem Rat der Stadt. Es gab nur wenige reiche Bürger. Die Mehrheit bestand aus Handwerkern, die in den vielen Zünften organisiert waren und so ein gewisses Maß an Sicherheit hatten. Menschen wie Mara und ihre Mutter standen ziemlich unten auf der Stufe der Gesellschaft.

Sie mussten jeden Tag aufs Neue um ihr Überleben kämpfen. Und doch ging es ihnen besser als den vielen Bettlern und Straßenkindern, die jeden Tag die Straßen und Plätze vor den Kirchen und Klöstern bevölkerten. Zwar gab es für Bettler wie auch für die anderen Armen die Möglichkeit der kostenlosen Armenspeisung in einem der vielen Klöster der

Stadt. Dort erhielten die Menschen einmal am Tag eine Schale mit nahrhaftem Eintopf sowie eine Scheibe altes Brot und einen Becher mit dünnem Bier.

Viele der Armen nahmen diese Möglichkeit in Anspruch, um wenigstens einmal am Tag einigermaßen satt zu werden. Manche der Bettler waren jedoch zu stolz für diese Armenspeisung. Sie sahen ihre Bettelei als eine Art von Arbeit an. Die Menschen in dieser Zeit waren der Meinung, alles im Leben sei von Gott bestimmt, auch die Armut. Aus diesem Grund fühlten sich die Reichen dazu verpflichtet, den Armen Almosen zu geben, um sich so einen Platz im Jenseits zu sichern.

In den ersten Wochen in Speyer war Mara oft sich selbst überlassen. Die Mutter hatte ihr deutlich klargemacht, dass sie Mara nur ungern aufgenommen hatte. Deshalb hoffte Mara, wenn sie die ihr aufgetragenen Aufgaben gewissenhaft erledigte, würde ihre Mutter mit der Zeit freundlicher zu ihr sein. Doch der Tag war lang und die wenigen Aufgaben füllten ihn nicht aus. Eine dieser Aufgaben war Wasser vom Brunnen zu holen. Im Viertel gab es mehrere Brunnen. Der nächste lag ein Stück die Gasse hinunter.

Bis dorthin traute sich Mara bald schon alleine zu gehen, obwohl ihr die Nachbarn ringsum etwas Angst machten. Genau wie ihre Mutter lebten alle Bewohner der schmutzigen Gasse in mehr oder weniger baufälligen Hütten. Die Männer hatten oft keine Arbeit oder vertranken den mageren Verdienst in einem der unzähligen billigen Gasthäuser. Die Frauen versuchten mit verschiedenen Gelegenheitsarbeiten die Familie zu ernähren. Es gab in dieser Gegend viele Kinder, trotz der Armut oder gerade aufgrund dessen, die lärmend die ungepflasterten Gassen bevölkerten und vor denen sich Mara fürchtete und sich oft auch versteckte.

Die Stadtkinder dagegen verspotteten Mara als Landei und Dummchen und machten sich über ihre armselige Kleidung lustig. Manche Frauen in der Nachbarschaft dagegen hatten Mitleid mit Mara. Es tat ihnen leid, wie die Mutter mit Mara umging.

An diesem sonnigen Morgen war Mara wie jeden Tag auf dem Weg zum Brunnen, um frisches Wasser zu holen. Als sie dort ankam, hatten sich schon einige Frauen aus der Nachbarschaft versammelt. Während sie ihre großen Krüge und Eimer füllten, tauschten die Frauen eifrig den neuesten Klatsch der Stadt aus. Es ging wie meistens um die Ehemänner aus dem Viertel und um Arbeitsmöglichkeiten. Doch heute war das wesentliche Thema die ungewollte Schwangerschaft einer Frau, die Mara nicht kannte. Sie hörte dem Geschwätz der Frauen deshalb ziemlich gelangweilt zu und hoffte, bald an die Reihe zu kommen, um ihren Krug zu füllen.

Es war für Mara jedes Mal schwierig, sich durch die tratschenden Frauen den Weg zum Brunnen und zurück zu erkämpfen. Gerade als sich Mara mit dem vollen schweren Wasserkrug den Weg zurückbahnte, erhielt sie unvermittelt einen heftigen Stoß in die Seite. Eine dicke Dienstmagd drängte sich rücksichtslos mit ihrem Eimer durch die Frauen, um an das Wasser zu gelangen. Mara verlor augenblicklich das Gleichgewicht und fiel mit dem vollen Krug in den Straßenstaub.

Leicht benommen blieb sie einen kurzen Moment am Boden sitzen. Keine der Frauen nahm Notiz von ihr. Kaum war sie aufgestanden, da bemerkte Mara das Unheil. Der Krug war zerbrochen und das Wasser hatte sich bereits im Straßenstaub verteilt. Angesichts der Scherben bekam Mara Angst. Sie konnte unmöglich ohne Wasserkrug nach Hause kommen. Was würde ihre Mutter dazu sagen? Es war der einzige Krug, den sie hatten. Zwar war er alt und bereits an einigen Stellen angeschlagen, doch er erfüllte seinen Zweck. Ratlos starrte Mara auf die Scherben am Boden. Ihre Augen füllten sich mit großen Tränen, die ihr langsam über die Wangen liefen. Leise begann sie zu schluchzen.

In diesem Moment spürte Mara ein Ziehen an ihrem Kleid. Sie drehte sich um und sah sich einem etwa gleichaltrigen Mädchen gegenüber. Die Kleine hatte zwei strohblonde Zöpfe, die ihr ordentlich geflochten über den Rücken hingen. Ihr Kittel war relativ sauber, genauso das Gesicht und ihre Hände. Mit strahlenden blauen Augen und einem leicht frechen Grinsen sah das Mädchen Mara an.

„Wie geht's", fragte die Kleine. „Ich bin Liesje. Ich wohne dort drüben." Das Mädchen zeigte auf ein Haus, nicht weit entfernt. Es stand an der Ecke zu einer größeren Gasse mit weniger armseligen Hütten. Liesjes Haus war solide gebaut. Das Erdgeschoss bestand aus Steinen. Die Fenster waren groß und standen aufgrund des warmen Tages offen. Das obere Stockwerk bestand aus Holz.

„Meinem Vater gehört das Gasthaus ‚Zum goldenen Hahn', dort vorne. Es ist das einzige Gasthaus hier im Viertel."

Die Kleine klang mächtig stolz, während sie ihr dies erzählte. Mara starrte sie erst einmal sprachlos an. Ihre Gedanken waren noch bei den Scherben des Kruges. Doch Liesje schien keine Antwort zu erwarten, sondern sprach munter weiter:

„Ich habe dich schon öfter hier am Brunnen gesehen. Das mit deinem Krug tut mir leid. Hol doch einfach zu Hause einen anderen. Übrigens, wie heißt du eigentlich?"

Langsam fand Mara ihre Sprache wieder. Noch nie hatte sie jemanden getroffen, der so schnell so viele Sätze hintereinander von sich gab, ohne Luft zu holen.

„Ich heiße Mara und bin noch nicht lange in Speyer. Früher habe ich auf einem Hof mit vielen Tieren gelebt. Doch dann hat meine Mutter mich hierher zu sich geholt."

„Das klingt aber nicht so begeistert", meinte Liesje dazu.

Mara sah das Mädchen an. Ihr Gesicht war offen und ohne Falsch. Doch wie viel konnte sie ihr erzählen? Mara beschloss, erst einmal vorsichtig zu sein.

„Nun, das Leben hier ist ganz anders. Ich weiß noch nicht, ob es mir gefällt. Die Stadt ist so groß, es gibt viele Straßen und Gassen. Man kann sich leicht verirren. Ich hätte auch nie gedacht, dass in einer Stadt derart viele Menschen leben würden. Im Dorf habe ich jeden gekannt und hier kenne ich kaum jemanden." Die letzten Worte kamen leise.

„Du musst deshalb nicht traurig sein. Hier gibt es auch viel Interessantes zu entdecken. Wenn du willst, zeige ich dir die Stadt."

Liesje nahm Mara an der Hand und zog sie in Richtung des Gasthauses. Die beiden Mädchen betraten durch eine breite Toreinfahrt den Hof, welcher direkt an das Gasthaus angrenzte. Mara sah sich neugierig um. Der fast quadratisch angelegte Hof war nicht sehr groß. Der größte Teil der Fläche wurde von einem Holzschuppen eingenommen, in dem sich allerlei Gerümpel und das Brennholz stapelten. Gleich daneben befand sich die Sickergrube des Gasthauses.

Einige fette Hennen liefen auf dem Hof frei umher und versuchten die Aufmerksamkeit eines trägen Hahns zu gewinnen. Neben der Tür, die vom Hof direkt in die Küche des Gasthauses führte, stand ein etwa 15-jähriger Junge mit wirrem dunklem Haar. In der Hand hielt er eine Axt. Seine Aufmerksamkeit war ganz auf den Holzstoß vor ihm gerichtet.

„Das ist mein Bruder Torben", erklärte Liesje. „Er ist für das Holz des Küchenherdes verantwortlich."

Der Junge sah kurz auf.

Liesje wies auf Mara: „Das ist Mara. Sie ist neu in der Stadt. Ich habe sie am Brunnen getroffen."

„Hallo", grüßte Mara leicht verlegen.

Der Junge nickte ihr freundlich, jedoch nicht weiter interessiert zu und konzentrierte sich dann wieder auf den Holzstapel.

„Mach dir nichts draus", meinte Liesje leise zu Mara.

„Torben hält Mädchen in unserem Alter für alberne Gänse, die von nichts eine Ahnung haben. Komm, gehen wir in die Küche. Da kannst du meine Mutter kennenlernen."

Durch die Tür betraten die beiden Mädchen die große Küche des Gasthauses, in der rege Geschäftigkeit herrschte.

Die Mittagszeit war schon fast vorbei, trotzdem war der angrenzende Schankraum noch gut mit hungrigen Essern gefüllt. Zwei Schankmädchen eilten mit vollen Tellern und großen Bierkrügen eilig zwischen Schankraum und Küche hin und her. Über dem Herdfeuer brodelte in einem großen gusseisernen Topf ein würziger Eintopf. Eine mittelgroße Frau mit rundlicher Figur und Liesjes blonden Haaren stand am großen Küchentisch und schnitt gekochtes Fleisch für den Eintopf klein. Liesje ging zu der Frau und zupfte sie an der Schürze.

„Mama", begann sie. Die Frau ließ sich jedoch beim Schneiden nicht stören. „Mama", versuchte es Liesje noch einmal etwas lauter.

„Das ist Mara. Ich habe sie draußen am Brunnen kennengelernt. Sie wohnt noch nicht lange in Speyer."

Die Frau hielt in ihrer Arbeit inne, sah auf und blickte Mara an, die verlegen in der Nähe der Tür stehen geblieben war.

„Hallo Mara", sprach Liesjes Mutter sie freundlich an. „Ich bin Bella. Schön, dass Liesje eine neue Freundin hat. Sicher fühlst du dich noch etwas fremd hier in der Stadt. Aber glaube mir, das wird sich bald legen. Liesje kann dir alles zeigen. Komm, setz dich an den Tisch. Bestimmt hast du Hunger? Du siehst ziemlich mager aus. Es ist genug da. Du musst also nicht schüchtern sein."

Genau wie Liesje redete auch die Frau ohne Unterbrechung. Jetzt war Mara klar, woher Liesje das hatte. Sie fühlte sich von Bella herzlich aufgenommen und nahm dankbar die Einladung zum Essen an. Mara beobachtete, während sie langsam den dicken Eintopf mit sichtlicher Begeisterung löffelte, Liesjes Mutter. Die Frau war genauso, wie Mara sich eine Mutter vorstellte. Etwas rundlich, herzlich und mit einem gütigen Lächeln im Gesicht. Bella hatte all das, was sie an ihrer eigenen Mutter schmerzlich vermisste. Mara beneidete Liesje um ihre Familie. Um den großen Bruder und die herzliche Mutter. Nachdem ihr Teller leer war, leckte Mara genussvoll ihren Löffel ab und bedauerte innerlich, so etwas Gutes nicht jeden Tag essen zu können.

„Na, hat es dir geschmeckt?" fragte Liesjes Mutter lächelnd, als sie den Teller abräumte.

„Wunderbar", gab Mara begeistert zur Antwort. „Vielen Dank für das gute Essen. Jetzt muss ich aber gehen."

„Schon?", kam es enttäuscht von Liesje. Sie hatte gehofft, Mara noch mehr von ihrem Zuhause zeigen zu können.

„Ja. Ich muss doch noch einen Eimer finden und das Wasser vom Brunnen holen. Und heute Abend meiner Mutter die Sache mit dem Krug erklären", antwortete Mara.

„Stimmt, der Krug. Das hätte ich ja fast vergessen. Mama, haben wir nicht einen Tonkrug übrig? Mara hat vorhin am Brunnen durch ein Missgeschick ihren Krug zerbrochen, und jetzt hat sie große Angst vor ihrer Mutter." Liesje sah ihre Mutter mit bittenden Kinderaugen an.

„Na ja, meinetwegen kann Mara einen von unseren alten Krügen haben", antwortete Bella, die ihrer Tochter nur selten etwas abschlagen konnte. „Anscheinend ist ihre Mutter sehr streng, wenn sie so ein Missgeschick bestraft."

Nachdenklich betrachtete Bella die neue Freundin von Liesje. Mara war die Sache sichtlich peinlich. Fast hätte sie den angebotenen Krug abgelehnt. Doch dann sah sie das strenge Gesicht ihrer Mutter vor sich. Ihr war klar, diese hätte kein Verständnis, sondern würde sie hart bestrafen. Liesje nahm Mara mit in einen Nebenraum. Dort standen neben großen Wein- und Bierfässern verschieden große Krüge an der Wand. Gemeinsam wählten Liesje und Mara einen Krug aus, von dem Mara glaubte, er sähe dem zerbrochenen am ähnlichsten. Anschließend ging Mara zurück in die Küche und bedankte sich bei Liesjes Mutter für den Krug. Danach verabschiedete sie sich.

„Du kannst gerne jederzeit wiederkommen und Liesje besuchen", rief ihr Bella noch hinterher. „Auch zum Essen bist du uns immer willkommen. Etwas mehr Fleisch auf den Rippen würde dir gut tun, Kind. Wenn du das nächste Mal kommst, kannst du auch den Vater von Liesje kennenlernen. Mein Mann ist heute unterwegs. Er will bei den Dominikanermönchen in der Stadt einige Fässer Bier kaufen."

Nach diesen abschließenden Worten nahm wieder der Eintopf Bellas volle Aufmerksamkeit in Anspruch. Mara und Liesje gingen zusammen zurück zum Brunnen, um den Krug zu füllen. Mittlerweile ging es schon auf den Nachmittag zu und der Brunnen lag verlassen da.

„Und, wie gefällt dir meine Familie?" wollte Liesje neugierig wissen.

„Gut", kam als Antwort. „Vor allem deine Mutter ist sehr nett. Bekommt bei euch eigentlich jeder Fremde gleich etwas zu essen?"

„Kinder immer", erklärte Liesje. „Meine Mutter füttert oft auch einige der Straßenkinder mit durch. Meinem Vater gefällt das nicht und er versucht immer wieder es ihr zu verbieten. Aber was er nicht sieht, regt ihn nicht auf."

Liesje lachte Mara an. Die musste einfach mitlachen. Liesjes Unbekümmertheit war ansteckend.

„Übrigens, meine Mutter hat das völlig ernst gemeint, als sie zu dir sagte, du könntest jederzeit zum Essen vorbeikommen. Ich denke, sie mag dich. Außerdem ist sie froh, wenn ich mich mit Mädchen in meinem Alter treffe und nicht soviel bei ihr in der Küche bin und mich langweile. Nur bisher gab es hier im Viertel kein Mädchen, mit dem ich enger befreundet sein wollte. Die meisten sind entweder strohdumm oder furchtbar albern."

Mara warf Liesje nachdenklich einen Blick von der Seite zu. „Dann hast du im Moment keine richtige Freundin?" fragte sie vorsichtig.

„Nein, eigentlich nicht. Bis vor ein paar Wochen war Lena, die jüngste Tochter vom Apotheker Weidner, einige Straßen weiter, meine beste Freundin. Aber als der herausfand, in welchem Viertel ich lebe, und dass meine Eltern ein Gasthaus haben, verbot er ihr den Umgang mit mir. So ist dies nun mal. Die Kinder aus den besseren Vierteln sehen oftmals auf uns herab. Aber jetzt bist ja du da. Ich denke, wir werden richtig gute Freundinnen?" Liesje sah Mara erwartungsvoll an.

Die wusste nicht so genau, was sie jetzt sagen sollte. Einerseits schloss sie nicht so schnell Freundschaften. Aber Liesje war sehr nett zu ihr gewesen und sie wollte sie auf keinen Fall verletzen. Auch mochte sie Liesjes Familie und ihr war klar, dass sie einen Platz brauchte, an dem sie willkommen war. Andererseits hatte sie noch nie eine richtige Freundin gehabt und es war ihr nicht klar, was Liesje von ihrer Freundschaft erwartete. Mara beschloss deshalb, einfach ihrem Gefühl zu vertrauen und drückte Liesje fest die Hand.

„Ich freue mich, dass wir uns heute kennengelernt haben und ich hoffe auch, dass wir richtig gute Freundinnen werden."

Mara nahm den vollen Wasserkrug vom Brunnenrand und

machte sich auf den Weg nach Hause. Viel Zeit blieb ihr nicht mehr, um die aufgetragenen Arbeiten bis zur abendlichen Rückkehr der Mutter zu erledigen. Vor allem hoffte Mara, dass ihrer Mutter der ausgetauschte Krug nicht auffallen würde.

Liesje sah Mara noch eine Weile vom Brunnen aus nach. Die ganze Zeit über hatte sie das Gefühl gehabt, irgendetwas würde Mara bedrücken. Liesje nahm sich vor, in den nächsten Wochen Mara alles in der Stadt zu zeigen und sie mit allen Straßen, Gassen und Gässchen vertraut zu machen. Vielleicht würde es ihr dadurch auch gelingen, dass Mara mehr lachte. Liesje war ganz fest der Meinung, Mara hätte eine gute Portion Fröhlichkeit und Unbeschwertheit nötig.

In den nächsten Wochen stellte sich die Freundschaft mit Liesje für Mara als wahrer Glücksfall dar. Liesje war in Speyer geboren und aufgewachsen. Sie kannte jede Ecke der Stadt. Außerdem war sie von Natur aus weit weniger zurückhaltend als Mara. Liesje redete gerne und viel. Durch das Gasthaus ihrer Eltern kannte sie viele Einwohner von Speyer. Die Leute grüßten sie und oft blieben sie auch stehen, um mit ihr einige Worte zu wechseln. Nach einigen Wochen in Liesjes Gesellschaft hatten die Nachbarn auch Mara anerkannt. Sie wurde von den Frauen der Nachbarschaft gegrüßt und mit der einen oder anderen Frau plauderte sie bei Gelegenheit ein wenig. Sogar die Gassenjungen hörten auf, Mara zu beleidigen, nachdem Liesje ihnen mit ihrem älteren Bruder Torben gedroht hatte. Durch die Freundschaft zu Liesje wurde Maras Leben in Speyer um einiges einfacher.

Auch die Straßen und Gassen der Stadt verloren im Laufe der Zeit ihre Bedrohung. Liesje hatte ihr Versprechen nicht vergessen und machte Mara mit der Stadt vertraut. Fast jeden Tag, wenn Mara mit ihrer Hausarbeit fertig war, lief sie zum Gasthaus, um Liesje abzuholen. Immer wenn Mara die Küche betrat, umfing sie eine geschäftige Atmosphäre. Es wurde geschnippelt, gerührt, gebraten, gedünstet. Der Geruch nach nahrhaftem Essen hing in der Luft und mitten im geschäftigen Treiben stand Liesjes Mutter Bella und gab mit ruhiger Stimme den Hilfskräften ihre Anweisungen. Meist war auch Liesje mit den anfallenden Küchenarbeiten beschäftigt, wenn Mara kam. Bella mochte Mara und konnte ihr oftmals die Bitte, Liesje ein oder zwei Stunden freizugeben, nicht abschlagen. Mara bedankte sich jedes Mal artig dafür und ihre Freundin war froh, der Küche und dem Gemüseputzen entronnen zu sein. Liesje hatte Mara erzählt, sie solle später zusammen mit ihrem Bruder Torben das Gasthaus übernehmen.

Die Streifzüge der Mädchen führten nach und nach durch die ganze Stadt. Angefangen hatte Liesje mit ihrem eigenen Viertel. Nachdem Mara sich dort gut zurechtfand, dehnten sie ihre Erkundungen weiter aus.

Heute zeigte die Freundin Mara den mächtigen Dom, das Hauptwahrzeichen der Stadt. Groß und prächtig stand er da, am Ende der großen Marktstraße, welche vom Hauptstadttor direkt auf ihn zuführte. Die beiden Mädchen standen vor dem Hauptportal und blickten, den Kopf in den Nacken gelegt, nach oben.

„Ganz klein kommt man sich vor, wenn man in die Höhe sieht", meinte Mara nachdenklich. „Glaubst du, der Dom ist deswegen so hoch, damit die Menschen sich klein vorkommen?"

„Ich weiß nicht", meinte die Freundin. "Darüber habe ich noch nie nachgedacht."

Schon nach kurzer Zeit hatte Liesje festgestellt, dass Mara vieles von dem, was sie einfach so hinnahm, hinterfragte.

Immer suchte Mara nach Antworten. Ab und zu fand Liesje das ziemlich anstrengend, zumal sie auf die meisten Fragen der Freundin keine Antwort wusste.

„Sollen wir uns das Innere des Doms ansehen?", fragte Liesje, um die Freundin abzulenken. „Du hast so etwas Prächtiges bestimmt noch nie gesehen."

Die beiden Mädchen liefen die Stufen vor dem Dom hinauf und betraten den Innenraum. Im Inneren der Kirche war das Licht leicht dämmrig. Die Luft roch schwach nach Weihrauch und die dicken Mauern strahlten Kühle aus. Es fröstelte Mara. Begeistert zeigte Liesje ihrer Freundin das ein oder andere

Detail im Kirchenraum, wie die gewölbten hohen Decken oder den prächtigen Altar.

Mara sah sich verhalten um. Gerade an diesem Ort gingen ihr viele Fragen durch den Kopf, die sie als Kind niemandem stellen konnte. Beim Anblick des gekreuzigten Jesu schämte sie sich für ihre Zweifel. Liesje bemerkte von dem Zwiespalt der Freundin nichts. Sie zog Mara weiter durch den Dom, begeistert davon, Fremdenführerin spielen zu können. In der Nähe des Altars wurden Wachskerzen in verschiedenen Größen verkauft. Diese konnten die Besucher nach einem Bittgebet vor der Statur des gekreuzigten Jesu oder seiner Mutter Maria aufstellen.

„Warte einen Moment", meinte Liesje zu Mara. „Ich will so eine kleine Kerze kaufen und vor der Mutter Gottes ein Gebet sprechen."

„Für was oder wen willst du denn beten?", fragte Mara erstaunt.

„Das Kind einer Nachbarin hat hohes Fieber. Die Mutter ist zu arm, um eine Kerze zu kaufen. Und jeder weiß doch, zusammen mit einer Kerze wirken Bittgebete viel mehr."

Mara sah ihre Freundin etwas ungläubig an. Sie war sich unsicher, ob dem so war. Oder ob der Verkauf von Kerzen nur die Kassen der Kirche füllte, genauso wie die Messen für die Verstorbenen oder die Ablassbriefe, um das Fegefeuer zu verkürzen. Kaum hatte sie diese Gedanken zu Ende gedacht, bereute es Mara auch schon. Schließlich war sie ein Kind, was wusste sie schon von solchen Dingen? Schnell bekreuzigte sie sich und bat Maria für ihre Gedanken um Vergebung.

„Ja, geh nur", meinte sie zu Liesje. „Ich sehe mich in der Zeit noch etwas im Dom um."

Während Liesje die Kerze kaufte, ging Mara zu einem der Seitenschiffe. Hier hatten verschiedene Händler ihre Verkaufsstände aufgebaut. Es gab Schreiber, die für Kunden Briefe schrieben oder Verträge aufsetzten. Ein Papiermacher verkaufte das dafür benötigte Papier in unterschiedlicher Qualität. Daneben hatte ein Tintenverkäufer seinen Tisch. Aufgereiht standen da unterschiedlich große Glasgefäße mit schwarzer, blauer oder roter Tinte.

Mara besah sich alle Verkaufsstände genau. Langsam schlenderte sie daran vorbei. Am Ende der Reihe, etwas versteckt in einer Nische, entdeckte Mara einen Buchverkäufer. Sofort schlug ihr Herz höher. Ausgebreitet auf dem Verkaufstisch lagen da dickere und schmalere Bücher in Latein. Es gab auch kunstvoll gestaltete Psalter sowie mehrere Bücher mit Gedichten und Erzählungen. Sogar einige Bücher über Philosophie und Medizin waren darunter. Andächtig nahm Mara ein kleines Buch mit verziertem Einband in die Hand. Der Bucheinband war aus Leder und kunstvoll mit Blattgold verziert.

„Nun, kleines Fräulein", meinte der Buchhändler freundlich zu Mara. „Gefallen dir meine Bücher?"

Zaghaft nickte sie. Andächtig strichen Maras Finger über den Ledereinband des Buches.

„Da hast du dir gleich etwas Besonderes ausgesucht", versuchte der Buchhändler es weiter. Er hatte die Hoffnung, dass Maras Eltern irgendwo im Dom wären und ihm vielleicht ein Buch abkaufen würden. „Das Buch hier wurde von einem Griechen geschrieben, sein Name ist Aristoteles. Es geht darin um Philosophie."

Der Mann bemerkte Maras verständnislosen Gesichtsausdruck. „Das Buch handelt von den Möglichkeiten zu denken."

Jemand hatte ein Buch über das Denken geschrieben. Mara konnte es kaum glauben. Wie gerne würde sie solche klugen Gedanken einmal lesen. Fast zärtlich strich sie noch einmal über den Einband, dann legte Mara das Buch mit sichtlichem Bedauern zurück zu den andern auf den Tisch. Verlegen sah sie den Buchhändler an.

„Ich kann nicht lesen", meinte Mara leise.

„Das ist schade." Der Buchhändler blieb trotzdem freundlich. Er spürte den Wunsch des Kindes. „Ein so hübsches Mädchen wie du sollte lesen können. Also lerne es."

„Wie soll das gehen? Mädchen haben kaum die Möglichkeit dazu, es sei denn die Eltern haben Geld." Mutlos ließ Mara den Kopf hängen.

„Gib nicht gleich auf. Man muss im Leben bereit sein für das zu kämpfen, was man wirklich will. Deine Eltern haben also kein Geld. Nun, das erschwert die Sache etwas, aber es macht sie nicht unmöglich."

Mara fasste wieder etwas Hoffnung. Anscheinend hatte der Mann eine Idee.

„Könnt Ihr mich nicht unterrichten?", erwartungsvoll sah Mara den Buchhändler an. Sie stellte es sich schön vor, ihre Zeit hier am Stand zu verbringen, zusammen mit den vielen Büchern.

„Ich könnte als Gegenleistung für Euch arbeiten."

„Kind, vergiss diese Idee ganz schnell."

Vorsichtig sah der Mann sich um. Doch niemand nahm Notiz von ihnen. Die Aufmerksamkeit der Besucher im Dom gehörte in diesem Moment zwei Frauen, welche sich einige Stände weiter um eine kleine Flasche hellblaue Tinte stritten. Der Buchhändler atmete auf.

„Mädchen, wie du sehen kannst, habe ich meinen Stand hier im Dom ganz hinten", begann er seine Erklärung. „Die Kirche würde mich ganz schnell von diesem Platz verjagen, wenn bekannt würde, dass ich einem Mädchen Unterricht erteile. Wovon soll ich dann leben? Wahrscheinlich würde man mir auch schlimme Dinge vorwerfen und ich käme dann in den Kerker. Außerdem sind Frauen, die lesen können, auch hier in der Stadt noch immer die Ausnahme. Aber, wenn die Eltern ihre Töchter von Hauslehrern unterrichten lassen, kann die Kirche wenig tun. Allerdings ist ein solcher Unterricht teuer und du hast gesagt, deine Eltern haben kein Geld. Da fällt mir nur eine Lösung ein. Der Beginenkonvent in der Nähe der Kirche St. Martin. Der liegt in der Vorstadt Alt-Speier. Dort unterrichten die Beginen Mädchen aus Handwerkerfamilien gegen eine geringe Gebühr. Natürlich lernst du dort nur die Grundlagen. Allerdings, wenn du unbedingt lesen lernen willst, wäre es ein guter Anfang."

Der Buchhändler sah Mara eindringlich an.

Ihr fiel ein, dass ihre Tante das Gleiche erzählt hatte und die Reaktion ihrer Mutter, als sie danach gefragt hatte, ob sie lesen lernen dürfe. Nein, so kam sie nicht weiter.

Trotzdem bedankte sich Mara freundlich bei dem Mann für seinen Rat. Es würde zu weit führen, ihm zu erklären, warum diese Möglichkeit für sie nicht in Frage kam. Der Buchhändler spürte, dass Mara ihm etwas verschwieg. Er schlug ihr deshalb vor:

„Du kannst gerne wieder vorbeikommen und mich besuchen, wenn du magst. Es ist oft etwas einsam hier und ich würde mich freuen, mit jemandem über meine Bücher reden zu können."

Mara war glücklich über sein Angebot. Gerne würde sie ihn ab und zu besuchen kommen und seine Bücher ansehen. Dann lief sie schnell los, um Liesje zu suchen. Die Freundin stand in der Nähe des Ausgangs und sah ihr missmutig entgegen.

„Ich steh hier schon seit einer Ewigkeit und warte auf dich. Du weißt, ich habe heute nicht viel Zeit und ich wollte dir doch noch den Domnapf zeigen", empfing sie Mara aufgebracht. „Und was machst du, du führst endlose Gespräche mit dem alten Buchhändler."

„Kennst du ihn?", wollte Mara neugierig wissen.

„Er kommt ab und zu ins Gasthaus. Isst Mamas Eintopf und trinkt ein oder zwei Krug Bier. Meist redet er kaum ein Wort. Aber seine Bücher sind ihm sehr wichtig. Die Leute sagen, er sei etwas sonderbar."

„Eher einsam", dachte Mara. Doch das behielt sie für sich. Sie war sich sicher, sie würde den Buchhändler noch öfter besuchen.

Die Mädchen verließen den Dom. Draußen schien warm die Sonne und der Platz vor dem Dom lag in hellem Licht. Liesje zeigte mit ausgestrecktem Arm auf ein rundes Gebilde ganz aus Stein, welches den Platz in gerader Linie vom Haupteingang des Doms aus gesehen begrenzte.

„Weißt du was das ist?", fragte sie die Freundin.

Mara schüttelte verneinend den Kopf. Zwar hatte sie das Ding schon einmal gesehen, aber keine Ahnung, was es darstellen sollte. „Das ist der sogenannte Domnapf", erklärte ihr Liesje.

Mara betrachtete ihn genauer und umrundete das Gebilde.

Irgendwie hatte er schon Ähnlichkeit mit einem Becher oder Napf.

„Und wozu ist der gut?", lautete nach der Betrachtung ihre Frage.

„Der Domnapf stellt die Grenze zwischen der weltlichen und der geistlichen Gerichtsbarkeit dar. Das bedeutet, wenn ein Verbrecher sich hinter den Domnapf flüchtet, untersteht er dem Urteil der Kirche und nicht mehr dem Rat."

„Ist so etwas schon einmal passiert?", wollte Mara wissen.

„Solange ich denken kann nicht. Aber vielleicht kann sich mein Vater noch an ein solches Ereignis erinnern. Ich werde ihn danach fragen. Jetzt komm, ich will dir noch mehr von der Stadt zeigen."

Die Mädchen liefen die Marktstraße entlang in Richtung des Hauptstadttores, welches wiederum eine genaue Linie mit dem Domnapf und dem Haupteingang des Doms bildete. Plötzlich blieb Mara stehen und sah Liesje an.

„Sag mal, kannst du lesen und schreiben?"

„Wie kommst du darauf", kam es etwas ungehalten von der Freundin. „Nein, das muss ich als Frau nicht können. Meine Mutter kann es auch nicht und mein Vater kann nur seinen Namen schreiben. Das reicht völlig."

„Aber du hast mir doch erzählt, du wirst später das Gasthaus mit deinem Bruder übernehmen. Wie soll das gehen, ohne lesen und schreiben zu können?"

„Dummchen", kam es von Liesje. „Natürlich lernt mein Bruder lesen, schreiben, rechnen und sogar etwas Latein. Er besucht am Vormittag die Schule im Dominikanerkloster. Dort gibt es extra eine Klasse für die Söhne der Handwerker, die später den elterlichen Betrieb übernehmen. Torben ist ganz gut im Lernen."

Bei diesen Worten konnte man hören, dass Liesje stolz auf ihren Bruder war.

„Und was ist mit dir? Möchtest du nicht auch etwas lernen?"

„Nein, warum sollte ich. Später werde ich in der Küche und im Schankraum arbeiten. Deshalb bringt mir meine Mutter das Kochen und das günstige Einkaufen bei. Natürlich muss ich etwas rechnen können, doch das lerne ich von Torben. Was soll ich da meinen Kopf mit so unnötigen Dingen wie lesen und schreiben vollstopfen? Außerdem, kein Mann will eine Frau, die mehr weiß als er selbst."

Mara seufzte leise. Hier kam sie nicht weiter. Liesje verstand sie einfach nicht. So gern sie ihre Freundin auch hatte, in diesem Punkt würden sie wohl nie einer Meinung sein. Mara wollte sich auch nicht streiten. Deshalb beschloss sie, mit Liesje vorerst nicht mehr über das Thema Lesen und Schreiben zu sprechen. Von den geplanten Besuchen bei dem alten Buchhändler wollte sie ihr lieber nichts erzählen.

An diesem Nachmittag trennten sich die Mädchen zum ersten Mal, seit sie Freundinnen waren, leicht verstimmt am Brunnen ihres Wohnviertels.

Einige Tage später war mit ihrer Freundschaft alles wieder beim Alten. Mara und Liesje durchstreiften die Stadt. Es gab immer noch genügend Ecken, welche Mara nicht kannte.

„Ich möchte heute das Viertel Alt-Speier kennenlernen", bat Mara ihre Freundin.

„Was willst du denn dort? Das Viertel ist nicht so besonders. Vorstadt halt eben. Da gibt es Gemüsegärten, Wiesen, Obstbäume und die Kirche St. Martin. Aber die ist nicht besonders schön. Nicht so großartig wie der Dom. In diesem Viertel gibt es noch nicht einmal eine komplette Stadtmauer. Nur den Speyerbach als Begrenzung."

All das kam ziemlich abfällig von Liesje. Man merkte ihr an, dass sie diese Ecke von Speyer nicht besonders mochte.

„Bitte", kam es bettelnd von Mara. „Ich möchte doch jedes Viertel der Stadt kennenlernen. Und meine Mutter arbeitet doch öfter für die Beginen. Der Konvent liegt in Alt-Speier. Ich habe meine Mutter extra danach gefragt. Dann könnte ich einmal sehen, wo genau sie arbeitet."

„Na gut", lenkte Liesje versöhnlich ein. „Ich hätte dir zwar lieber das Dominikanerkloster gezeigt, wo mein Bruder zur Schule geht. Manche Mönche im Kloster sind ganz nett. Bruder

Enzo aus der Küche zum Beispiel. Er schenkt mir immer süßes Gebäck, wenn ich Torben abhole. Aber wenn du unbedingt die Beginen sehen willst, meinetwegen."

Mara strahlte Liesje an. Natürlich wollte sie nicht zu den Beginen, um den Arbeitsplatz ihrer Mutter zu sehen, sondern sie hoffte, einen Blick auf die Mädchenschule der frommen Frauen werfen zu können. Wohlweislich verschwieg sie dies jedoch. Sie wollte keinen unnötigen Streit.

Die Mädchen schlenderten die breite Marktstraße entlang, in Richtung Hauptstadttor. Kurz davor bogen sie rechts in eine schmalere Gasse ein. Diese zog sich ziemlich lang, vorbei an gepflegten Häusern mit Obst- und Gemüsegärten bis zur Stadtgrenze. Durch ein kleineres Stadttor verließen sie den geschützten ummauerten Bereich und standen in der Vorstadt. Die Bebauung war hier weniger dicht als im Hauptteil der Stadt. Zwischen den Hütten sah man Felder, Wiesen und Obstbäume, genau wie Liesje es gesagt hatte. Auf den Feldern arbeiteten die Eigentümer oder Pächter. Zwei Frauen beobachteten die Mädchen mit verhaltener Neugierde, sprachen sie jedoch nicht an. Ein Stück weiter die Straße entlang sah man einen gemauerten Kirchturm.

„Das ist der Turm vom St.-Clara-Kloster. Dort leben Nonnen", erklärte Liesje. „Sie verteilen jeden Mittag am Tor Suppe an die Armen. Wenn wir uns beeilen, bekommen wir vielleicht auch etwas davon."

Die Mädchen legten einen Schritt zu und waren bald in der Nähe des Klosters. Nicht weit davon entfernt erstreckte sich eine Ansammlung von kleinen zweistöckigen Häusern, eine hohe Mauer umgab sie. Nur die Dächer waren von der Straße aus gut zu erkennen. Das große massive Holztor mit dem Eingang lag zur Straße, doch es war geschlossen. Kein Blick konnte nach innen dringen. Liesje zeigte auf die Gebäude.

„Dort leben die Beginen. Weißt du was Beginen sind?"

„Eine Art Nonnen", antwortete Mara.

„Ja, irgendwie schon und auch wieder nicht. Meine Mutter hat gesagt, sie sind genauso fromm wie die Nonnen, legen aber kein Gelübde ab und können jederzeit wieder gehen.

Auch treffen sie ihre eigenen Entscheidungen. Sie unterstehen keinem Mann."

Mara hörte ihr nur mit halbem Ohr zu. Sie war enttäuscht. Sosehr hatte sie gehofft, die Schule sehen zu können. Vielleicht ergab sich später dazu eine Möglichkeit. Liesje zog Mara die Straße entlang hin zum Kloster St.-Clara. Das Mittagsläuten war bereits vorbei. Trotzdem bekamen Mara und Liesje von einer freundlichen Nonne am Tor des Klosters einen Teller nahrhafter Suppe.

Gesättigt setzten sich die beiden unweit des Speyerbaches unter einen mächtigen alten Baum ins warme Gras und sahen auf das klare Wasser, auf dem vereinzelt Sonnenstrahlen tanzten. Jede hing ihren Gedanken nach. Stille machte sich breit.

„Sollen wir jetzt zum Beginenkonvent gehen?" kam es nach einer Weile von Liesje. „Vielleicht sehen wir ja deine Mutter?"

„Mhm", antwortete Mara verhalten. Ihr waren mittlerweile Zweifel gekommen, ob die Idee, zum Konvent zu gehen, so gut war. Wenn sie Maras Mutter in die Arme liefen, konnte das unangenehm werden.

„Was ist nun?", Liesje wurde ungeduldig. „Ich hab nicht den ganzen Tag Zeit. Heute hat Mutter viel zu tun in der Küche. Entscheide dich, gehen wir gleich heim oder noch zum Konvent?"

Nach einiger Überlegung siegte dann doch die Neugierde bei Mara. Vielleicht stand ja jetzt das große Tor offen und sie konnte einen Blick in den Innenhof werfen.

„Lass uns zum Konvent gehen", entschied Mara.

Auf dem Rückweg nahmen sie die gleiche Straße. An der Abzweigung zum Konvent blieb Liesje stehen.

„Sei mir bitte nicht böse", begann die Freundin zögerlich. „Ich glaube, es ist doch besser, wenn ich nach Hause gehe und meiner Mutter helfe. Du kennst ja den Heimweg. Er ist auch nicht schwer zu finden. Folge einfach der Straße in Richtung Stadt. Außerdem will ich deine Mutter nicht treffen. Du weißt, sie kann mich nicht leiden."

Das stimmte allerdings. Maras Mutter hatte wenig für Liesje und ihre Familie übrig. Der Grund dafür war das Gasthaus.

Für Maras Mutter war dies ein Ort der Lasterhaftigkeit. Ihrer Meinung nach sollten anständige und gottesfürchtige Menschen solche Häuser meiden. Sie hatte deshalb Mara den Umgang mit Liesje verboten. Dieses Verbot hatte Mara jedoch umgangen.

Nachdem die Mutter bemerkt hatte, dass Mara sich oft im Gasthaus satt aß und ab und zu sogar Reste mitbrachte, hatte sie die Freundschaft der Mädchen mehr oder minder schweigend hingenommen. Allerdings wollte sie Liesje nicht in ihrem Haus haben. Daher war es verständlich, dass Liesje Maras Mutter nicht begegnen wollte.

Mara war es eigentlich ganz recht, dass die Freundin zurück zur Stadt musste. Es war ihr lieber, sich alleine im Konvent umzusehen.

„Nein, ist schon gut", meinte sie daher. „Ich sehe mich um und erzähle dir beim nächsten Treffen davon."

„Viel gibt es da ohnehin nicht zu sehen. Nur Mauern und das Tor."

Nach diesen Worten trennten sich die beiden. Mara ging langsam auf den Konvent zu. Beim Näherkommen sah sie, dass das große massive Haupttor offen stand und einige Mädchen, ungefähr in ihrem Alter, kamen ihr auf der Straße entgegen. Als die Mädchen auf gleicher Höhe waren, sprach Mara sie an.

„Geht ihr bei den Beginen zur Schule?" Mara stellte die Frage dem ältesten Mädchen der Gruppe.

„Was geht dich das an?", antwortete diese schnippisch.

„Ich war nur neugierig. Sind die Beginen streng? Müsst ihr viel lernen?", Mara ließ nicht locker.

Eines der jüngeren Mädchen antwortete: „Allzu streng ist unsere Lehrerin nicht. Aber es ist ziemlich anstrengend, lesen und schreiben zu lernen. Viel lieber würde ich zu Hause bleiben und meiner Mutter im Haus helfen."

Mara sah das Mädchen ungläubig an. Wie konnte es das Lernen nur als anstrengend empfinden? Für Mara wäre es das Paradies, wenn sie dazu die Möglichkeit hätte.

„Wirst du auch mit uns zur Schule gehen?", mischte sich das erste Mädchen in das Gespräch ein. Sie musterte Mara von oben bis unten mit einem abfälligen Lächeln. Die Mädchen waren durchweg gut gekleidet und es war klar, dass Mara keine von ihnen war.

„Nein", meinte sie leise.

„Das dachte ich mir schon."

Die anderen Mädchen tuschelten und kicherten. Es war nur zu offensichtlich, dass Mara kein Geld für die Schule hatte. Ohne Mara weiter zu beachten, setzten die Mädchen ihren Weg fort. Mara sah ihnen traurig nach. Sie wusste, es würde keinen Spaß machen zusammen mit diesen Mädchen zu lernen, selbst wenn sie das Geld dazu hätte.

Mittlerweile hatten die Beginen das große Hoftor wieder geschlossen. Es ärgerte Mara, soviel Zeit mit den Mädchen vergeudet zu haben. Unschlüssig ging sie vor dem Tor eine Weile auf und ab, aber es blieb verschlossen. Das einzige Geräusch, welches über die mit Efeu bewachsenen alten Mauern drang, war das Gegacker der Hühner und das Grunzen von Schweinen.

Bald kam Mara zu dem Entschluss, dass es keinen Sinn hatte, noch länger zu warten. Anscheinend wurde das große Eingangstor nur selten am Tag geöffnet. Mara war enttäuscht. Sie hatte so gehofft, die Schule zu sehen. Stattdessen hatte sie eine unerfreuliche Begegnung mit den Stadtmädchen. Doch sie würde nicht aufgeben. Sie würde versuchen, mehr über die Beginen zu erfahren, und irgendwann einen Blick auf die Schule zu werfen. Möglicherweise konnte sie ihre Mutter einmal hierher begleiten? Auf jeden Fall nahm sich Mara fest vor, bei passender Gelegenheit wieder hierher zu kommen. Sie würde einen Weg finden, um zu lernen. Wenn nicht bei den Beginen, dann woanders.

Cordoba im Jahr des Herrn 1515
2. Kapitel

Seit vor einigen Tagen ein berittener Bote an das Tor geklopft und einen Brief des Hausherrn abgegeben hatte, stand das ganze Haus Kopf. Die Dienerschaft hatte in allen Räumen gründlich gefegt und geputzt. Aus der Küche im Erdgeschoss zogen seit Tagen die verschiedensten Gerüche durch das Haus. Es roch nach gebratenem Huhn, gesottenem Fisch, frischem Brot, Honigkuchen und allerlei süßen Pasteten. Jeder im Haus war mit den Vorbereitungen beschäftigt, denn die Ankunft des Hausherrn Isaak ben Samuel, welcher sich in Cordoba Hermann von Regensburg nannte, stand unmittelbar bevor.

Auch Nahel konnte es kaum erwarten ihren Vater wiederzusehen. Monatelang war der jüdische Gelehrte und Arzt unterwegs gewesen, um Geschäftspartner und Freunde im gesamten Römischen Reich zu besuchen. Unter anderem seinen Bruder und dessen Familie in Regensburg.

Seit Stunden lief Nahel schon unruhig im Obergeschoss des Hauses von einem Zimmer in das andere.

„Nahel, komm her", ertönte der Ruf ihrer Großmutter aus einem der angrenzenden Zimmer.

Nahel gab ihren derzeitigen Aussichtsplatz am Fenster des großen Wohnraumes mit gutem Blick zur Straße auf und folgte dem Ruf.

Nahels Großmutter, Donna Isabella, saß auf einem bequemen maurischen Diwan in satten Rot- und Orangetönen. Auf einem niederen Tisch daneben stand allerlei Naschwerk. Die Wände des Raumes waren mit prachtvollen Teppichen in orientalischen Mustern geschmückt. Selbst der Boden des Raumes war mit kostbaren Teppichen belegt. An den Wänden standen kunstvoll geschnitzte Schränke und Truhen.

Hier hielt sich Donna Isabella am liebsten auf. Sie genoss es, auf dem Diwan zu sitzen, zu sticken und ab und zu von den kandierten Früchten zu naschen. Kritisch betrachtete die alte Frau die halbfertige Arbeit auf ihrem Stickrahmen.

Als ihre Enkelin den Raum betrat, sah sie ihr aufmerksam entgegen. Immer, wenn sie Nahel ansah, bemerkte die alte Frau, wie schnell sie erwachsen wurde.

Für ihre 11 Jahre war Nahel groß geraten. Eine Fülle rabenschwarzer Locken umrahmte ein fein geschnittenes Gesicht mit hohen Wangenknochen. Die dunklen, leicht schräg stehenden Augen gaben dem Gesicht etwas Geheimnisvolles.

Donna Isabella war immer wieder erstaunt, wie sehr Nahel ihrer verstorbenen Tochter ähnelte. Nahels Mutter war vor zwei Jahren zusammen mit ihrem kleinen Sohn an einem rätselhaften Fieber erkrankt. Nahels Vater war zu dieser Zeit gerade auf Reisen. Keinem der herbeigerufenen einheimischen Ärzte gelang es, die beiden zu retten. Seitdem lebte Nahel mit ihrem Vater im Haus von Donna Isabella. Diese vertrat bei ihrer Enkelin die Mutterstelle und behielt sie im Auge, wenn der Vater verreist war. Für Nahel war der Tod ihrer Mutter ein ziemlicher Schock gewesen, aber sie liebte ihre Großmutter und war gern mit ihr zusammen. Außerdem bot das weitläufige Haus im ehemaligen jüdischen Viertel von Cordoba viel Platz. Die Räume waren zweigeschossig um den begrünten Innenhof mit seinem großen Wasserbecken und dem Springbrunnen angeordnet. Dort im Freien spielte sich im Sommer der größte Teil des häuslichen Lebens ab. Durch das Wasserbecken und die vielen Pflanzen, welche Schatten spendeten, blieb der Innenhof auch im Sommer trotz Hitze herrlich kühl. Überall luden Ruhebänke zum Verweilen ein. Nahel saß oft auf einer Bank und hörte dem Plätschern des Wassers zu. Alle anderen Geräusche blieben außerhalb.

Im Erdgeschoss des Hauses lagen die Küche, die Vorratsräume, die Schlafräume der Dienerschaft sowie das Arbeits- und Studierzimmer von Nahels Vater. Außerdem gab es noch einen kleinen Empfangsraum für Besucher. Der eigentliche Wohnbereich der Familie befand sich im Obergeschoss des Hauses. Erreichbar waren diese Räume vom Innenhof aus über eine breite Treppe.

„Kind, dein Vater kommt nicht schneller von seiner Reise zurück, auch wenn du von einem Fenster zum anderen läufst wie ein Fohlen auf der Weide." Donna Isabellas Stimme klang liebevoll.

„Ich weiß, Nana", antwortete Nahel ungeduldig. „Aber Vater war so lange auf Reisen und er hat mir nur zweimal geschrieben. Der eine Brief kam aus Regensburg und er hat fast nur über seinen Bruder und dessen langweilige Frau und die tugendhaften Töchter geschrieben. Allerdings kaum etwas über die Stadt oder was er sonst so gesehen hat in der Ferne. Ob er mir vielleicht ein Buch als Geschenk mitbringt?"

„Etwas mehr Anstand könnte dir nicht schaden", kam es leicht tadelnd von der Großmutter. „Es gibt auch noch etwas anderes im Leben als Bücher und Sprachen. Wissen zu erwerben mag ja ganz schön sein, wenn man ein Mann ist. Aber eine Frau sollte nie klüger als ihr Mann sein!"

Nahel stöhnte innerlich. Sie wusste, dass die Großmutter ihren Wissensdrang missbilligte. Donna Isabella hätte es lieber gesehen, wenn Nahel ihre Zeit mit Sticken und dem Führen des Haushaltes verbracht hätte, statt jeden Tag von einem Hauslehrer Unterricht im Lesen und Schreiben, in verschiedenen Sprachen sowie Philosophie zu erhalten. Mittlerweile beherrschte Nahel einige Sprachen so gut, dass sie angefangen hatte, die Bücher im Studierzimmer ihres Vaters zu lesen.

„Nana, die Zeiten ändern sich", versuchte Nahel Donna Isabella friedlich zu stimmen. Sie wollte auf keinen Fall eine getrübte Stimmung bei der Ankunft ihres Vaters.

„Mama konnte doch auch lesen und schreiben. Sie schrieb oft Briefe für Vater. Er war immer sehr stolz auf seine kluge Frau."

„Das ist mir bekannt mein Kind", stimmte Donna Isabella Nahel zu. „Sieh es mir alten Frau nach. Die Zeiten ändern sich so schnell. In meiner Jugend war Bildung für Mädchen noch verpönt. Auch waren die Zeiten für uns Juden sehr schwer."

„Noch schwerer als heute?", warf Nahel leicht spöttisch ein. Sie war damit aufgewachsen, dass die Juden untereinander darüber klagten, wie schwer die Zeiten in Spanien für sie seien.

„Verspotte mich nicht", antwortete die Großmutter leicht verärgert. „Du weißt genau, was ich meine."

Nahel sah verlegen zu Boden.

„Verzeiht mir, Nana. Ich wollte nicht ungehörig sein."

„Als ich in deinem Alter war, gab es noch eine richtige jüdische Gemeinde in Cordoba. In der Synagoge, nicht weit von hier, wurden Gottesdienste abgehalten und nicht wie heute Vorräte gelagert. Aber bereits wenige Jahre später haben unter dem Druck der christlichen Herrscher, viele Juden Cordoba verlassen. Die Zurückgebliebenen hatten nur eine Wahl – den Übertritt zum katholischen Glauben. Auch für deinen Großvater und mich bot dies die einzige Möglichkeit, um weiterhin in Cordoba leben zu können. Auch wenn wir uns nach außen als Katholiken geben, so haben wir doch unsere jüdischen Wurzeln nie vergessen. Deine Mutter habe ich so erzogen und auch du sollst nie vergessen, dass du jüdischer Abstammung bist und du solltest stolz darauf sein. Auch wenn wir unsere Traditionen nur im Geheimen leben können und immer wachsam sein müssen. Die Spitzel der Inquisition sind überall!"

Nahel hatte diese Geschichte schon oft gehört. Wie ihre Großeltern zu guten Katholiken wurden und trotzdem ihrem jüdischen Glauben treu blieben. Auch Nahel ging regelmäßig zur Kirche, obwohl ihr die christliche Religion nur wenig bedeutete. Sie fühlte sich innerlich als Jüdin.

„Nana, ist unser Übertritt zum katholischen Glauben der Grund dafür, warum Vater sich hier in Cordoba nur Hermann von Regensburg nennt und nicht unter seinem richtigen Namen Isaak ben Samuel lebt?" Nahel hatte diese Frage ihrer Großmutter zuvor noch nie gestellt. Es erschien ihr bisher einfach nicht wichtig.

Donna Isabella nahm eine kandierte Dattel aus der Schale, betrachtete sie einen Moment und biss dann vorsichtig ein Stück davon ab. Augenblicklich erfüllte die Süße der gezuckerten Frucht ihren ganzen Mund. Die alte Frau ließ sich mit der Antwort Zeit.

„Über das, was ich dir nun erzähle, mein Kind, musst du Stillschweigen bewahren. Dein Vater und wir alle wären sonst in großer Gefahr. Im Römischen Reich gibt es in einigen Städten auch heute noch immer jüdische Gemeinden. Dort müssen sich die Juden nicht verstecken, sondern können ihren Glauben offen leben. Trotzdem sind die Juden oftmals nicht gern gesehen. Vor vielen Jahren kam dein Vater von Regensburg nach Spanien. Dein Vater merkte schnell, hier in Spanien konnte er als Jude nicht frei leben. Durch Zufall lernte er deinen Großvater kennen und kam so in unser Haus. Er verliebte sich in deine Mutter und blieb hier in Cordoba. Dein Großvater stellte ihn überall in der Stadt als Christen vor und niemand zweifelte daran. Dein Vater erwarb sich schnell einen guten Ruf als Gelehrter unter den Christen der Stadt. Da er sehr häufig auf Reisen war, ist es der Inquisition bisher entgangen, dass er sich an den Christlichen Feiertagen oftmals unter einem Vorwand in seinem Studierzimmer einschließt und nur äußerst selten eine Kirche betrit. In letzter Zeit jedoch gab es Gerüchte. Ich fürchte, dein Vater ist nicht mehr sicher in Cordoba!"

Bei diesen Worten erschrak Nahel heftig. In den vergangenen Monaten war ihr Leben ruhig verlaufen. Aufgrund der Fürsorge und liebevollen Zuwendung Dona Isabellas hatte Nahel mittlerweile den Tod ihrer Mutter recht gut verarbeitet. In ihrem neuen Zuhause fühlte sie sich wohl und geborgen, auch ohne die ständige Anwesenheit ihres Vaters.

„Was für Gerüchte, Nana?"

„Wie soll ich dir das erklären, Kind", die Stimme der Großmutter klang resigniert. „Dein Vater hat sich anscheinend in den höchsten Kreisen der Stadt Feinde gemacht. Wie und wen, kann ich dir nicht sagen. Ich werde bei seiner Rückkehr mit ihm darüber sprechen. Bis dahin mach dir nicht allzu viele Gedanken. Vielleicht ist das alles nur die Übervorsicht einer alten Frau."

Donna Isabelle wandte sich wieder ihrem Stickrahmen zu. Sie bereute es bereits, mit Nahel über ihre Ängste gesprochen zu haben.

Nahel verließ leise das Zimmer und kehrte zu ihrem Aussichtsposten am Fenster zurück. Von dort konnte sie fast die gesamte Hauptstraße des ehemaligen jüdischen Viertels überblicken. Nachdem vor über zwanzig Jahren die eigentliche jüdische Gemeinde aufgelöst wurde, bewohnten konvertierte Juden und auch sogenannte Alt-Christen die Häuser entlang der Hauptstraße. Die einzige Pracht der Häuser war noch immer sichtbar und die Mauern erstrahlten weiß wie Schnee in den warmen Strahlen der Mittagssonne. Die Fenster der Außenfassaden waren geschmückt mit roten Geranien.

Aufgrund der Wärme herrschte auf der Straße nur wenig Verkehr. Die meisten Bewohner des Viertels zogen es vor, die Mittagszeit in ihren schattigen Innenhöfen oder den kühlen Räumen der Häuser zu verbringen.

Für Nahel gab es deshalb nur wenig zu sehen. Sie kniete auf dem Deckel einer mit kunstvollen Schnitzereien versehenen Truhe und blickte, die Arme auf das Fensterbrett gestützt, durch die geöffneten Fensterflügel die Straße entlang. Gegenüber dem Haus unter einem Torbogen hatte Ismael, der Melonenverkäufer, seinen Stand. Gerade packte er seine Waren zusammen und floh aus der Mittagssonne. Gegen Abend würde der Verkäufer zurückkehren und seine Melonen anpreisen, so wie jeden Tag. Langsam entfernte sich der Handkarren des Melonenverkäufers. Danach lag die Straße wieder verlassen da. Lediglich zwei zottelige Hunde dösten in einiger Entfernung im Schatten eines Hauses vor sich hin. Viel zu sehen gab es also nicht und Nahel dachte über die Worte ihrer Großmutter nach.

Sie hatte nur wenig Ahnung von der Tätigkeit ihres Vaters. Zwar wusste sie, dass er in manchen Kreisen der Stadt einen guten Ruf als Arzt hatte. Oftmals wurde ihr Vater mitten in der Nacht zu Patienten gerufen, doch er sprach nie mit ihr über seine Arbeit. Nur einmal hatte er ihr von einem hochgestellten Vertreter der katholischen Kirche erzählt. Der Mann gehörte zu den Vertrauten des Königs und war auf der Rückreise nach Toledo, als ihn bei einem Aufenthalt in Cordoba ein heftiges Unwohlsein befiel. Ihr Vater konnte ihm mit einigen Kräuteraufgüssen Linderung verschaffen. Am nächsten Tag reiste der Mann ab. Nach seiner Abreise war der Vater oftmals in Gedanken versunken durch den Innenhof gewandelt. Bald darauf trat er seine Reise in das Heilige Römische Reich an. Ob es da einen Zusammenhang gab? Sobald ihr Vater im Haus war, wollte Nahel die Wahrheit von ihm hören.

Von hinten näherten sich Schritte und Nahel drehte sich um. Miriam, die Magd, kam auf sie zu. In der Hand hielt sie einen vollen Teller.

„Du musst etwas essen, mein Täubchen", meinte die alte Frau. „Schon heute Morgen hat es dir an Appetit gefehlt. Sieh, was ich dir gemacht habe."

Nahel hatte eigentlich keinen großen Hunger, zuviel ging ihr durch den Kopf. Aber sie wollte die Magd nicht enttäuschen. Miriam war schon die Amme ihrer Mutter gewesen und nach deren Tod Nahels Kindermädchen. Jetzt war die Frau alt und machte sich auf die eine oder andere Art im Haushalt nützlich.

Der Teller, den sie hielt, sah wirklich gut aus. Auf ihm lagen einige Stücke kalten Huhns, Brot, Oliven, Käse und auch ein Stück saftiger Honigkuchen war dabei. Miriam wusste, bei Honigkuchen wurde Nahel immer schwach. Die Magd stellte den Teller neben Nahel auf das Fensterbrett.

„Möchtest du nicht etwas von dem Huhn mit Brot probieren?" fragte sie.

Nahel nickte und nahm sich eine Scheibe Brot, legte etwas von dem Huhn darauf und biss hinein.

„Das schmeckt wirklich gut, Miriam. Über der ganzen Warterei habe ich das Essen vergessen."

„Gut, dass ich da bin und für dich daran denke", meinte Miriam zufrieden.

Nahel kaute mit wachsendem Appetit. Auch von den Oliven und dem Käse blieb nur wenig übrig. Am Ende griff sie zum Honigkuchen. Diesmal war er der Köchin besonders süß und saftig geraten. Nahel genoss jeden einzelnen Bissen. Anschließend leckte sie sich die Finger ab.

„Kind, das gehört sich für eine Dame nicht", tadelte Miriam.

Die Dienerin hielt ihr ein feuchtes Tuch hin, welches sie zu diesem Zweck mitgebracht hatte.

„Wo ist Nana, Miriam?", fragte Nahel, nachdem sie ihre Finger sauber gewischt hatte.

„Deine Großmutter hat sich in ihren Gemächern etwas

hingelegt. Sie will bei der Ankunft deines Vaters ausgeruht sein. Übrigens, unten im Innenhof wartet dein Lehrer auf dich. Soll ich ihm sagen, dass du gleich kommst?"

„Ja, sage ihm, ich käme in einigen Minuten," antwortete Nahel. Die Dienerin nickte und verließ den Raum.

Nahel fuhr sich mit den Händen kurz durch die schwarzen Locken und strich ihr blaues Seidenkleid glatt. Anschließend lief sie die breite Treppe ins Erdgeschoss hinunter.

Die Unterrichtsstunden machten Nahel viel Freude. Nathan war ebenfalls ein konvertierter Jude und ein guter Freund ihres Vaters. Er unterrichtete hauptsächlich Jungen aus konvertierten Familien, aber er hatte auch einige Schüler aus rein christlichem Umfeld, um der Inquisition keine Angriffsfläche zu bieten. Nathan gab Nahel aus Freundschaft zu ihrem Vater Unterricht. Zuerst war er entschieden dagegen gewesen ein Mädchen zu unterrichten, doch mit der Zeit hatte er Nahel als eifrige und begeisterte Schülerin erlebt.

Als sie im Innenhof ankam, stand ihr Lehrer am Springbrunnen und betrachtete den üppig blühenden Hibiskus, welcher an der Außenmauer entlang wuchs. Nahels Verhältnis zu Nathan ging weit über eine reine Lehrer-Schüler-Beziehung hinaus. Im Laufe der Zeit war er für Nahel wie ein Großvater geworden. Als junger Mann hatte Nathan viele Länder bereist, bevor er in Cordoba sesshaft wurde und mit dem Unterrichten begann. Mittlerweile ging er auf die Sechzig zu, sein Kreuz machte ihm immer mehr zu schaffen und an manchen Tagen fiel Nathan das Laufen schwer. Doch seine blauen Augen blitzten noch immer voller Lebensfreude unter den buschigen Augenbrauen hervor, wenn er Nahel Geschichten von seinen Reisen erzählte. Heute fehlte allerdings der Glanz.

„Schalom, Nahel", begrüßte er Nahel, als sie näher kam.

„Schalom, auch Euch mein Lehrer", antwortete Nahel.

Es war der Wunsch ihres Vaters gewesen, dass Nahel hebräisch lernen und mit der Geschichte ihres Volkes vertraut sein sollte. Mittlerweile waren ihre Hebräischkenntnisse so gut, dass Nathan vor einigen Wochen angefangen hatte, mit ihr die Thora und den Talmud zu studieren.

„Ich wusste nicht, dass Ihr heute vorbeikommen würdet. Oder habe ich es nur bei der ganzen Aufregung durch Vaters Ankunft vergessen?", fragend sah Nahel ihren Lehrer an.

„Nein, mein Kind, ich bin eigentlich wegen deinem Vater hier. Ich war der Meinung, er wäre bereits zurück von seiner Reise und ich könnte etwas mit ihm besprechen. Außerdem hoffte ich auf Neuigkeiten aus der Ferne."

„Leider muss ich Euch enttäuschen. Vater ist noch nicht eingetroffen. Allerdings erwarten wir seine Ankunft im Laufe des Tages. Wenn Ihr warten wollt, würde ich mich freuen. Außerdem könnten wir in der Zeit etwas plaudern", meinte Nahel. Sie gab einer Dienerin einen Wink und trug ihr auf, aus der Küche süßes Konfekt, kandierte Datteln sowie kalten Limonensaft zu bringen.

„Ich möchte deinem Vater nach der langen Reise lieber erst ein oder zwei Tage Ruhe gönnen, bevor ich mit meinen Angelegenheiten erneut vorspreche. Etwas Zeit habe ich jedoch und es würde mich freuen, mit meiner eifrigsten Schülerin ein wenig zu plaudern."

Nahel freute sich, den Lehrer zum Bleiben überredet zu haben. Mittlerweile hatte die Dienerin ein Tablett auf einer der Ruhebänke im Schatten abgestellt und sich dann leise zurückgezogen. Nahel und ihr Lehrer setzten sich. Sie bot ihm den kalten Saft an. Der Alte nahm einen Schluck und sah das Mädchen aufmerksam an.

„Nun, was hast du auf dem Herzen?", fragte er freundlich.

„Wie kommt Ihr darauf, dass ich etwas auf dem Herzen habe?", meinte Nahel leicht verlegen.

„Ich kann in dir lesen wie in einem Buch. Heute bist du zwar wegen der Rückkehr deines Vaters aufgeregt, aber da ist noch etwas anderes. Geht es deiner Großmutter gut?"

Besorgnis zeigte sich in seinem Gesicht.

Nahel nahm eine kandierte Dattel vom Tablett und biss ein Stückchen davon ab.

„Macht Euch keine Sorgen. Nana geht es gut.

Allerdings ..." Den Rest des Satzes ließ sie unausgesprochen in der Luft hängen.

„Allerdings – was?", wollte Nathan ungeduldig wissen.

„Nana hat mir heute von einigen Dingen erzählt, die meinen Vater betreffen", fing Nahel erneut an.

„Halt, Kind", unterbrach sie der Lehrer. „In diesem Fall, wenn du etwas über deinen Vater erfahren hast, sprich mit ihm darüber. Ich möchte ihm, egal um was es geht, da nicht vorgreifen. Verstehst du das?"

Nahel nickte. Sie hatte schon geahnt, dass der Alte sich nicht einmischen würde, schon aus Freundschaft zu ihrem Vater. Aber vielleicht konnte er ihr eine andere Frage beantworten?

„Was will die Inquisition von den konvertierten Juden?"

Bisher hatte Nahel weder mit ihrem Vater noch mit ihrem Lehrer über die aktuelle Lage in Cordoba gesprochen. Seit heute Morgen war ihr dieser Fehler bewusst.

Nathan überlegte. Wie viel sollte er dem Kind von der tatsächlichen Lage der konvertierten Juden erzählen? War es nicht eher die Aufgabe des Vaters, mit ihr darüber zu sprechen? Er entschied sich für den Mittelweg. Er würde ihr einiges erzählen, aber nichts, was ihr Angst machen könnte. Schließlich war Nahel noch ein Kind.

„Du weißt sicher, dass im Jahr 1492 alle Juden binnen drei Monaten ihr Heimatland verlassen mussten, aufgrund eines Ediktes des Königs. Verantwortlich für dieses Edikt waren wohl die christlichen Berater des Königs und der Königin. Anscheinend hatten sie Angst vor dem Einfluss der Juden im Land. Viele Juden folgten der Ausweisung. Doch mancher wollte im Land seiner Väter bleiben und konvertierte deshalb zum Christentum. So wie deine Großeltern oder auch ich. Kannst du mir bis dahin folgen?"

„Ja", meinte Nahel. Das, was ihr der Lehrer erzählte, hatte sie schon oft gehört.

„Aber welche Rolle spielt dabei die Inquisition?"

„Dazu komme ich gleich", fuhr Nathan fort. „Das ist so. Solange die Juden ihren Glauben lebten, hatten sie ihre eigene Gerichtsbarkeit. Das christliche Recht galt nicht für sie. Aber die konvertierten Juden, die man conversos nennt, gelten als Christen und unterstehen dem christlichen Recht und damit auch der Inquisition. Diese Instanz wurde aufgrund der vielen konvertierten Juden ins Leben gerufen. Denn viele dieser Juden sind nur nach außen Christen und leben im Verborgenen ihre jüdischen Traditionen weiter. Du weißt, was ich damit meine?"

Nathan sah Nahel aufmerksam an.

Ihr war klar, dass ihr Lehrer damit auf sich und auf das Leben hier im Haus anspielte. Bisher war es für sie immer selbstverständlich gewesen nach außen so zu tun, als wäre sie eine gute Christin, so wie es Mutter und Großmutter vorgelebt hatten. Innerhalb der Familie wurden verschiedene religiöse Traditionen auf-rechterhalten. Es gab zum Beispiel kein Schweinefleisch, es sei denn Gäste waren im Haus, egal ob konvertierte Juden oder Christen. Sie feierten zwar die Geburt Jesu, aber auch das eine oder andere jüdische Fest.

„Und welche Aufgabe hat nun diese Inquisition genau?" wollte Nahel wissen.

„Ihre Aufgabe ist zu überprüfen, ob ein konvertierter Jude wirklich ein guter Christ ist oder nur so tut", lautete die Antwort des Lehrers. „Um das zu können, beschäftigt die Inquisition jede Menge Christen und auch konvertierte Juden, die zeigen wollen, dass sie gute Christen sind. Diese Menschen nennt man familiares. Ihre Aufgabe ist es, jeden genau zu beobachten, und Auffälligkeiten direkt an die Inquisition zu melden."

Nahel wurde blass. War es ihre Schuld, dass es Gerüchte über ihre Familie gab? Vielleicht lag der Grund darin, dass sie öfter beim Gottesdienst gegähnt oder nicht immer beim Betreten der Kirche vom Weihwasser genommen hatte. Sie teilte dem Lehrer ihre Befürchtungen mit. Bei allem Ernst der Lage musste der alte Mann doch ein wenig schmunzeln. Schnell beruhigte er sie. Die Inquisition hätte genug mit den Erwachsenen zu tun. Nahel verspürte nach diesen Worten eine gewisse Erleichterung. Eine Frage musste sie jedoch noch stellen.

„Was passiert mit den Menschen, die der Inquisition auffallen?"

Der Lehrer wusste nicht, was er ihr darauf sagen sollte. Er wollte Nahel nicht zu sehr verängstigen. Unmöglich konnte er ihr von der Folter oder sogar den Autodafè, den öffentlichen Verbrennungen bei lebendigem Leib, erzählen, welche denjenigen drohte, die in die Fänge der Inquisition gerieten.

„Diese Menschen kommen für eine gewisse Zeit in den Kerker", lautete seine abschließende Antwort.

„Und nun sprechen wir über angenehmere Dinge. Es ist auch schon spät geworden. Bald geht die Sonne unter, deshalb werde ich mich für heute verabschieden. Grüße bitte deinen Vater von mir".

Mit leichtem Stöhnen erhob sich der alte Mann. Das lange Sitzen auf der Bank hatte seinem Rücken nicht gerade gutgetan. Heute Abend würde er sich in seinen Wein etwas Mohnsaft gießen, um die Schmerzen zu lindern.

„Ich bringe Euch noch bis zum Tor", meinte Nahel.

Sie begleitete den alten Lehrer durch den blühenden Garten, in dem es noch immer angenehm kühl war, zum großen Eingangstor. Als die beiden sich dem Tor näherten, sprang Amir, der Torjunge, von seinem Schemel auf. Er hatte im Schatten des Tores gesessen und vor sich hingedöst. Der Junge war der einzige konvertierte Moslem im Haushalt. Nahels Mutter hatte ihn als Kleinkind, in eine zerschlissene Decke gewickelt, vor der Haustür gefunden und ihn in den Haushalt aufgenommen. Mittlerweile war der Junge sieben oder acht Jahre alt und hatte die Aufgabe, den Besuchern das Tor zu öffnen und ihr Kommen anzukündigen.

„Hallo Amir", begrüßte Nahel den Jungen. Die beiden mochten sich und Nahel saß ab und zu bei ihm, um sich zu unterhalten. Der Junge öffnete das Tor und verbeugte sich vor dem Lehrer.

„Danke, Amir", meinte dieser. Dann setzte er noch hinzu.

„Ich hoffe, du kommst demnächst wieder zur Schule."

Nach diesen Worten betrat Nathan die staubige Straße.

Amir sah ihm leicht verlegen nach, während er das Tor schloss. Nachdenklich betrachtete Nahel den Jungen.

„Was meinte der verehrte Lehrer damit, du sollst wieder zur Schule kommen?"

In Amirs Gesicht war Trotz und auch Verlegenheit zu sehen. Schnell sah er zu Boden.

„Sag es mir", forderte Nahel ihn auf.

„Ich geh nicht mehr dahin. Die anderen Jungen nennen mich immer morisco, weil ich ein konvertierter Muslim bin. Außerdem kann ich schon etwas lesen und schreiben."

„Du darfst dir das nicht so zu Herzen nehmen. Lass sie doch reden. Mir rufen die Gassenjungen auch oft Schimpfwörter hinterher. Was soll ich mich darüber aufregen. Willst du nicht noch mehr lernen?"

Für Nahel war es unverständlich, dass jemand freiwillig nicht mehr in die Schule wollte.

„Warum soll ich noch mehr lernen?", fragend sah Amir sie an. „Was würde es mir hier in Cordoba nutzen?"

Nahel konnte ihm die Frage nicht beantworten. Nachdenklich ging sie durch den Garten zurück zum Haus.

Donna Isabella hatte den Nachmittag ruhend in ihren Gemächern verbracht, nachdem sie ein leichtes Mittagsmahl zu sich genommen hatte. Die Strahlen der Nachmittagssonne gingen bereits in die Abenddämmerung über, als ihre Dienerin sie durch leise Rufe weckte.

„Donna Isabella, es bricht bereits der Abend an", kam es von der Dienerin.

Donna Isabella murmelte schlaftrunken einige unverständliche Worte.

„Herrin, Ihr solltet aufstehen", versuchte es die Dienerin erneut. Diesmal hatte sie mehr Erfolg. Donna Isabella schlug die Augen auf.

„Ist mein Schwiegersohn bereits angekommen?", lautete ihre erste Frage.

„Nein, Herrin", antwortete die Dienerin. „Doch wir erwarten den Herrn im Laufe des Abends. Alle Vorbereitungen zum Empfang sind getroffen."

„Das ist gut. Wo ist meine Enkelin?"

„In ihrem Zimmer. Sie kleidet sich gerade um."

Donna Isabella atmete tief durch. Sie wusste, nach der Rückkehr ihres Schwiegersohns würde im Haus nichts mehr so sein wie vorher. Dann ließ sie sich von ihrer Dienerin in ein festliches Kleid aus roter Seide mit einen dazu passenden Übermantel helfen.

Nahel konnte nicht still sitzen. Den ganzen Tag hatte sie ungeduldig auf die Ankunft ihres Vaters gewartet. Es konnte nicht mehr lange dauern.

„Nun halte doch still Kind", tadelte die alte Miriam sie.

„Wenn du so zappelst, kann ich unmöglich deine Locken herrichten. Du willst doch hübsch aussehen für deinen Vater. Er wird überrascht sein, wenn er dich sieht. Als er abreiste warst du noch ein unbändiges Kind und nun bist du fast schon eine Dame."

Nahel strahlte. Aber es stimmte, während der Abwesenheit ihres Vaters war sie drei Zentimeter gewachsen.

Miriam steckte die letzten Locken auf Nahels Kopf zu einer kunstvollen Frisur. Dann half sie ihr in ein neues hellgrünes Samtkleid, welches extra für die Rückkehr des Vaters angefertigt worden war. Die Dienerin begann, die vielen Bänder am Rücken zu verschließen. Als sie mit der Hälfte fertig war, ertönte vom Tor her Amirs Ruf:

„Der Herr kommt! Der Herr kommt!"

Nahel riss sich los und lief mit halb offenem Kleid die Innentreppe zum Garten hinunter. Miriams Rufe ließ sie unbeachtet. Im Garten hatte sich bereits das gesamte Personal versammelt, um den Heimkehrer willkommen zu heißen. Auch ihre Großmutter war da. Sie stand etwas abseits neben einem blühenden Oleander und blickte zum Tor. Nahel stellte sich leise neben sie.

Mittlerweile hatte Amir das Tor weit geöffnet und ihr Vater ritt zusammen mit seinem treuen Diener und Reisegefährten Sebastian auf den staubigen und erschöpften Pferden in den Innenhof.

Sofort sprang einer der Dienstboten herbei und hielt die Pferde, während die Männer abstiegen. Nahel wäre am liebsten zu ihrem Vater gerannt. Doch sie musste warten, bis er sie begrüßte. Darauf legte ihre Großmutter besonderen Wert.

Während ihr Vater vom Pferd stieg, betrachtete Nahel ihn genau. Er war dünner als bei seiner Abreise. Unter seinen Augen lagen tiefe Ringe. Aus seinem Gesicht war die Unbekümmertheit verschwunden, mit der er bisher alles im Leben so genommen hatte, wie es gerade kam. Um seinen Mund hatten sich einige tiefe Falten eingegraben. Ihr Vater sah älter aus, als vor einigen Monaten.

Suchend blickte er sich im Hof um, während er die Willkommenswünsche der Dienerschaft entgegennahm. Als er Nahel und ihre Großmutter entdeckte, kam er mit einem breiten Lächeln auf sie zu.

„Donna Isabella, ich freue mich Euch bei guter Gesundheit zu sehen", grüßte er die Großmutter.

„Auch mir ist es eine Freude, dass Ihr von Eurer Reise wohlbehalten zurückkehrt. Wir hatten Euch schon vor einigen Stunden erwartet", lautete die Antwort.

„Vater, Vater, nun bin ich dran", kam es ungeduldig von Nahel.

„Ich habe Euch so vermisst. Habt Ihr mir etwas mitgebracht? Was habt Ihr auf Eurer Reise alles erlebt? Warum habt Ihr mich seit Stunden warten lassen?" Nahel sprudelte ihre Fragen nur so heraus.

„Langsam, meine Kleine", dämpfte der Vater ihren Redeschwall.

„Lass mich doch erst einmal richtig ankommen. Zuerst muss ich mich frisch machen, andere Kleidung anziehen und dann beim Essen werde ich dir alle deine Fragen beantworten."

„Nein Vater, ich will gleich alles wissen", schmollte Nahel. Die Großmutter ergriff das Wort:

„Nahel, du vergisst dich! Dein Vater hat eine sehr lange Reise hinter sich. Er wird uns alles erzählen, wenn der richtige Zeitpunkt dafür gekommen ist. Jetzt soll er sich etwas ausruhen und wir sehen uns später beim Essen."

Betreten senkte Nahel den Kopf. Sie fühlte sich zu Unrecht getadelt, aber sie wusste, es wäre unklug, ihrer Großmutter zu widersprechen. Die Großmutter nahm den Vater am Arm und gemeinsam betraten sie das Innere des Hauses.

Nahel blieb im Garten zurück. Unschlüssig sah das Mädchen sich um. Die Diener waren bereits wieder zu ihren Arbeiten zurückgekehrt. Nur Sebastian war noch im Innenhof, er lud die Pferde ab.

Nahel blieb hinter ihm stehen. Sie mochte den jungen Mann. Sebastian war seit einigen Jahren der persönliche Diener ihres Vaters. Eines Tages hatte der ihn von einer Reise mitgebracht und ihn als den Sohn eines Geschäftsfreundes vorgestellt. Seitdem lebte Sebastian bei ihnen. Mit seinen blonden Locken und den blauen Augen unterschied er sich sehr von den Menschen in Cordoba, welche Nahel sonst kannte. Deshalb war Sebastian schnell zum Gegenstand ihrer kindlichen Schwärmerei geworden. Doch er übersah es geflissentlich und war immer gleichbleibend freundlich zu Nahel. Manchmal brachte er ihr von einer Reise sogar eine Kleinigkeit mit.

„Sebastian, wie war eure Reise?", versuchte Nahel das Gespräch zu beginnen. „Habt ihr viele Städte gesehen?"

„Ja, kann man so sagen", kam es von Sebastian, während er weiter die Pferde entlud.

„Welche Städte?", fragte Nahel weiter.

„Nun, wir waren in Amsterdam und Brügge. Aber auch in Hamburg und Lübeck und zum Abschluss in Regensburg".

„Wo hat es dir am besten gefallen?"

„In Brügge. Der Herr sagte, Brügge wäre das Venedig des Ostens. Stimmt! Man hat durch die Kanäle fast den Eindruck, man wäre in Venedig. Allerdings ist es in Brügge kälter."

Sebastian war im vorigen Jahr mit Nahels Vater in Venedig gewesen und wusste also durchaus wovon er sprach.

„Habt ihr etwas Ungewöhnliches erlebt oder gehört?", bohrte Nahel weiter.

„Ungewöhnlich, was meinst du? Ich habe niemanden mit zwei Köpfen gesehen."

Nahel seufzte innerlich. Sie war sich sicher, Sebastian wusste einiges mehr als er preisgab. Doch sie würde wohl warten müssen, bis ihr Vater zu Auskünften bereit war.

Der Diener war mittlerweile mit dem Abladen des Gepäcks fertig. Er schickte sich an, die beiden Pferde aus dem Hof zu führen. Wenn der Herr sie nicht benötigte, waren die Pferde in einem Mietstall in der Nachbarschaft untergebracht.

Endlich ertönte aus einem Fenster im oberen Stockwerk der Ruf der Großmutter:

„Nahel, wo steckst du? Wir wollen essen."

„Ich komme, Nana."

Schnell lief sie die Treppe zum Obergeschoss hoch. Im Esszimmer warteten bereits die Großmutter und der Vater am Tisch. Inzwischen hatte sich Nahels Vater frisch gemacht, rasiert und etwas ausgeruht.

„Entschuldigung, dass ihr warten musstet."

Nahel setzte sich unter den missbilligenden Blicken der Großmutter schnell an ihren Platz. Ihr Vater saß, als Oberhaupt der Familie, am Kopfende des Tisches. Rechts und links saßen Nahel und ihre Großmutter. Wenn Gäste zum Essen geladen waren, durfte Nahel nicht mit am Tisch sitzen. Bei diesen Gelegenheiten aß sie in ihrem Zimmer. Auf dem Tisch standen bereits ein Korb mit frischem Weißbrot, ein Teller mit Feigen, eine Platte mit verschiedenen würzigen Käsesorten, eine Karaffe mit schwerem dunklem Wein und eine mit klarem Wasser. Eine Dienerin trug eine große Schüssel mit gekochtem Huhn in Dattelsoße auf. Es war das Lieblingsgericht von Nahels Vater. Dann folgten noch Platten mit gebratenem Huhn und gekochtem und geräuchertem Fisch. Anschließend gab es süße Pasteten und Honigkuchen.

Nahel hatte keinen großen Hunger. Zuviel ging ihr durch den Kopf. Auch die Großmutter hatte nur wenig Appetit. Allein Nahels Vater ließ sich alles gut schmecken. Beim Essen drehten sich die Gespräche um die Reise im Allgemeinen. Welche Geschäftspartner Nahels Vater angetroffen hatte. Welche Bücher er gekauft hatte und wie die Reise sonst verlaufen war. Nach dem Essen schickte die Großmutter Nahel zum Schlafen.

„Aber, ich wollte doch Vater noch soviel fragen", versuchte Nahel die Großmutter zu überzeugen.

„Nein, Kind, für heute hast du genug gehört. Morgen ist auch noch ein Tag."

„Nahel, ich verspreche dir, morgen werde ich alle deine Fragen beantworten. Doch jetzt muss ich erst einmal in Ruhe mit deiner Großmutter reden. Übrigens, in deinem Schlafzimmer wartet eine Überraschung auf dich. Und nun geh schlafen", kam es von ihrem Vater.

Freudig umarmte Nahel ihren Vater und stürmte dann in ihr Schlafzimmer. Ihre Neugierde steigerte sich fast ins Unermessliche, als sie das in feines Kalbsleder eingewickelte Paket auf ihrem Bett sah. Sie ließ sich auf dem weichen, mit orientalischen Mustern versehenen dicken Teppich vor ihrem Bett nieder und begann ungeduldig mit dem Auspacken. Wie erhofft, hielt sie kurze Zeit später ein Buch in der Hand. Staunend betrachtete Nahel den Einband. In Blattgold waren auf ihm Sonne, Mond sowie verschiedene Sterne abgebildet. Ihr Vater hatte ihr das Hauptwerk des arabischen Astrologen Ibn Abi l-Ridja`l mitgebracht. Das Werk mit dem Titel „Vorzügliches Buch über die Richtsprüche der Sterne" war zurzeit in Spanien sehr beliebt. Allerdings hatte ihr Vater eine lateinische Ausgabe mitgebracht. Nahels Lateinkenntnisse waren noch etwas dürftig. Ihr Vater wollte wohl mit dem Buch ihren Lernwillen etwas unterstützen.

Nahel liebte die Sterne und hatte schon öfter einige Stunden in der Nacht mit ihrem Lehrer im Garten verbracht und sich die verschiedenen Sternbilder erklären lassen. Nathan war auch in der Astrologie bewandert und hatte in Nahel die Liebe zu den Sternen geweckt. Er hatte ihr beigebracht, mit einem Astrolabium umzugehen und die Planetenbahnen aufzuzeichnen. Mittlerweile konnte Nahel schon einiges aus einer fertigen Horoskopzeichnung herauslesen. Beim Anfertigen der Zeichnung jedoch brauchte sie noch Hilfe. Sosehr ihr Vater Nahel auch beim Lernen unterstützte, betrachtete er jedoch die Astrologie als pure Wahrsagerei ohne jeden wissenschaftlichen Anspruch. Auch verschiedene in der Vergangenheit mit Nahels Lehrer geführte Diskussionen darüber hatten bisher seine Meinung nicht ändern können. Allerdings verbot er ihr die

Beschäftigung mit der Astrologie nicht, sofern sie darüber ihre anderen Studien nicht vernachlässigte. Mit dem Geschenk wollte er zum einen seiner Tochter eine Freude machen, zum anderen erhoffte er sich damit, eine Verbesserung ihrer Lateinkenntnisse zu erreichen. Bisher hatte Nahel wenig Interesse an dieser Sprache gezeigt. Viel lieber lernte sie Hebräisch oder Griechisch.

In ihrem Zimmer war Nahel noch immer damit beschäftigt, das Buch zu bewundern. Sein Inhalt bezog sich auf die Typenlehre der Menschen. Jedes Kapitel begann mit einer farbenfrohen Darstellung des jeweiligen Sternzeichens. Nahel wusste, sie war am 5. November geboren. Zu diesem Zeitpunkt stand das Zeichen des Skorpions am Himmel.

Neugierig schlug sie das entsprechende Kapitel auf. Leider konnte Nahel nur wenige Sätze lesen. In Zukunft würde sie wohl mehr Latein lernen müssen. Auf jeden Fall hatte der Vater ihr mit dem Buch ein sehr außergewöhnliches Geschenk gemacht. Dafür wollte sie sich sogleich bedanken. Eilig lief sie zum Schlafzimmer des Vaters, doch der Raum war leer.

Aus dem Esszimmer drangen durch die nur angelehnte Holztür gedämpfte Stimmen an Nahels Ohr. Langsam näherte sie sich der Tür. Eigentlich hatte sie nicht vor zu lauschen, doch etwas in ihr war stärker. Sie hörte die sorgenvolle Stimme ihrer Großmutter:

„Ihr solltet die ganze Sache nicht leichtfertig abtun. Cordoba ist zurzeit kein guter Platz zum Leben für konvertierte Juden und wird es wohl auch in Zukunft nicht sein. Vorbei sind die Zeiten der religiösen Toleranz in Spanien. Jetzt hat die katholische Kirche das Sagen und mit der Inquisition eine mächtige Waffe in der Hand."

Sie sah durch den Türspalt ihren Vater zusammen mit der Großmutter am Esstisch sitzen. Zwei Becher mit schwerem rotem Wein standen vor ihnen. Das Gespräch dauerte anscheinend schon eine Weile. Die beiden waren so darin vertieft, dass sie Nahel an der Tür nicht bemerkten.

Nahel hörte ihren Vater antworten:

„Ich habe in meiner Jugend Regensburg verlassen, weil

dort die Juden nur in Gettos wohnen durften und somit nicht wirklich frei waren. Ich habe mir von meinem Leben in Cordoba persönliche Freiheit, wenn auch unter dem Deckmantel eines konvertierten Juden, versprochen. Und bis vor einigen Jahren ließ es sich hier auch ganz gut leben. Allerdings muss ich zugeben, das Dasein hier wird für konvertierte Juden immer eingeschränkter. Allerdings sehe ich in der Inquisition keine so große Gefahr für meine Existenz."

Donna Isabella nahm ihren Becher in die Hand und nippte an dem Wein. So schwer hatte sie es sich nicht vorgestellt, ihren Schwiegersohn von der drohenden Gefahr zu überzeugen. Sie musste ihren letzten Trumpf ausspielen.

Nahel stand immer noch am Türspalt und lauschte atemlos und voller Angst den weiteren Worten.

„Am letzten Sonntag nach der Messe nahm mich der Bischof zur Seite. Ihr wisst, er war Euch immer wohlgesonnen. Er teilte mir im Vertrauen mit, dass die Inquisition in wenigen Wochen in Cordoba Station machen würde, um im Auftrag der katholischen Kirche gewissen Verdächtigungen nachzugehen. Es gäbe wohl eine Liste mit Namen konvertierter Juden und auch einiger Christen, die in irgendeiner Weise aufgefallen waren. Genaueres teilte der Bischof mir nicht mit, nur dass auf der Liste auch Euer Name zu finden ist. Er riet mir Euch zu sagen, Ihr solltet die Stadt so schnell wie möglich verlassen".

Nahel sah wie ihr Vater blass wurde, aufstand und unruhig durch das Zimmer lief.

„Nun, wenn dem so ist, bleibt mir keine Wahl. Ich werde so bald wie möglich mit Nahel nach Regensburg reisen. Dort wird uns mein Bruder erst einmal aufnehmen", hörte sie den Vater mit müder Stimme sagen.

Jetzt konnte sie nicht länger schweigen. Weinend rannte Nahel ins Zimmer.

„Nein!", schrie sie. „Nein! Ich will nicht von hier weg, in ein Land, wo die Menschen blonde Haare haben und blaue Augen. Alle dort werden mich anstarren. Außerdem muss ich bei Nana bleiben, was soll sie ohne mich machen?"

Nahel lief zu ihrer Großmutter und drückte sich weinend an sie. Erschüttert verfolgten die Großmutter und der Vater den Ausbruch. Die alte Frau versuchte Nahel zu beruhigen. Nur langsam ließ das Schluchzen nach.

„Nahel, bitte sei vernünftig". Sanft versuchte der Vater Nahel anzusprechen.

„Unser Gespräch war nicht für deine Ohren bestimmt. Deine Großmutter und ich erörtern die aktuelle Lage in der Stadt und entscheiden dann, was das Beste für uns ist. Du bist noch ein Kind und kannst solche Dinge nicht beurteilen. Deshalb wirst du dich unseren Entscheidungen unterordnen. Auch, wenn es dir schwerfällt. Habe ich mich klar ausgedrückt?"

Nahel sah mit roten verweinten Augen ihre Großmutter an. Die alte Frau blickte Nahel, die sie zärtlich liebte, entschlossen an. Sie drückte Nahel fest an sich und flüsterte ihr leise zu: „Nur wenn du Cordoba verlässt, wirst du leben!"

Speyer im Jahr des Herrn 1519
3. Kapitel

Einige Jahre waren vergangen und mittlerweile war Speyer für Mara zur Heimat geworden.

Trotz aller Gegensätze war die Freundschaft von Mara und Liesje von Jahr zu Jahr gewachsen. Noch immer hatte Liesje nur wenig Verständnis für Maras Wissensdrang, aber um Streit aus dem Weg zu gehen, vermieden beide dieses Thema. Mara dagegen konnte nicht verstehen, dass Liesje immer öfter dem einen oder anderen jungen Mann schöne Augen machte. Vor einigen Monaten hatte Liesje angefangen, in der Schankstube ihrer Eltern zu bedienen und seitdem putzte sie sich auch mehr und mehr mit bunten Borden und Bändern heraus. Mara dagegen war solcher Tand fremd. Was auch daran lag, dass sie dafür kein Geld hatte. Noch immer bestand ihre Hauptaufgabe im Führen des Haushaltes. Das wenige zusätzliche Geld, welches Mara ab und zu durch die Aushilfe in der Küche von Liesjes Eltern verdiente, lieferte sie meist auf Heller und Pfennig bei ihrer Mutter ab, um diese zu unterstützen. Nur ab und zu gönnte sich Mara den Luxus eines warmen, süßen Weckens, welche der Bäcker Oberhov an seinem Stand auf dem Markt verkaufte. Im Stillen missbilligte Mara die Eitelkeit ihrer Freundin. Obwohl, wenn sie ganz ehrlich war, beneidete sie Liesje schon ein wenig um die vielen bunten Bänder. Für ihre eigenen unbändigen Locken musste ein altes ausgeblichenes blaues Band von Liesje genügen.

An diesem Morgen war Mara auf dem Weg zum Gasthaus von Liesjes Eltern, um die Freundin abzuholen. Sie wollten gemeinsam zum Markt, um Gemüse zu kaufen. Vor der Hofeinfahrt blieb Mara kurz stehen, um zu überlegen was genau sie auf dem Markt kaufen wollte. Während sie noch am Grübeln war, kam aus dem Hoftor eilig ein junger Mann, im Gewand eines Scholaren, etwas älter als Mara. Er schien sie nicht wahrzunehmen und rempelte sie im Vorbeigehen unsanft an. Mit einem kurzen Aufschrei ließ Mara ihren Korb fallen. Aufgeschreckt durch den Schrei, drehte der junge Mann sich um.

„Entschuldigt mein ungebührliches Verhalten", meinte er versöhnlich zu Mara. „Ich war wohl sehr in Gedanken, sonst hätte ich Euch bestimmt bemerkt."

Er bückte sich und hob den Korb auf. Der Scholar betrachtete Mara genau, während er ihr den Korb reichte. Verlegen nahm sie ihn wieder an sich.

„Ich stand wohl etwas unglücklich im Weg. Somit trifft mich wohl auch ein wenig Schuld."

„Ihr seid nicht nur edelmütig, sondern auch ausgesprochen hübsch. Verratet Ihr mir Euren Namen?" kam es daraufhin von dem Scholaren.

„Mara", lautete die etwas verhaltene Antwort. Es war das erste Mal, dass ein Mann sie als hübsch bezeichnete.

„Nun, edle Mara. Ich denke, wir werden uns bald wiedersehen", meinte der Scholar und setzte seinen Weg in Richtung Markt fort. Verdutzt blickte Mara ihm nach. In diesem Moment trat Liesje aus der Hofeinfahrt. Mara nahm dies zum Anlass, die Freundin nach dem frechen jungen Mann zu fragen.

Nach einer kurzen Schilderung der Begegnung meinte Liesje: „Ach, du meinst anscheinend Eduard von Katzenstein. Der wohnt seit vorgestern bei uns. Er ist, so wie mein Vater erzählt hat, wohl auf dem Weg nach Bologna, um dort an der Universität Medizin oder Recht zu studieren. So genau weiß ich es nicht. Auf jeden Fall macht er in Speyer einige Tage Rast. Aber von dem lass lieber die Finger. Der macht allen Mädchen schöne Augen. Wahrscheinlich will er seine Freiheit noch genießen. An der Universität ist es wohl damit erst einmal vorbei. Aber ich gebe zu, mit seinen blonden Haaren, den blauen Augen und dem markanten Kinn ist er schon ein interessanter Mann."

Mara hatte den Ausführungen der Freundin über Eduard von Katzenstein mit halboffenem Mund gelauscht. Im Stillen beneidete Mara den jungen Scholaren unsagbar. Er würde nach Italien reisen, Bologna sehen, sogar dort studieren, Wissen erwerben und vieles erleben. Wie gern würde sie sich einmal in Ruhe mit ihm unterhalten. Aber das war wohl nicht möglich. Schließlich konnte Mara ihn nicht einfach ansprechen. Zu leicht konnte der Eindruck entstehen, sie wolle sich ihm an den Hals werfen.

Während der Unterhaltung hatten Mara und Liesje den Weg zum Markt in der Nähe des Domes zurückgelegt.

Mara fand es immer wieder aufregend, zwischen den Ständen herumzulaufen und sich die vielfältigen Waren anzusehen. Was wurde nicht alles feilgeboten. Neben den alltäglichen Dingen wie Gemüse, Obst und Backwaren gab es auch Stände mit verschiedenfarbigen Stoffen, leuchtenden Borden und Bändern. Auch Lederbeutel und Gürteltaschen sowie viele andere mehr oder weniger nützliche Dinge konnte man kaufen. Kesselflicker und Scherenschleifer boten lautstark ihre Dienste an. Sogar teure Gewürze aus dem Orient, wie Pfeffer oder Safran, konnte man hier erstehen.

Mara und Liesje schlenderten langsam von Stand zu Stand und ließen die Vielfalt der angebotenen Waren auf sich wirken. Um diese Stunde herrschte auf dem Markt ein dichtes Gedränge. Reiche Kaufmannsfrauen waren mit ihren Mägden unterwegs, um Einkäufe zu machen. Reisende sahen sich nach dem Gottesdienst im Dom auf dem Markt um. Dirnen schlenderten auf der Suche nach Kunden durch die Reihen der Stände. Dazwischen versuchten einige Bettler, etwas Essbares in die Finger zu bekommen. Die Luft war erfüllt vom Geschrei der Händler. Es roch nach süßen Wecken, Fleischpasteten und ungewaschenen Körpern.

Mara hatte ihre wenigen Einkäufe schnell erledigt. Das Geld reichte ohnehin nur für etwas Gemüse und drei Äpfel. Auch heute Abend würde es wieder Eintopf geben. Liesje war an einem Stand mit bunten Bändern stehen geblieben. Ein leuchtend rotes Seidenband hatte es ihr angetan.

„Mara, sieh hier, wie findest du das Band?" fragend sah Liesje zu Mara. Langsam ließ sie das Band durch die Hand gleiten.

„Schön", gab Mara einsilbig zur Antwort.

Liesje betrachtete das Band eingehend von allen Seiten.

Dann holte sie aus ihrem Beutel am Gürtel einige Münzen und gab sie dem Händler. Der nickte zustimmend und Liesje steckte das Band freudestrahlend in den Beutel ein. Am Abend bei der Arbeit würde es ihr Haar zieren.

Mara stand mit gemischten Gefühlen daneben. Nie hatte sie Geld, um sich Bänder oder Borten leisten zu können. Das wenige Geld, das sie mit verschiedenen Aushilfsarbeiten verdiente, gab sie meist ihrer Mutter. Nur selten gelang es ihr, einige kleine Münzen zu verstecken, um sich dann und wann selbst eine Kleinigkeit zu gönnen.

„Nun komm schon", meinte Mara ungehalten. Sie wollte weg von dem Stand, der für sie lauter unerschwingliche Dinge bereithielt.

Liesje war klar, warum Mara verstimmt war. Nun bedauerte sie es, das Band vor den Augen ihrer Freundin gekauft zu haben. Um Mara zu versöhnen, machte Liesje ihr einen Vorschlag:

„Was meinst du, sollen wir noch schnell am Buchstand vorbeigehen? Vielleicht hat Meister Martin neue Bücher? Die kannst du dir dann ansehen und ich werde auch nicht maulen, wenn es länger dauert."

Seit einigen Wochen gab es in der Stadt ein Buchgeschäft. Dort konnte man Bücher über Medizin, Theologie, Dichtkunst, Astrologie und Astronomie erwerben. Zusätzlich führte das Geschäft auch alles, was man zum Schreiben und Kopieren benötigte. Pergament und sogar Papier in allen Größen, Tinte in vielen Farben, Schreibfedern in verschiedenen Größen, Griffel, Wachstäfelchen für Notizen und vieles mehr. Noch war der Absatz nur mäßig, deshalb hatte der Inhaber einen Stand auf dem Markt aufgebaut, um vor allem Reisende auf sein Geschäft aufmerksam zu machen.

Für Mara war es immer wieder ein Vergnügen, sich die Bücher am Stand anzusehen. Bücher erweckten in ihr die Erinnerung an den alten Buchhändler mit seinem Stand im Dom. Als Kind hatte sie dort viele Stunden verbracht und ihm bei der Arbeit zugesehen. Kurz vor seinem Tod hatte der alte Mann ihr ein abgegriffenes kleines Büchlein geschenkt.

Gewissermaßen als Ansporn, irgendwann ihren Traum, lesen zu lernen, wahr zu machen. Das Büchlein lag gut verwahrt in ein Tuch eingeschlagen unter ihrer Matratze.

„Hast du mir zugehört?", Liesjes Stimme holte Mara zurück in die Gegenwart.

„Entschuldige, ich war kurz mit meinen Gedanken woanders."

„Das habe ich gemerkt", Liesje grinste Mara an.

„Nun komm aber. Wenn wir noch bei dem Buchhändler vorbei wollen, müssen wir uns etwas beeilen. Du weißt doch, wie ungehalten meine Mutter wird, wenn wir nicht rechtzeitig zum Gemüseputzen zurück sind."

Mara verstand das Drängen der Freundin. Schon mehrfach hatten sie beim Schwatzen die Zeit vergessen und waren zu spät zur Arbeit in der Küche erschienen. Jedes Mal setzte es dann von Liesjes Mutter ein lautes Donnerwetter. Zu einer härteren Strafe konnte sich die Gastwirtin nicht durchringen, wusste sie doch um die Not in Maras Familie. Trotzdem wollten Mara und Liesje es nicht zu weit treiben und liefen eilig zum Stand des Buchhändlers.

Meister Martin hatte wie immer freundliche Worte für Mara. Er spürte ihr ehrliches Interesse an Büchern, auch wenn sie nichts kaufen konnte.

„Nun, edle Damen, möchtet ihr euch ein wenig umsehen?" meinte der Buchhändler freundlich zu den beiden.

Liesje begann wegen der Anrede albern zu kichern und bekam von Mara einen unsanften Stoß.

„Danke, Meister Martin. Wie immer seid Ihr sehr freundlich. Habt Ihr wieder neue Bücher bekommen?" antwortete Mara gespannt.

„Ja, mein Fräulein. Gestern kam eine Sendung aus Antwerpen. Leider hatte ich noch nicht die Zeit die Bücher auszupacken und zu begutachten. Das werde ich wohl erst heute Abend erledigen."

„Was für Bücher sind in der Sendung?" fragte Mara neugierig.

„So genau weiß ich es gar nicht", meinte der Händler nach kurzem Nachdenken. „Mein Agent in Antwerpen hat den Kauf für mich getätigt. Aber es soll ein Atlas darunter sein. Vielleicht würdet Ihr Euch den einmal ansehen wollen? Ich könnte ihn Euch Morgen im Laufe des Tages im Geschäft zeigen."

„Was ist ein Atlas?", wollte Liesje wissen.

Mara schämte sich für die Unwissenheit ihrer Freundin. Den Händler jedoch schien es nicht zu stören. „Das sind Kupferstiche von den bekannten Ländern dieser Welt. Es soll sogar eine Karte von China und diesem neuen Land, genannt Amerika, darin sein."

Mara und Liesje bekamen vor Staunen ganz leuchtende Augen.

„Gern würde ich morgen bei Euch vorbeikommen und mir die Karten ansehen", lautete Maras Antwort. Irgendwie würde sie die Zeit dafür schon finden.

„Mara, wir müssen jetzt gehen", mahnte Liesje. Sie wusste, wie leicht Mara die Zeit am Buchstand vergaß.

„Ich weiß. Bis morgen, Meister Martin, und noch einen schönen Tag." Schnell verabschiedeten sich die Mädchen.

Auf dem Heimweg war Liesje ungewöhnlich nachdenklich.

„Glaubst du wirklich, dass es diese Karten gibt? Ich kann mir nicht vorstellen, wie man von der gesamten Welt Karten anfertigen kann?"

„Wahrscheinlich haben viele Reisende und Seefahrer diese Informationen zusammengetragen und irgendwer hat sie gesammelt und dann die Karten gezeichnet. Oder so ähnlich. Ich werde morgen Meister Martin danach fragen. Auf jeden Fall werde ich mir das Buch ansehen."

„Du kannst mir ja davon erzählen", meinte Liesje abschließend. Ihre Neugierde hielt sich in Grenzen.

Mittlerweile waren sie wieder beim Gasthaus angekommen und wurden in der Küche von einem Berg ungeputztem Gemüse und einer leicht grollenden Berta empfangen.

An diesem Nachmittag blieb Mara nicht viel Zeit, um über Bücher oder Karten nachzudenken. Eine ansehnliche Menge von Gemüse für den abendlichen Eintopf der Gäste musste geputzt werden. Mara hatte das Gefühl, der Gemüseberg würde nie enden. Nach mehreren Stunden war die Arbeit endlich geschafft. Mara ließ erleichtert das Gemüsemesser fallen. Nach einem kurzen Moment der Pause wandte sie sich an Liesjes Mutter:

„Kann ich noch etwas tun?"

„Ja, geh zum Hühnerstall hinten im Hof und bring mir die frisch gelegten Eier. Ich will noch schnell einen Kuchen für die Hausgäste backen. Danach kannst du in der Schankstube die Tische abwischen und anschließend nach Hause gehen", kam die Antwort.

„Ist gut. Den Abfall nehme ich gleich mit in den Hof", meinte Mara, während sie die Gemüsereste in einen Eimer packte und damit in den Hof ging.

Dort stellte sie den Eimer zu den anderen gesammelten Resten. Jeden Tag holte der Sohn eines benachbarten Schweinehirten die Reste für seine Schweine ab. Im Hühnerstall war die Ausbeute nur gering. Anscheinend waren die Hühner nach dem morgendlichen Legen zu erschöpft. Nur drei Eier fand Mara im Stroh. Sorgsam legte sie die Eier in die mitgebrachte Tonschüssel.

Gerade als Mara mit den Eiern in die Küche zurückkehren wollte, betrat der Scholar durch die Hofeinfahrt den Hof. Als er Mara sah, begrüßte er sie freundlich:

„Seid gegrüßt holde Maid Mara. Wie ich sehe, seid Ihr recht fleißig."

Mara errötete bei seinen Worten.

„Ja, hier im Gasthaus ist immer viel zu tun. Gerade habe ich einige Eier geholt. Berta will damit ihre berühmten süßen Eierkuchen für die Hausgäste machen. Ihr könnt Euch also auf ein besonderes Abendessen freuen."

Nach diesen Worten wollte Mara sich abwenden und mit den Eiern in die Küche zurückkehren. Eduard von Katzenstein ließ sich auf einen Holzklotz, der neben der Treppe zur Küche stand, nieder und blickte Mara an.

„Habt Ihr es sehr eilig, Mara? Setzt euch doch einige Minuten neben mich hier auf die Treppe und plaudert mit mir. Die Sonne scheint noch angenehm warm."

Mara war durch seine Worte verwirrt. Kurz kamen ihr Liesjes Worte über den Scholaren in den Sinn. Sie sah sich um, das Hoftor stand weit offen. Draußen auf der Straße herrschte wie immer reger Betrieb. Hinter ihr in der Küche war Berta zu hören, die den Mägden und Liesje Anweisungen gab. Mara entschied, dass an einer Unterhaltung in der Öffentlichkeit nichts Verwerfliches war. Sie setzte sich auf die warmen Stufen und stellte die Schüssel mit den Eiern neben sich. Dann sah sie den Scholaren an.

„Stimmt es, was Liesje mir erzählt hat, Ihr seid auf dem Weg nach Bologna?" begann sie das Gespräch.

Eduard von Katzenstein kaute versonnen auf einem Strohhalm.

„Das ist wohl so", meinte er. „Ich bin tatsächlich auf dem Weg nach Italien."

„Ihr seid zu beneiden. Ihr werdet so viel von der Welt sehen, und dürft an einer Universität studieren", Maras Stimme klang sehnsuchtsvoll.

„Nun, das kann man sehen wie man will. Es war nicht meine Idee. Mein Vater will unbedingt einen Juristen in der Familie, deshalb soll ich in Bologna Jura studieren. Ich habe noch Glück, ich bin der zweite Sohn. Mein älterer Bruder wurde ins Kloster geschickt, zum diesseitigen und jenseitigen Wohl der Familie."

Mara blickte den Scholaren bei diesen recht offenen Worten erstaunt an. Bisher hatte sie immer gedacht, das Leben der Reichen wäre soviel einfacher, als ihr eigenes. Anscheinend hatte sie sich da geirrt. Auch die Reichen hatten ihre Probleme.

„Freut es Euch denn kein bisschen, diese Möglichkeit zu haben, zum Studium nach Italien zu reisen?", wagte Mara den Scholaren zu fragen.

„Nein, eigentlich nicht, ich wäre viel lieber bei einem Goldschmied in die Lehre gegangen. Aber mein Vater war unerbittlich, entweder das Studium oder ich hätte sein Haus unverzüglich verlassen müssen. Was hätte ich denn dann gemacht – ohne Geld?"

Der Scholar sah Mara nach Mitleid heischend an.

„Nun, ohne Geld hättet Ihr wohl wie jeder Mensch für Euren Unterhalt arbeiten müssen", kam es etwas schnippisch von Mara.

„Ihr wisst nicht wie das ist", meinte der Scholar. „Ein Leben ohne Geld ist ein Leben ohne jegliche Bequemlichkeit und Freude. Da beuge ich mich lieber dem Willen meines Vaters."

Mara konnte diese Einstellung nicht verstehen. Aber vielleicht lag der Grund ja darin, dass sie nicht wusste, wie es war, genügend Geld zu haben. Vielleicht konnte man dann wirklich nicht mehr darauf verzichten. Während sie noch darüber nachdachte, kam Bertas Stimme aus der Küche:

„Mara, ich warte nun schon seit einer Weile auf die Eier. Wie soll ich mit allem bis zum Abend fertig werden, wenn du so die Zeit vertrödelst und mit Männern tändelst?"

Bei diesen Worten sprang Mara mit hochrotem Gesicht auf, packte die Schüssel und floh ohne Abschiedsgruß in die Küche.

„Es tut mir leid Berta, dass ich so nachlässig war", meinte Mara kleinlaut, als sie Berta die Schüssel gab.

„Ist schon gut, mein Kind. Ich wollte nicht grob zu dir sein. Allerdings ist dieser Scholar kaum der geeignete Umgang für dich. Der Junge ist viel zu verwöhnt und vom Geld verweichlicht. Es mag Mädchen geben, wie Ina unsere Schankmaid, die sich davon beeindrucken lassen. Dich aber möchte ich nicht mehr im Gespräch mit diesem Eduard von Katzenstein sehen. Hast du mich verstanden?"

Mara sah Berta an. Seid vielen Jahren kannte sie die Frau, schätzte ihre gutmütige und liebevolle Art. Berta war so etwas wie eine Ersatzmutter für sie. Deshalb vertraute Mara auf das Urteil der Älteren.

„Ist gut Berta, ich werde dem Scholaren in Zukunft aus dem Weg gehen. Du musst dir keine Sorgen machen. Ich wollte nur etwas über seine Reise nach Italien von ihm erfahren."

„Du und dein Drang nach Wissen. Kind, Kind, wenn du nicht endlich einsiehst, dass Wissen nur etwas für Männer ist und nicht aufhörst, dich danach zu sehnen, werden irgendwann große Probleme auf dich zukommen."

Mara wusste genau, dass Berta damit Recht hatte. Doch ihren Traum aufgeben, das konnte und wollte sie nicht. An diesem Abend kehrte Mara erst spät in die armselige Hütte ihrer Mutter zurück. Nach dem Gespräch mit Berta war Mara ziellos durch die Straßen gelaufen, um nachzudenken.

Bis sie am Ende an dem kleinen Bach, nicht weit von ihrem Zuhause, angekommen war. Dort setzte Mara sich ins weiche, von der Sonne gewärmte Gras. Sie sah auf das klare Wasser und versuchte die vielen Gedanken in ihrem Kopf zu ordnen. Bis heute war ihr niemals der Gedanke gekommen, dass man auch mit Geld nicht immer tun konnte, was man wollte. Kurz kam ihr Eduard von Katzenstein in den Sinn. Der Scholar verstand es, schöne Worte zu versprühen und den Mädchen zu gefallen. Mara vertraute auf Bertas Urteil und beschloss, dem jungen Mann in Zukunft lieber aus dem Weg zu gehen. Doch wie sollte ihr Leben weitergehen? In den letzten Monaten hatte sich Mara diese Frage immer öfter gestellt. Würde sie bis zu ihrer Hochzeit, sofern sie überhaupt einmal heiraten würde, ihrer Mutter den Haushalt führen, ihr bei der Wäsche fremder Leute helfen und die übrige Zeit bei Liesjes Eltern im Gasthof Gemüse schälen? So wollte Mara ihr Leben eigentlich nicht verbringen.

Sie überlegte, was sie gerne tun würde, wenn sie die Möglichkeit dazu hätte. Ihr Traum war noch immer lesen und schreiben zu können, aber auch eine Ausbildung in einem Beruf wäre nicht schlecht. Allerdings war Mara im Moment nicht klar, welcher Art diese sein sollte.

Unmutig verscheuchte sie die Gedanken daran. Dafür war ohnehin kein Geld im Haus. Sie würde wohl bis an ihr Lebensende Gemüse putzen. Ihre Mutter sagte immer, jeder hätte seinen Platz auf der Welt und ihrer war am unteren Ende der Leiter. Nach einiger Zeit erhob sich Mara und klopfte das Gras von ihrem alten Rock. Sie hatte vor lauter Nachdenken nicht bemerkt, wie die Zeit vergangen war. Die Dämmerung setzte bereits ein und es wurde merklich kühler. Schnell eilte sie nach Hause.

Als Mara sich der Hütte näherte, bemerkte sie einen Lichtschein, welcher durch das Fenster fiel. Dies bedeutete, die Mutter war bereits von der Arbeit zurückgekehrt.

Zögernd stand Mara vor der Hüttentür. Sie wusste genau, gleich würde es Ärger geben. Langsam öffnete sie die Tür und trat ein.

„Ach, sieh an, meine Tochter findet endlich nach Hause. Wo hast du dich so lange rumgetrieben?", empfing sie die anklagende Stimme ihrer Mutter.

Maras Mutter saß in der nur spärlich erleuchteten Hütte am wackeligen Tisch und kaute an einem harten Kanten Brot. Vor ihr stand ein Krug mit billigem sauren Wein, der bereits um mehr als die Hälfte geleert war sowie zwei benutzte Becher. Mara zog die Tür hinter sich zu und setzte sich an den Tisch.

„Heute war im Gasthaus sehr viel zu tun", begann sie ihre Erklärung. „Und da konnte ich einfach nicht früher weg. Es tut mir leid, dass es so spät wurde und ich keine Zeit zum Kochen hatte."

Kaum hatte Mara die Worte ausgesprochen, fiel ihr der Korb mit dem Gemüse ein. Er stand noch immer bei Liesje in der Küche. Nun, viel schlimmer konnte es jetzt eigentlich nicht mehr kommen.

„So, es war also heute sehr viel zu tun? Dann hast du doch bestimmt mehr als sonst verdient? Gib mir das Geld!", die Stimme der Mutter klang kalt und fordernd.

„Das kann mir Berta leider erst morgen geben. Sie hatte nicht genügend kleine Münzen", log Mara in ihrer Verzweiflung weiter.

„Gleich morgen auf meinem Weg zur Arbeit gehe ich bei der dicken Berta vorbei und verlange deinen Lohn. Wir brauchen jeden Pfennig."

„Mutter, lass mich das doch morgen tun. Dann kann ich auch gleich den Korb mit dem Gemüse holen. Den habe ich bei der ganzen Arbeit dort vergessen", Maras Stimme wurde immer verzweifelter und leiser. Sie zog vorsorglich den Kopf zwischen ihre Schultern und biss sich fest auf die Lippen. Gleich würde das Donnerwetter losgehen. Doch die Mutter ließ sich diesmal damit Zeit. Erst goss sie sich erneut saueren Wein in ihren Becher. Dann betrachtete sie Mara mit einem eigentümlichen Blick. So, als würde sie es heute zum ersten Mal richtig wahrnehmen. Es stimmte schon, was die Nachbarinnen tuschelten, ging es der Mutter durch den Kopf. Aus Mara würde bald eine außergewöhnlich schöne Frau werden. Schon seit einiger Zeit zog sie mit ihren bernsteinfarbigen Locken, den geheimnisvollen grünen Augen und der ansprechenden Figur die Blicke der Männer im Viertel auf sich.

Mara wagte nach einiger Zeit den Kopf zu heben. Vielleicht hatte sie ja Glück und kam mit ihren Lügen durch. Ihr Blick begegnete den kalten Augen ihrer Mutter. Nein, es war noch nicht vorbei.

„Für wie dumm hältst du mich eigentlich?", die Mutter erhob ihre Stimme. „Meinst du ich merke nicht, wenn ich schamlos belogen werde?"

„Aber ich lüge doch nicht", verteidigte sich Mara leise. „Ich war den ganzen Nachmittag im Gasthaus und habe Gemüse geputzt, Eier eingesammelt und die Tische gewischt. Frag doch Berta, wenn du mir nicht glaubst."

„Jetzt will ich dir mal was sagen. Glaub nur nicht, dass ich nicht genau weiß, was du so den Tag über treibst, wenn ich arbeiten bin. Ich weiß von deinen häufigen Besuchen bei dem Buchhändler oder deiner Trödelei mit Liesje über den Markt. Und vieles mehr. Bisher hab ich dazu geschwiegen. Der Vorfall von heute ist allerdings nicht mehr zu ignorieren."

Mara wurde bei diesen Worten ganz blass. Bisher dachte sie, wenn die Mutter aus dem Haus war, gäbe es ein klein wenig Freiheit für sie. Woher wusste die Mutter von ihren kleinen Heimlichkeiten? Und welchen Vorfall meinte sie?

„Du weißt nicht wovon ich spreche? Von deinem ungehörigen Verhalten gegenüber einem Scholaren. Mir wurde erzählt, du hättest ihn mit großen Kuhaugen angehimmelt und ihm gewisse Freiheiten gestattet. Als ich vorhin von der Arbeit kam, stand schon die Trine vor der Tür und konnte es nicht erwarten mir davon zu erzählen. Zum Gespött des Viertels hast du mich gemacht!"

Jetzt war Mara einiges klar. Ein offenes Hoftor war wohl nicht immer von Vorteil, denn ausgerechnet die größte Klatschbase des Viertels hatte sie zusammen mit dem Scholaren gesehen. Bestimmt hatte Trine der Mutter auch sonst das ein oder andere erzählt. Die alte Frau kam als Lumpensammlerin quer durch die Stadt und schnappte Klatsch und Tratsch auf, den sie jedem weitererzählte, der ihn hören wollte. Mara versuchte trotzdem sie zu beschwichtigen:

„Es war alles ganz harmlos. Wir haben uns nur unterhalten und sonst nichts."

„So fängt alles an. Erst eine Unterhaltung und dann stehst du mit einem dicken Bauch da. Aber dazu wird es nicht kommen. Von morgen an werden hier andere Saiten aufgezogen. Geh zu Bett, ich muss nachdenken."

Mara merkte, mit der Mutter war heute nicht mehr zu reden. Schweigend ging sie zu ihrem Strohsack und legte sich hin, eingewickelt in eine alte Decke. Die nächsten Stunden wälzte sie sich traurig hin und her, bis sie endlich einschlief.

Als Mara am nächsten Morgen erwachte, war ihre Mutter bereits fort. Schnell frühstückte sie einige Bissen Brot und lief dann hinüber zu Berta, um den Gemüsekorb zu holen. In der Küche des Gasthauses waren Berta und Liesje gerade dabei, den Teig für die wöchentliche Brotration anzusetzen. Berta warf nur einen kurzen Blick auf Mara und es war ihr klar, dass etwas nicht stimmte.

„Was ist passiert, Kind?", kam die besorgte Frage von Berta.

„Gab es wieder einmal Ärger mit deiner Mutter?"

Mara schniefte kurz, bevor sie antwortete:

„Ja, wir hatten gestern Abend einen furchtbaren Streit. Zum einen, weil ich das Gemüse vergessen hatte und deshalb nichts gekocht war. Aber in der Hauptsache, weil mich die alte Trine, das bösartige Klatschweib, im Gespräch mit Eduard von Katzenstein gesehen hat. Nun denkt meine Mutter, ich hätte mich ihm an den Hals geworfen und ist ziemlich sauer."

„Soll ich mit ihr reden?" kam die Frage von Liesjes Mutter.

„Ich war doch die ganze Zeit hier in der Küche und hatte durch die Tür ein wachsames Auge auf dich."

Mara schüttelte verlegen den Kopf. Sie wollte Berta nicht in ihre Streitigkeiten hineinziehen.

Liesje sah von ihrem Brotteig auf. Ihre Stimme klang recht selbstzufrieden, als sie bemerkte:

„Siehst du, ich habe es dir gleich gesagt. Der Scholar macht Frauen nur Ärger."

Mara griff nach dem Gemüsekorb und wollte sich verabschieden, als Berta sie am Arm zurückhielt.

„Hast du heute schon etwas Ordentliches gegessen?", wollte Berta wissen. „Wenn der Bauch voll ist, sieht die Welt gleich viel besser aus."

„Ja. Vorhin, einige Bissen Brot", antwortete Mara.

„Das ist doch kein Frühstück. Setz dich hier auf die Bank. Wir haben noch einen Rest Gemüsesuppe von gestern Abend, den wärme ich dir rasch auf. Liesje lauf in den Keller und hol Mara einen Becher von dem roten schweren Wein. Du wirst sehen, danach geht es dir besser."

Mara genoss die Fürsorglichkeit der älteren Frau. Gehorsam setzte sie sich auf die Küchenbank und löffelte den nahrhaften Eintopf. Liesje stellte einen Becher Wein vor Mara ab. Danach wandte sie sich wieder dem Teigkneten zu.

Mara trank den schweren Wein langsam Schluck für Schluck. Sie war an Wein nicht gewöhnt. Meistens trank sie Wasser oder dünnes Bier. Der Wein hinterließ eine wohlige Wärme in ihrem Magen und ihr Kopf fühlte sich seltsam leicht an. Berta hatte Recht, alle trüben Gedanken verschwanden und Mara blickte wieder zuversichtlich in die Zukunft. Sie nahm sich vor, für den Abend einen schmackhaften Eintopf zu kochen und vorher das Haus gründlich zu putzen. Vielleicht konnte sie so ihre Mutter wieder versöhnen. Nach einer Weile hatte Mara den Becher ausgetrunken und erhob sich. Ihr war vom Wein leicht schwindelig.

„Danke Berta. Du hattest Recht, es geht mir schon besser. Aber jetzt muss ich nach Hause. Sonst findet die Mutter wieder einen Grund zur Schelte."

„Ja, eil dich. Nimm noch zwei von unseren geräucherten

Würsten für den Eintopf mit. Vielleicht stimmen die deine Mutter nachsichtig?"

Mara ergriff die dargebotenen Würste, nahm den Korb und machte sich auf den Nachhauseweg. Die nächsten Stunden verbrachte sie damit, sauber zu machen und zu kochen. Am Nachmittag war alles erledigt. Sie hatte Wasser geholt, die Stube gefegt, das wenige Geschirr gründlich gespült, die Strohsäcke aufgeschüttelt und den Tisch gedeckt. Auf dem Feuer brodelte der Eintopf und die Würste darin rochen verführerisch. Zum Eintopf würde es Brot und dünnes Bier geben. Jetzt konnte die Mutter kommen.

Mara musste sich bis zur Rückkehr ihrer Mutter allerdings gedulden. Mehrfach lief sie zur Tür und spähte die Straße hinunter. Endlich hörte sie vor der Hütte Schritte, ihre Mutter kam. Schnell schweifte Maras Blick durch den Raum, fand aber alles in Ordnung. Die Mutter betrat mit einem Bündel Wäsche unter dem Arm die Hütte und ließ sich schwer atmend auf den Schemel fallen.

„Guten Abend Mutter", kam es von Mara zur Begrüßung.

„Du hast es ja geschafft endlich einmal deine Aufgaben pflichtgemäß zu erledigen", bekam sie zur Antwort. „Meinst du, mich damit einwickeln zu können? Ich habe den Vorfall von gestern noch nicht vergessen. Wir werden später darüber sprechen. Jetzt will ich erst einmal etwas essen und mich ein wenig erholen."

Mara beeilte sich, ihrer Mutter den Eintopf in den Teller zu gießen. Das Essen verlief schweigend, selbst über die Würste verlor die Mutter kein Wort. Nachdem sie gegessen hatten, räumte Mara den Tisch ab und spülte das Geschirr. Endlich brach die Mutter ihr Schweigen.

„Der Vorfall gestern hat mir klargemacht, dass dir eine ordentliche Unterweisung fehlt, um ein anständiges Leben zu führen. Gott weiß, ich habe versucht dir Anstand und Redlichkeit beizubringen. Doch anscheinend habe ich versagt. Ich bin nur eine schwache Frau und muss hart arbeiten, um zu überleben. Du jedoch denkst immer nur an sinnlose

Vergnügungen. Aber das wird sich ab morgen ändern."

Angstvoll lauschte Mara der emotionslosen Stimme ihrer Mutter. Was würde sich ändern? Wollte sie Mara wegschicken?

Die Mutter sprach weiter:

„Ich habe heute mit der Vorsteherin des Beginenkonventes in Alt-Speier gesprochen. Eine sehr gottesfürchtige Frau. Sie hatte viel Verständnis für meine Not mit dir und sich bereit erklärt, dich im Konvent aufzunehmen. Du wirst von nun an bei den Beginen wohnen und ihnen in der Küche, im Garten und bei sonstiger Arbeit helfen. Dafür erhältst du einen Schlafplatz und etwas zu essen. Die Beginen wissen, wie man mit solchen Mädchen, wie du eines bist, umgehen muss. Ich bin mit meiner Kraft am Ende. Gleich morgen früh wirst du dich im Konvent melden."

Mara konnte nicht glauben, was die Mutter da sagte. Sie würde sie also wirklich wegschicken. Anscheinend hatte ihre Mutter diese Idee schon länger und nur einen passenden Vorwand gesucht.

Mara wagte leise einen Einwand:

„Und wenn ich nicht zu den Beginen will?"

„Du hast das nicht zu entscheiden. Wo willst du sonst hin? Du bist nichts und du kannst nichts."

„Kann ich nicht hierbleiben? Ich werde auch nie wieder mit einem Mann reden und ohne Widerworte alles tun, was mir aufgetragen wird. Bitte, Mutter", flehte Mara.

Die Mutter blieb hart.

„Nein, hier ist kein Platz mehr für dich. Du bist alt genug, um endlich für deinen Unterhalt alleine aufzukommen. Du solltest mir für diese Gelegenheit dankbar sein." Mara versuchte es verzweifelt erneut:

„Was ist mit Liesje und meiner Hilfe dort in der Küche? Berta braucht mich."

„Unsinn", wischte die Mutter auch diesen Einwand beiseite. „Damit fing doch alles an. Berta hat dir nichts als Flausen in den Kopf gesetzt. Ich war ja von Anfang an dagegen, dass du dort aushilfst. Von denen kommt nichts Gutes. Ich habe es immer gesagt."

Aber die Würste, das Fleisch und alles andere hast du gern genommen, dachte Mara wütend im Stillen.

Sie gab auf.

Wortlos drehte Mara sich um und ging zu ihrem Strohsack. Sie legte sich hin, mit dem Gesicht zur Wand. Sie wollte ihre Mutter nicht mehr sehen. Sie wollte überhaupt nichts mehr sehen. Tränen liefen ihr über die Wangen und nur mühsam unterdrückte sie ein Weinen. Die Mutter sollte sie auf keinen Fall weinen sehen. Mara wusste, sie musste stark sein, obwohl sie im Inneren entsetzliche Angst vor dem kommenden Tag hatte.

Regensburg im Jahr des Herrn 1519
4. Kapitel

Halblautes Gemurmel umgab Nahel. Sie ließ ihre Blicke durch den Teil der Synagoge schweifen, welcher alleine den Frauen vorbehalten war. Der Raum war schmucklos, die Wände unverputzt. Bänke standen an den Seiten entlang der Wand. Eine hohe Mauer trennte die Frauensynagoge vom Bereich der Männer. Der obere Teil der Mauer war bogenförmig gehalten und offen. So konnten die Frauen den frommen Worten des Rabbiners lauschen, ohne die Männer abzulenken. Doch durch die halblauten Gespräche der Mehrheit der Frauen und dem Gekicher der Kinder waren die Worte des Rabbiners ohnehin nur bruchstückhaft zu verstehen.

Nahel fragte sich wie schon so oft in den vergangenen vier Jahren, seit sie zusammen mit ihrem Vater, nach einer langen, beschwerlichen und gefahrvollen Reise, in Regensburg angekommen war, warum ihre Tante und die Cousinen überhaupt die Synagoge besuchten. Mit Glauben hatte es auf jeden Fall wenig zu tun.

Anders als den Männern, war den Frauen der Besuch der Synagoge am Sabbat nicht zwingend vorgeschrieben. Ihre Aufgaben lagen innerhalb des Hauses, in der Kindererziehung, der Küche und der Ausgestaltung der Wohnräume, vor allem am Sabbat. Wahrscheinlich wollten die Tante und die Cousinen in ihren neuen Gewändern glänzen und mit den Nachbarinnen Neuigkeiten austauschen. Jüdische Frauen verließen nicht oft das Haus. Obwohl das jüdische Getto eine Welt für sich war, wurde es Nahel und ihren Cousinen nur selten gestattet das Haus zu verlassen. Zu nah grenzten die Häuser der christlichen Bevölkerung an die der Juden. In unmittelbarer Nachbarschaft zur Synagoge lag eine Kirche der Augustinereremiten. In der Vergangenheit hatte es immer wieder Beschwerden von Christen gegeben, die sich durch die Nähe der Synagoge gestört fühlten. Nahel trat unruhig von einem Fuß auf den anderen. Sie langweilte sich.

„Steh endlich still", rügte ihre Tante sie. Die Tante hatte in den letzten Jahren an Fülligkeit zugelegt, und wirkte nun fast wie ein Butterfass. Der elegante Samtstoff ihres neuen Gewandes drohte die Nähte zu sprengen, als sie sich hastig zu Nahel umwandte.

„Ich will jetzt kein Gezappel mehr von dir sehen. Wenn ich mit meiner Unterhaltung fertig bin, kommst du mit mir hinunter in die Mikwe. Dort zeige ich dir, wie man unkoschere Töpfe wieder brauchbar macht."

Nach diesen Worten setzte sie ihr unterbrochenes Gespräch mit der Frau des Rabbis fort. Nahel hörte ihr mit halbem Ohr zu. Es ging wie üblich um den Ärger, den die Tante mit ihrer Erziehung hatte und um den Fehler, den Nahel bei der Auswahl des Topfes gemacht hatte. Nahel hatte am vorherigen Abend aus Versehen den Milchtopf zum Braten des Fleisches verwendet. Ein grober Verstoß gegen die Vorschriften der Thora. Der Topf musste nun im Wasser der Mikwe gereinigt werden. Aus diesem Grund war Nahel heute dabei. Normalerweise blieb sie der Synagoge fern. Sie verstand ja, dass ihr Vater Trost im Gottesdienst suchte. Ihr aber brachte die Zeit in der Frauensynagoge nichts anderes als Langeweile.

Nahel beobachtete ihre Cousinen. Die sechzehnjährige Becka versuchte sich bei ihren Freundinnen wichtig zu machen. Ihr geziertes Lachen drang bis zu Nahel. Das Zusammenleben der beiden Mädchen wurde nicht gerade von Sympathie gekennzeichnet. Im Laufe der vergangenen vier Jahre hatten sie gelernt, miteinander auszukommen. Die elfjährige Rachel war ein stilles freundliches Mädchen, das von seiner großen Schwester und auch der Mutter meist nicht beachtet wurde. Umso dankbarer war sie für die Aufmerksamkeit von Nahel. Jetzt stand Rachel mit einem anderen Mädchen zusammen und unterhielt sich leise. Nahel wandte ihre Aufmerksamkeit wieder dem Gespräch der Tante zu. Mittlerweile ging es um ihre Cousine Becka.

„Nun, Becka ist schon fast erwachsen. Es ist an der Zeit, sie zu verheiraten. Hier in unserer Gemeinde gibt es jedoch keinen geeigneten Gatten für sie. Mein Mann hat aus diesem Grund an die jüdischen Gemeinden in Worms und Speyer geschrieben und die dortigen Rabbiner gebeten, uns geeignete Kandidaten zu empfehlen. Becka soll eine gute Partie machen. In den letzten Jahren habe ich viel Zeit damit verbracht, ihr alles über die Haushaltsführung beizubringen. Das soll sich schließlich auszahlen."

Die Frau des Rabbis nickte bestätigend. Auch sie hatte ihre Tochter vor zwei Jahren mit einem Juden aus einer anderen Gemeinde verheiratet.

Nahel war erstaunt, dass ihre Tante sich jetzt schon mit Heiratsplänen befasste und fragte sich, ob Becka davon wusste.

Eigentlich war es Nahel gleich. Insgeheim war sie sogar froh, wenn Becka aus dem Haus war. Die ältere Cousine wurde von Woche zu Woche unerträglicher. Es wäre bestimmt viel ruhiger ohne sie. Mittlerweile hatte die Tante das Gespräch beendet und wandte sich Nahel zu:

„Nun komm, wir gehen zur Mikwe hinunter und reinigen den Topf in fließendem Wasser." Zielstrebig bahnte sich die Tante ihren Weg durch die schwatzenden Frauen und spielenden Kinder, Nahel im Schlepptau.

Die Mikwe, das jüdische Ritualbad der Frauen, lag gleich neben der Frauensynagoge. Die Frauen waren verpflichtet, bei bestimmten Anlässen die Mikwe zu besuchen und im eisigen Grundwasser unterzutauchen.

Nahel war bisher nur einmal mit ihrer Tante im Bad gewesen. Mit Schaudern erinnerte sie sich an die glitschigen kalten Stufen, die im Halbdunkeln hinunter in die Tiefe führten. Am Ende der Treppe bot eine Nische mit einem steinernen Sockel die Möglichkeit sich seiner Kleider zu entledigen. Daneben führten einige Stufen in ein rechteckiges Becken voller Grundwasser. In dem eiskalten Nass tauchten damals Nahel und ihre Tante unter. Danach kleideten sich beide vor Kälte zitternd schnell an und machten sich auf den Heimweg. Nach diesem albtraumhaften Erlebnis vermied es Nahel mit allerlei Schlichen, die Mikwe erneut aufsuchen zu müssen.

Heute war zum Glück nur der Milchtopf mit Baden dran und nicht sie selbst. Langsam und vorsichtig stieg Nahel die

Stufen hinter ihrer Tante hinab. Unten herrschte genau wie beim ersten Besuch eisige Kälte. Die Tante drückte Nahel den Topf in die Hand und wies stumm auf das Wasserbecken. Vorsichtig stieg Nahel zwei Stufen hinunter und tauchte den Topf mehrfach in das kalte Wasser. Hinter ihr murmelte die Tante halblaute Gebete. Nach einer Weile meinte sie:

„So, ich denke das ist genug. Wir können den Topf wieder für Milchgerichte verwenden. Ich hoffe, du gehst mit meinen Töpfen in Zukunft sorgsamer um. Wann wirst du es dir endlich merken, im linken Schrank steht das Geschirr und die Töpfe für die Milchgerichte und im rechten die Sachen für die Fleischgerichte. Das ist doch nicht so schwer."

Nahel nickte ergeben. Insgeheim fand sie es immer noch sonderbar, dass Milch und Fleisch so strikt getrennt wurden. Aber das war nur ein Punkt, den sie im Leben der Juden in Regensburg auch nach vier Jahren noch unverständlich fand.

In Cordoba hatten die Juden versucht, wenigstens einige Traditionen im Geheimen zu leben, doch der Druck von außen war groß und so wurde vieles toleranter gehandhabt, um nicht aufzufallen. Hier im Wohnviertel der Juden in Regensburg war Toleranz oftmals ein Fremdwort. Einzig die Tradition und die religiösen Vorschriften zählten. Das hatte Nahel in den letzten vier Jahren schmerzhaft lernen müssen.

Damals, als sie und ihr Vater nach der langen Reise endlich in Regensburg am Haus seines Bruders ankamen, waren beide froh, es geschafft zu haben, auch wenn der Empfang nur mäßig ausfiel.

Der Bruder von Nahels Vater hatte sich in Regensburg als Geldverleiher ein gesichertes Auskommen geschaffen, von dem er und seine Familie recht gut leben konnten. Er befürchtete, Nahels Vater würde sein Erbe, welches er mit zum Aufbau seines Geschäftes verwendet hatte, beanspruchen. Geschickt vermied er dieses Thema und bot seinem Bruder und dessen Tochter Unterkunft und Verpflegung an sowie weitere Unterstützung. So zog Nahel mit ihrem Vater ins Haus ihrer Verwandten.

Nahel musste sich die Kammer mit ihrer jüngeren Cousine Rachel teilen. Becka bekam durch Nahels Einzug endlich ihre eigene Kammer. Für Nahels Vater wurden zwei Zimmer im Anbau hergerichtet. Dort bekam er eine kleine Schlafkammer sowie ein geräumiges Studierzimmer mit großem Kamin. Für Nahel war es eine große Umstellung, nicht mehr mit ihrem Vater unter einem Dach zu leben. Für einen Besuch musste sie jedes Mal den Hof überqueren. Wenn sie sich darüber beklagte, meinte ihr Vater nur, sie müssten ihren Verwandten für die erwiesene Güte dankbar sein. Nahels Vater empfand die Einschränkungen weniger groß. Im Anbau lebte er relativ unbehelligt und gab sich die meiste Zeit seinen Studien hin. An manchen Tagen erschien er nur zu den Mahlzeiten im Haus. Aus Cordoba hatte er einiges an Barvermögen mitgebracht, so dass es ihm nicht schwerfiel, das Studierzimmer mit Büchern zu füllen. Nahel hatte manchmal den Eindruck, dass er froh darüber war, ihre Erziehung nunmehr der Tante überlassen zu können.

„Warum kann unser Leben hier nicht so sein wie in Cordoba?", hatte Nahel ihren Vater einige Monate nach der Ankunft in Regensburg gefragt.

Sie saß vor dem Kamin in einem bequemen Sessel und blätterte in einer Neuerwerbung ihres Vaters. Einem Buch über Heilkräuter in Griechisch.

„Weil wir nicht mehr in Cordoba sind", hatte er geantwortet.

Nahel betrachtete damals ihren Vater eingehend. Er kam ihr noch älter vor als in Cordoba. Das schwarze Haar wurde mittlerweile von grauen Strähnen durchzogen und um den Mund hatten sich zwei tiefe Falten eingegraben. Nahels Vater setzte sich neben seine Tochter auf einen niederen Schemel und blickte sie an:

„Ich weiß, das Leben hier ist noch fremd und neu für dich. Versuche damit klarzukommen. Hier, unter unserem Volk, können wir endlich in Frieden leben."

„Aber ich darf fast überhaupt nichts mehr.", wandte Nahel traurig ein. „Immer heißt es, tu dies nicht und tu das nicht. Ich soll nur noch die Führung eines Haushaltes erlernen und mich gut benehmen. Noch nicht einmal lesen darf ich, was mir gefällt."

„Gut, ich werde mit Tante Sina sprechen, ob du jeden Tag einige Zeit alleine hier in der Studierstube zubringen darfst und ich werde mich im Viertel umhören, ob es jemanden gibt, der bereit ist dich zu unterrichten, damit du deine Studien fortsetzen kannst. Ist das ein Angebot?"

„Ja", jubelte Nahel. „Aber wird die Tante zustimmen?"

„Noch bist du meine Tochter und ich bestimme über dich", erklärte der Vater mit fester Stimme.

„Doch dafür musst du mir versprechen, dass du dich die restlichen Stunden am Tag den Anweisungen deiner Tante fügst. Hilf ihr im Haushalt, führe ihre Anweisungen ohne Murren aus und sei auch freundlich zu deinen Cousinen. Wirst du das tun?"

Nahel überlegte kurz. Leicht würde es ihr nicht fallen, der Tante das folgsame Mädchen vorzuspielen, aber wenn sie dafür ungestört lesen durfte und vielleicht auch wieder lernen, war es das wert.

Dem Vater gelang es tatsächlich, die Tante dazu zu bewegen. Von diesem Tag an hatte Nahel jeden Nachmittag zwei Stunden ungestörtes Lesevergnügen. Nur einen Lehrer bekam sie nicht. In diesem Punkt blieben ihre Tante und auch der Onkel unnachgiebig. Beide waren der Meinung, es schickt sich nicht für ein jüdisches Mädchen zuviel Bildung zu haben. Lesen, schreiben und auch rechnen waren erwünscht. Höhere Bildung jedoch nicht. Wehmütig dachte Nahel an ihren alten Lehrer in Cordoba, der ihr so viele Dinge erläutert hatte. Jetzt blieben ihr nur Bücher und die Gespräche mit ihrem Vater. So verlief ihr Leben recht langweilig.

Nachdem Nahel und ihre Tante aus der Synagoge zurück waren, begannen die Vorbereitungen für das große Essen am Sabbat.

Die Männer würden noch einige Zeit in der Synagoge mit Gebeten zubringen und erst zum Essen zurückkehren. In der Küche hatten sich die Frauen der Familie versammelt, um die letzten Vorbereitungen zu treffen. Da am Sabbat aus religiösen Gründen viele Arbeiten verboten waren, hatte man den größten

Teil der Vorbereitungen bereits am Vortag erledigt. Nahel trug die Teller für Milch- und Fleischgerichte in den Wohnraum und verteilte sie auf dem großen Esstisch.

Mit halbem Ohr verfolgte sie dabei die Gespräche zwischen ihrer Tante und den Cousinen.

„Mama, hast du gesehen, wie mich alle um das neue zimtfarbene Samtkleid beneidet haben?"

Beckas Stimme hörte sich zufrieden an. Nahel im Nebenraum verzog das Gesicht. Sie fand, dass die Farbe nicht zum blassen Gesicht ihrer Cousine passte.

„Ja, natürlich mein Kind. Kaum ein Mädchen in der Gemeinde ist so elegant gekleidet wie du", kam es stolz von ihrer Mutter.

„Übrigens, Martha, die Frau des Rabbis, kommt uns in den nächsten Tagen besuchen."

„Warum? Was will sie hier bei uns?", warf Rachel dazwischen.

„Martha will sich wie jedes Jahr davon überzeugen, dass wir fromme Juden sind und alle Gebote einhalten", erklärte ihre Mutter.

Nahel im Nebenzimmer war viel eher der Ansicht, die Frau des Rabbis nahm dies zum Anlass, sich bei jeder Familie in der Gemeinde gründlich umzusehen. Sie hatte diese Besuche schon mehrfach erlebt und jedes Mal stand das Haus Kopf. Es wurde alles geputzt und gekehrt, sie und ihre Cousinen mussten in ihren besten Kleidern erscheinen und Nahels Vater erhielt die strikte Anweisung, den Anbau verschlossen zu halten. Zu groß war die Angst der Tante, es könnten dort verbotene Bücher herumliegen.

Nachdem Nahel mit Tischdecken fertig war, half sie den anderen in der Küche, die verschiedenen Gerichte in die entsprechenden Schüsseln zu verteilen. Am Sabbat hatten die Köchin sowie die Magd frei und die Tante trug selbst das Essen auf. Mittlerweile waren auch die Männer aus der Synagoge, wo sie den Tag verbracht hatten, zurückgekehrt.

Nach einem gemeinsamen Gebet und dem Anzünden der Lichter begann die Familie mit dem Essen. Nahel saß am Tisch ihrem Vater gegenüber. Sie bemerkte, dass er am heutigen Abend keinen Appetit hatte und die Hühnerpastete kaum anrührte. Irgendetwas schien ihren Vater zu beschäftigen. Sie nahm sich vor, ihn nach dem Essen im Studierzimmer zu besuchen.

Die Tante und die Cousinen schwatzten munter über allerlei Neuigkeiten, welche sie in der Synagoge gehört hatten. Nahel hörte den Gesprächen kaum zu. Sie dachte über das Buch „Die Elemente von Euklid" nach, welches sie vor einigen Tagen zu lesen begonnen hatte und dessen mathematische Ausführungen sie nur ansatzweise verstand. Vielleicht konnte der Vater ihr später einiges erklären?

Nach dem Essen wurde das Geschirr in der Küche gestapelt. Die Magd würde es am nächsten Tag reinigen, da auch diese Arbeit am Sabbat verboten war. Nahel folgte ihrem Vater ins Studierzimmer. Hermann von Regensburg, wie er sich nun wieder nannte, ließ sich in seinem bequemen Sessel vor dem flackernden Kaminfeuer nieder. Das Feuer verbreitete eine angenehme Wärme im Raum. Die Abende und Nächte waren Ende Januar noch bitterkalt. Nahel hatte den Euklid geholt und wollte ihren Vater auf eine bestimmte Stelle, welche ihr unklar war, gerade ansprechen. Doch der Vater kam ihr zuvor:

„In den letzten Jahren hatten wir hier in Regensburg unter den Menschen unseres Volkes ein friedliches Leben. Wir haben uns mit den Gegebenheiten abgefunden und sogar du hast gelernt, deine Tante nicht unnötig zu reizen."

Nahel sah ihren Vater erstaunt an. Auf was wollte er hinaus?

„Heute in der Synagoge gab es beunruhigende Neuigkeiten. Es hieß, immer mehr christliche Einwohner hier in Regensburg geben uns Juden die Schuld an der schlechten finanziellen Lage der Stadt", berichtete der Vater weiter.

„Wieso uns? Was haben wir Juden damit zu tun?", kam erstaunt die Frage von Nahel.

„Dein Onkel Samuel und die anderen Geldverleiher hier im Viertel haben dem Stadtrat eine große Summe geliehen. Gegen entsprechende Zinsen versteht sich. Mit dem Geld sollte auf dem Gelände der Augustinereremiten ein großes Hospiz für Kranke und Reisende gebaut werden."

Nahel kannte das Gelände, es lag gleich neben der Synagoge.

Ihr Vater fuhr fort: „Es waren nicht alle im Stadtrat dafür, sich bei den Juden Geld zu leihen. Es gab auch Stimmen dagegen. Diese meinten, es könne nicht angehen, für christliche Belange jüdisches Geld zu nehmen. Diese Menschen machen seit Tagen in der Stadt Stimmung gegen uns. Es hat vor der Stadt bereits einige Übergriffe auf jüdische Händler gegeben. Gott sei Dank ist noch nichts Ernsthaftes passiert. Seit dem Tod von unserem Kaiser Maximilian in Wels vor einigen Wochen sind wir Juden im Reich zurzeit ziemlich schutzlos."

Nahels erschrak bei diesen Worten. Ihr fiel das Gespräch vor vier Jahren in Cordoba ein. Auch damals waren sie und ihr Vater als Juden in Gefahr gewesen. Am Ende mussten sie fast alles zurücklassen und heimlich die Stadt verlassen. Nahel dachte an ihre Großmutter, welche zum Glück von der Inquisition unbehelligt blieb und noch immer das Haus bewohnte. Würde sie ihre Großmutter jemals wiedersehen? Nahel blickte ihren Vater an. Der Feuerschein tauchte sein Gesicht in ein warmes Licht. Trotzdem konnte sie die Sorge in seinen Augen erkennen.

„Werden wir Regensburg verlassen müssen?", lautete ihre ängstliche Frage.

„Ich weiß es nicht. Vielleicht beruhigt sich die Lage auch wieder. In der Vergangenheit gab es immer mal wieder unruhige Zeiten. Denke doch nur an die Kreuzzüge. Trotz allem leben wir Juden noch immer hier in Regensburg."

Nahel nickte. Sie würde sich keine Angst machen lassen.

„Wie sollen wir uns verhalten?"

„Verlasse in den nächsten Tagen so wenig wie möglich das Haus. Am Abend verschließen wir das Tor und sichern es. Vor die Fenster kommen schwere Läden. Alle Einkäufe werden von nun an von mir oder Onkel Samuel erledigt. Und noch eins, kein Wort davon zu deinen Cousinen. Onkel Samuel wird mit seiner Frau über die Gefahr sprechen. Eigentlich hätte ich dir nichts davon erzählen dürfen. Aber ich denke, du solltest es wissen, wenn uns eine Gefahr droht."

„Danke Vater, dass Ihr so offen mit mir wart. Ich werde alles für mich behalten und verspreche Euch, das Haus nicht ohne

Eure Einwilligung zu verlassen."
„Ich verlasse mich auf dich!"
Der Vater sah sie eindringlich an.
„Nun zeige mir, was du im Buch nicht verstehst", sagte er etwas gelöster.
Für den Rest des Abends drehten sich die Gespräche ausschließlich um mathematische Probleme.

In den nächsten Tagen lag eine angespannte Ruhe über der jüdischen Gemeinde. Nur wenige Menschen waren bei Tag auf den Gassen und Plätzen zu sehen. Viele Tore blieben bei Tag und Nacht verschlossen. In den christlichen Wohnvierteln der Stadt ging das Leben weiter seinen geschäftigen Gang. In den Kneipen waren die städtischen Schulden jedoch ein großes Thema. Immer öfter wurde die Meinung geäußert, die Juden einfach zu vertreiben, um so die Schulden zu tilgen. Noch war es verhältnismäßig ruhig in der Stadt. Auch wenn die jüdischen Männer, außerhalb ihres Viertels, Schmährufen ausgesetzt waren.

Nahel hatte die vergangenen Tage zum ausgiebigen Studium genutzt. Ihre Tante war so mit der ihnen drohenden Gefahr beschäftigt, dass sie zum ersten Mal nicht daran dachte Nahel zu beaufsichtigen. Vor Becka und Rachel versuchte die Tante ein normales Familienleben aufrechtzuerhalten. Allerdings mit wenig Erfolg. Die beiden merkten schnell am Verhalten der Eltern, dass etwas nicht stimmte und löcherten ihren Vater so lange mit Fragen, bis sie die Wahrheit kannten.
Nun schlichen sie mit bleichen Gesichtern und voller Angst durchs Haus und zuckten bei jedem Geräusch zusammen. In der Nacht schliefen Becka und Rachel zur Sicherheit bei ihren Eltern im Zimmer. Auch Nahel wollte in der Nacht in der Nähe ihres Vaters sein und schlief deshalb auf dem Boden vor dem Kamin im Studierzimmer. Auch sie hatte Angst, wollte es aber nicht zugeben.
Die Köchin und die Magd hatten seit Tagen nur noch ein Thema, die Gräueltaten an Juden durch Christen in der

Vergangenheit. Zur Sprache kamen die Pogrome während der Kreuzzüge, aber auch Übergriffe in den letzten Jahrzehnten.

Nach einigen Tagen schien sich die Lage zwischen Juden und Christen zu entspannen. Nahel und ihre Familie atmeten auf.

„Nun seht ihr", meinte der Onkel beim Abendessen. „Ich habe es doch gleich gesagt, die Christen werden wieder zur Besinnung kommen. Sie werden den Juden nichts tun, denn sie brauchen unser Geld."

Nahels Vater gab seinem Bruder keine Antwort. Die Angst der vergangenen Tage hatte tiefe Linien in sein Gesicht gegraben und die Besorgnis wich auch jetzt nicht von ihm. Die Ruhe, welche plötzlich über der Stadt lag, gefiel ihm nicht. Er bestand darauf, dass Nahel weiterhin bei ihm im Studierzimmer schlief. Die Cousinen spotteten darüber. Längst waren sie in ihre Zimmer zurückgekehrt. Als weitere Vorsichtsmaßnahme hatte der Vater Nahel darum gebeten, in seine warme Jacke und ihren Kleidersaum einige Münzen einzunähen. Sollten sie plötzlich das Haus verlassen müssen, wären sie nicht ganz mittellos. Nahel teilte die Meinung ihres Vaters. Die trügerische Ruhe machte auch ihr Angst. Sie war sich sicher, etwas würde geschehen.

Der 21. Februar des Jahres 1519 begann mit einem heftigen Schneesturm und klirrender Kälte. Erst gegen Mittag beruhigte sich das Wetter wieder. Durch die Kälte waren nur wenige Menschen auf den Straßen zu sehen. Jeder, der nicht unbedingt etwas besorgen musste, blieb zu Hause am Feuer.

Nahel machte sich in der Küche nützlich. Sie half ihrer Tante und den Cousinen beim wöchentlichen Brotbacken. Der Duft der warmen frischen Brote erfüllte den ganzen Raum. Am Abend sollte es gebackenes Huhn mit frischem Brot geben. Die Köchin hatte die Hühner bereits am Vortag vorschriftsmäßig geschlachtet und im Hof zum Ausbluten aufgehängt. Das Blut der Tiere färbte den frisch gefallenen Schnee rot. Nahel überlief es kalt beim Anblick der Hühner, als sie über den Hof eilte, um Holz im Studierzimmer ihres Vaters nachzulegen. Das Feuer im Kamin war schon fast heruntergebrannt, als sie den Raum betrat. Schnell warf sie einige Holzscheide in die Flammen. Bereits kurze Zeit später erfüllte Wärme den Raum. Nahel sah sich erstaunt um. Im Zimmer herrschte einige Unordnung und ihr Vater, welcher um diese Zeit meist hinter seinem Schreibtisch saß, war nicht da.

„Merkwürdig", murmelte Nahel leise vor sich hin. Sie nahm einige Bücher vom Boden auf und stellte sie zurück in den Bücherschrank. Dann verließ sie den Anbau und lief zurück ins Haus.

„Tante, weißt du wohin mein Vater gegangen ist?", fragte Nahel in der Küche nach. Die Tante knetete gerade mit beiden Händen einen Klumpen Teig. Sie schüttelte verneinend den Kopf: „Frag mal bei deinem Onkel Samuel nach. Vielleicht weiß er etwas."

Nahel ging ihren Onkel suchen. Sein Arbeitszimmer war einer der größten und schönsten Räume im Haus. Die breiten Fenster gingen zur Straße hinaus, sodass der Onkel von seinem Schreibtisch aus bereits sehen konnte, wer demnächst bei ihm anklopfen würde. Die Wände und den Boden des Raumes zierten kostbare Teppiche in unterschiedlichen Farbtönen. In einem mächtigen Bücherschrank mit mehreren Schubladen verwahrte der Onkel seine Dokumente. Ansonsten gab es noch einen massiven Schreibtisch aus Holz sowie mehrere Stühle für Besucher. Die Tante ärgerte sich über die prunkvolle Ausstattung des Arbeitszimmers ihres Mannes. Aber die Devise des Onkels lautete: „Nur bei einem reichen Mann leiht man sich gerne Geld."

Nahel klopfte an die Tür des Arbeitszimmers. Kein Laut war von drinnen zu hören. Langsam drückte sie die Klinke herunter und wollte die Tür öffnen. Vergeblich, die Tür war verschlossen. Das bedeutete, auch der Onkel war nicht im Haus. Was ging hier vor? Warum hatten beide Männer ohne ein Wort zu sagen das Haus verlassen? Drohte ihnen erneut Gefahr? Nahel erschauerte. Unschlüssig stand sie im kalten Hausgang und überlegte, was sie jetzt tun sollte. Nach einigem Nachdenken erschien es ihr am sinnvollsten, das Verschwinden des Onkels und ihres Vaters für sich zu behalten. Vielleicht kamen die Männer ja gleich wieder und alles war ganz harmlos. Nahel kehrte in die Küche zurück und versuchte, sich ihre Anspannung nicht anmerken zu lassen. Zum Glück war ihre Tante gerade damit beschäftigt, einen Streit zwischen Becka und Rachel zu schlichten. Es ging um ein rotes Haarband, welches jede der beiden am Abend tragen wollte. Nahel setzte sich neben Becka an den Küchentisch und begann, etwas Gemüse als Beilage zum Huhn klein zu schneiden.

Draußen brach die Dämmerung herein und der Vater war noch immer nicht zurück. Als Nahel glaubte, die innere Anspannung nicht mehr ertragen zu können, hörte sie endlich Stimmen und Schritte im Flur. Eilig verließ sie unter einem Vorwand die Küche. Im Halbdunkeln des Flures standen der Onkel und ihr Vater leise flüsternd beieinander. Gerade wollten die beiden das Arbeitszimmer betreten, als sie Nahel sahen.

„Vater, was bin ich froh Euch zu sehen. Was ist passiert? Ich war in Eurem Studierzimmer und keiner war da.", Nahels Stimme klang vor Aufregung schrill.

„Leise, Kind", mahnte der Vater schnell. „Wir wollen doch nicht das ganze Haus aufmerksam machen. Weiß außer dir noch jemand, dass wir weg waren?"

„Nein, die anderen haben nichts bemerkt und ich habe auch nichts gesagt."

„Gutes Kind", lobte der Vater. Dann schob er Nahel schnell ins Arbeitszimmer des Onkels und schloss die Tür. Der Onkel hatte sich hinter seinem Schreibtisch niedergelassen.

„Erzähle es ihr", lautete die Aufforderung an Nahels Vater. Die Stimme des Onkels klang müde.

„Wir waren in den vergangenen Stunden in der Synagoge", begann der Vater. „Einige Christen haben heute Morgen vor der Stadt den alten Lumpenhändler Isaak zu Tode geprügelt!"

Nahel entfuhr bei diesen Worten ein angstvoller leiser Schrei. Sie kannte den alten Isaak. Er war ein gütiger, alter Mann gewesen, der immer versucht hatte, mit Juden und Christen in Frieden zu leben.

„Warum?", kam es leise von Nahel. „Warum tun Menschen so etwas?" Tränen liefen ihr über die Wangen.

„Das kann keiner so genau sagen", meinte ihr Vater „Hass,

Übermut, was weiß ich. Auf jeden Fall wird es nicht dabei bleiben. In den Straßen der Stadt gärt es. Das ist deutlich zu spüren. Wir Männer haben darüber beraten, was zu tun sei."

„Was können wir tun?", Nahel sah ihren Vater fragend an.

„Wir konnten uns nicht einigen", meinte der. „Die Gemeinde ist gespalten. Einige wollen gehen, andere bleiben."

„Was werdet Ihr tun?", Nahel ahnte die Antwort bereits.

„Wir werden gehen. Bereits morgen in aller Frühe. Ich habe dir doch einmal von einem guten Freund erzählt, dem Buchhändler Christo in Worms. Bei ihm habe ich eine nicht unerhebliche Geldsumme für Notfälle deponiert. Dorthin werden wir gehen und wenn der Sturm vorbei ist, werden wir nach Regensburg zurückkehren."

„Und der Onkel, die Tante, Becka und Rachel? Werden sie mit uns kommen?", wollte Nahel wissen.

Nun mischte sich der Onkel in das Gespräch ein:

„Nein, Kind, das wird nicht gehen. Anders als dein Vater glaube ich nicht an eine uns allen drohende Gefahr. Gut, einige christliche Hitzköpfe haben einen alten Mann erschlagen. Das ist natürlich furchtbar, aber ich bin der festen Überzeugung, mehr wird nicht passieren. Die Stadt braucht das jüdische Geld zu sehr. Sie werden uns nichts tun, da bin ich mir sicher. So wie ich denken auch andere in der Gemeinde. Wir werden auf jeden Fall hier bleiben. Doch euch steht es frei zu gehen."

Nahels Vater und sein Bruder sahen sich schweigend an, jeder würde nach seiner Überzeugung handeln müssen.

An diesem Abend verlief das gemeinsame Abendessen in ungewohnter Stille. Jeder am Tisch war mit seinen Gedanken beschäftigt.

Wenige Stunden später schreckte Nahel aus dem Schlaf. Irgendetwas war anders als sonst. Sie lauschte angstvoll in die Nacht. Alles schien ruhig. Nahel wollte sich schon wieder in ihre dicke Decke einwickeln, als ihr ein ungewohnter Geruch auffiel. Sie schnupperte und war sofort hellwach. Es brannte irgendwo. Nahel sprang auf und rannte voller Angst im Nachthemd aus dem Anbau. Im Hof erkannte sie das ganze Ausmaß der drohenden Gefahr. Über dem gesamtem Judenviertel lag ein roter Lichtschein. Mehrere Häuser am Anfang des Viertels schienen zu brennen.

Grässlicher Lärm erfüllte die eisige Luft. Nahel hörte Menschen in höchster Angst schreien, dazwischen erklangen drohende Männerstimmen. Die Stimmen kamen unerbittlich immer näher. Anscheinend breitete sich die Gefahr systematisch aus. Voller Angst eilte Nahel ins Haus zurück, um ihren Vater zu wecken. Im Schlafzimmer rüttelte sie ihn an der Schulter. Benommen schlug Hermann von Regensburg die Augen auf. Als er Nahel am Bett stehen sah, rief er:

„Was ist passiert?"

„Es brennt im Viertel, Vater. Bisher sind es nur einige Häuser. Aber es werden von Minute zu Minute mehr!", unterrichtete Nahel ihren Vater schnell.

„Kind, zieh dich an. Wir dürfen keine Zeit verlieren. Dies ist der erwartete Angriff der Christen. Ich habe es immer geahnt. Warum haben wir nur nicht schon vor Tagen Regensburg verlassen? Ich werde es mir nie verzeihen, dich so in Gefahr gebracht zu haben."

Eilig sprang er aus dem Bett und kleidete sich an und auch Nahel warf sich ihr Kleid über. Dann wickelte sie sich in ihren dicken Umhang und folgte ihrem Vater in den Hof. Der Feuerschein war innerhalb der kurzen Zeit intensiver geworden und die Luft war erfüllt von Rauch und Asche. Immer mehr Häuser wurden ein Raub der Flammen. Das Atmen wurde mühsam.

Nahel sah trotz des dichten Rauchs am Holzschuppen die Familie ihres Onkels stehen. Keiner war vollständig angekleidet. Alle drückten sich eng aneinander. Die Augen angstvoll vor Schreck geweitet, waren sie scheinbar erstarrt und unfähig zu handeln. Nahel lief aufgeregt zu ihnen hinüber:

„Ihr könnt hier nicht bleiben!", rief sie. „Geht schnell ins Haus, zieht euch etwas Warmes an, packt einige Wertgegenstände ein und versucht dem Pöbel zu entkommen."

Ihre Worte schienen die Starre der Gruppe nicht zu durchdringen. Verzweifelt rüttelte sie ihren Onkel an der Schulter, vergeblich. Nahel spürte die Hand ihres Vaters. Trotz ihres

Widerstrebens zog er sie über den Hof in Richtung des Gemüsegartens.

„Nein!", schrie Nahel entsetzt und versuchte sich loszureißen. „Wir können sie doch nicht so zurücklassen."

„Sie müssen sich selbst helfen", entgegnete ihr Vater hart.

Nahel liefen Tränen der Verzweiflung über ihr Gesicht. Nach einem letzten Blick auf ihre entsetzten Verwandten und das Haus, folgte sie ihrem Vater hastig in den hinteren Teil des Gartens. Hier war die Luft wesentlich besser und die Stimmen erklangen wie leises entferntes Gemurmel.

An der dichten Hecke, welche die Rückseite des Gartens vom Nachbargrundstück trennte, blieb Hermann von Regensburg stehen. Er sah seine Tochter eindringlich an.

„Hör mir gut zu, Nahel", begann er verzweifelt. „Ich habe seit Wochen mit so etwas gerechnet. In den letzten Tagen wollte ich immer wieder mit dir die Stadt verlassen und habe mich trotzdem von meinem Bruder zum Bleiben überreden lassen. Nun ist es zu spät. Wir können nur noch versuchen, ungesehen im Schutz der Nacht zu entkommen. Zu zweit jedoch fallen wir sofort auf. Deshalb muss jeder alleine gehen."

Nahel unterbrach ihren Vater mit schriller Stimme:

„Nein, ich gehe nicht ohne Euch. Wir gehen entweder zusammen oder wir bleiben hier."

„Es gibt keine andere Möglichkeit. Bleiben ist zu gefährlich. Du gehst voraus und ich komme dann nach. Wir treffen uns vor der Stadt, im Wald an der alten Köhlerhütte. Du erinnerst dich an diesen Ort?"

Nahel nickte unter Tränen. An der Hütte war sie im letzten Sommer öfter mit ihrem Vater gewesen. Sie hatten dort Holunderbeeren für Wein gesammelt.

„Was wirst du machen?", wollte Nahel leise wissen.

„Ich werde noch einige Gegenstände, die mir wichtig sind, aus dem Haus holen und dir dann umgehend folgen. Ich beeile mich. Mach dir keine Sorgen. Alles wird gut gehen."

Nahel sah ein, dass sie ihren Vater nicht umstimmen konnte. Sie umarmten sich zum Abschied, dann schlüpfte Nahel durch die Hecke auf das Nachbargrundstück. Das Gelände gehörte bereits zum christlichen Wohnbereich der Stadt. Die christlichen und jüdischen Häuser in Regensburg waren mit dem Rücken zueinander gebaut. Es schien fast so, als ob sich selbst die Häuser nicht ansehen wollten. Das Haus und der Garten lagen still im Mondlicht. Alle Läden waren fest verschlossen. Kein Laut war zu hören. Die Bewohner wollten anscheinend vor den Geschehnissen dieser Nacht die Augen verschließen.

Ungesehen kam Nahel durch den Garten, am Haus vorbei bis zur Straße. Auch hier war es ganz still. Im Schatten der Häuser schlich sie vorsichtig weiter in Richtung Stadtmauer. In Sichtweite des Stadttores blieb Nahel unschlüssig stehen. Sie erkannte, dass der Plan ihres Vaters einen Haken hatte. Er hatte nicht an die Stadtwache gedacht. Wie sollte sie daran vorbeikommen?

Langsam und leise bewegte sich Nahel näher. Verwundert bemerkte sie, dass das Tor weit offen stand und die Wache nirgends zu sehen war.

Noch einmal blickte Nahel sich um. Niemand war zu sehen, alles lag still und verlassen in der Dunkelheit. Sie hob ihren Rock und rannte so schnell sie konnte durch das Tor aus der Stadt. Erst nach einiger Zeit blieb sie keuchend stehen. Nahel drehte sich um, niemand war ihr gefolgt. Über der Stadt lag noch immer ein Feuerschein. Allerdings kam er ihr aus der Entfernung schwächer vor. Eilig lief Nahel weiter und erreichte nach gut einer Stunde die Hütte im Wald. Erschöpft ließ sie sich in das kalte Stroh fallen und begann zu warten. Wann würde ihr Vater kommen?

Angespannt lauschte sie auf jedes Geräusch. Mehrfach meinte sie Schritte zu hören, doch es war nur der Wind. Irgendwann holte Nahel die Müdigkeit ein und sie fiel in einen unruhigen Schlaf.

Als sie am nächsten Tag erwachte, war der Vormittag bereits halb vorüber. Jeder Knochen schmerzte von der ungewohnt harten Unterlage. Verwundert sah sie sich um. Doch bereits eine Sekunde später fiel ihr alles wieder ein. Der Überfall von letzter Nacht und ihre Flucht aus der Stadt. Noch immer war sie alleine. Wo war ihr Vater? Warum war er noch nicht hier? Nahel bekam schreckliche Angst. Was war passiert? Niemals hätte sie ohne ihn gehen dürfen. Sie musste so schnell wie möglich nach Regensburg zurück und ihn suchen. Nahel blickte kritisch an sich hinunter. Ihre Kleidung war nach der Nacht im Stroh ziemlich zerdrückt. Mit dem dunklen Umhang wirkte sie eher unauffällig. Ihre schwarzen Locken versteckte Nahel vorsorglich unter einem wollenen Tuch. Jetzt war sie froh, in den vergangenen Jahren so gut wie keinen Kontakt zur christlichen Bevölkerung der Stadt gehabt zu haben. Die Gefahr, dass jemand sie erkannte, war somit gering. Mit bangem Herzen und voller Angst machte sich Nahel auf den Weg zurück zur Stadt. Je näher sie Regensburg kam, desto zögerlicher wurden ihre Schritte. Was würde sie erwarten?

Nahel näherte sich dem gleichen Tor, durch das sie in der vergangenen Nacht die Stadt fluchtartig verlassen hatte. Jetzt am späten Vormittag standen die Wachen wie üblich am Tor. Unmittelbar vor Nahel wollte ein Bauer mit einem beladenen Ochsenkarren in die Stadt. Nahel tat so, als gehörte sie zu dem Karren. Sie blieb dicht hinter ihm und hielt den Kopf gesenkt. Keine der Wachen nahm Notiz von ihr. Ungesehen kam sie in die Stadt.

Unmittelbar nach dem Tor sah Nahel sich um. Das Leben schien unverändert weiterzugehen. Kaum etwas deutete auf die furchtbaren Ausschreitungen der vergangenen Nacht hin. Lediglich ein leichter Brandgeruch lag noch in der Luft. Fast erschien ihr alles wie ein böser Traum. Vorsorglich hielt Nahel ihren Kopf gesenkt, als sie sich in weitem Bogen dem Judenviertel näherte. Bei der Kirche der Augustinereremiten blieb sie stehen und holte tief Luft. Die Synagoge gegenüber der Kirche stand noch. Einsam lag sie da. Nur die zerbrochenen Fenster zeugten von dem nächtlichen Tumult. Nahel blickte die Straße entlang, welche sich von der Synagoge quer durch das Judenviertel zog. Von mehreren Häusern in der Nähe standen nur noch rußige und qualmende Gerippe. Kein Mensch war zu sehen. Still und verlassen lag das ehemalige Wohnviertel der

Juden in der Mittagssonne. Es erschien Nahel wie ein ferner Traum, dass gestern hier in den Häusern und auf der Straße noch reges Leben geherrscht hatte. Sollte sie es wagen und zum Haus der Verwandten zurückkehren? Nahel war sich unsicher. Was, wenn sie im Haus erwischt wurde?

Vorsichtig schlich sie zum ersten Haus in der Straße. Anscheinend hatten die Bewohner es Hals über Kopf verlassen. Die Eingangstür stand weit offen. Nahel sah sich kurz um. Noch immer war kein Mensch zu sehen. Schnell trat sie ins Haus.

Was sie sah, schockierte sie. Im Haus waren alle Fenster zerschlagen, Schränke umgeworfen und der Inhalt lag achtlos auf dem Boden verstreut. Schmutzige Stiefel hatten überall ihre Spuren hinterlassen. Kaum ein Gegenstand im Haus war heil geblieben. Von den Bewohnern fehlte jede Spur.

Schnell verließ Nahel das Haus wieder. Was würde sie alles noch erwarten? Sie war froh, dass die Bewohner anscheinend entkommen waren. Langsam bewegte sie sich an den niedergebrannten Häusern entlang, deren Anblick sie an die Menschen erinnerten, die vor kurzem noch darin wohnten. Vielleicht waren sie in ihren Häusern verbrannt?

Endlich kam das Haus ihres Onkels in Sichtweite. Es schien unversehrt. Erst als sie davorstand erkannte Nahel, dass auch hier der Mob gewütet hatte. Langsam ging sie durch das offene Hoftor, welches schief in seinen Angeln hing. Sie warf einen ängstlichen Blick zu der Stelle, wo sie ihre Verwandten zuletzt gesehen hatte. Der Platz war leer. Nahel schöpfte wieder Hoffnung. Anscheinend war es ihnen doch gelungen, dem Pöbel zu entkommen.

Zaghaft betrat sie das Haus. Auch hier war nichts mehr an seinem Platz. Fast alles war zerstört. Langsam ging sie von Zimmer zu Zimmer. Es war geisterhaft still.

Im Zimmer von Rachel lag achtlos ihre Lieblingspuppe in einer Ecke. Bedächtig hob Nahel sie auf und legte die Puppe zurück auf das Bett. Trotz aller Angst entschied sie, sich in der Küche umzusehen. Vielleicht war von den Vorräten noch etwas brauchbar. Nahel hatte Glück. Zwar war auch in der Küche nichts heil geblieben, aber es war noch etwas Essbares in der angrenzenden Speisekammer.

Schnell schlug sie einige kleine Käselaibe, einen Laib Brot sowie etwas geräucherten Rinderschinken in ein Tuch. Die Beute legte sie neben der Küchentreppe im Hof ab und machte sich dann auf ihren schwersten Gang. Beklommen lief Nahel über den Hof zum rückwärtigen Anbau.

Die Tür zu den Räumen ihres Vaters war geschlossen. Nahel zögerte einen Moment, dann drückte sie vorsichtig die Klinke nieder und öffnete die Tür. Der Raum bot den gleichen Anblick, wie Nahel ihn schon in den anderen Häusern, gesehen hatte. Bücher lagen achtlos verstreut auf dem Boden. Seiten waren herausgerissen und die Blätter im ganzen Raum verstreut. Das Bettzeug ihrer Schlafstatt war aufgerissen. Anscheinend hatten die Eindringliche nach Münzen oder anderen Wertgegenständen gesucht. Nahel wusste, dass ihr Vater nur wenig Geld im Haus verwahrte. Größere Summen hatte er irgendwo sicher hinterlegt.

Entsetzt blickte Nahel auf den massiven Schreibtisch ihres Vaters. Die Schubladen waren herausgerissen und deren Inhalt war ebenfalls im Zimmer verstreut. Leise und voller Angst durchquerte sie den Raum und betrat das Schlafzimmer ihres Vaters.

Auf den ersten Blick war es sonderbar ordentlich. Hier war noch alles an seinem Platz. Keine Truhe war geöffnet und das Bettzeug unversehrt. Nahel konnte es sich nicht erklären. Was hatte die Männer davon abgehalten, diesen Raum zu verwüsten?

Da fiel ihr Blick auf eine Hand mit einem auffälligen Siegelring, welche hinter dem Bett hervorragte. Langsam kam Nahel näher. Sie wollte sich den Anblick ersparen und wusste doch, sie musste Gewissheit haben. Vorsichtig versuchte sie hinter das Bett zu blicken. Ein Mann lag dort auf dem Boden, das Gesicht nach unten, der Hinterkopf war eingedrückt und blutverschmiert, die Kleidung des Toten sowie der Boden waren mit Blut getränkt, welches bereits an vielen Stellen getrocknet war. Der Tote trug eine dunkelgrüne Samtwams und eine schwarze eng anliegende Hose. Die gleiche Kleidung hatte Nahels Vater am Abend zuvor getragen. Irgendetwas in ihrem

Inneren zwang Nahel, trotz ihres Würgens, immer näher an den Toten heranzugehen, bis sie schließlich neben ihm am Boden kniete. Zitternd streckte sie ihre Hand aus und berührte den Mann. Der Leichnam war bereits erkaltet. Kein Hauch von Leben war mehr zu spüren.

Unter Aufbietung all ihrer Kräfte drehte Nahel den Körper um. Die blicklosen Augen ihres Vaters starrten zur Decke.

Bis zu diesem Moment hatte Nahels Verstand sich geweigert, das Geschehene zu akzeptieren. Doch nun hatte sie Gewissheit, ihr Vater war tot. Erschlagen von christlichen Eindringlingen.

Eine ganze Weile saß Nahel regungslos auf dem Boden, mit dem Rücken an der Wand, neben dem Toten. Sie hielt die kalte Hand ihres Vaters, während heiße Tränen der Verzweiflung sich den Weg über ihr Gesicht bahnten.

Als die Glocke der Augustinereremitenkirche Mittag schlug, erhob sie sich. Wie gerne hätte sie die Umstände seines Todes erfahren. War er gestorben, weil er die Familie seines Bruders schützen wollte, oder war sein Tod nur ein unglücklicher Zufall gewesen? Sie würde es wohl nie erfahren.

Nahel wünschte sich, ihren Vater angemessen bestatten zu können. Doch dies war nicht möglich. Es schmerzte sie unendlich, ihn so liegenlassen zu müssen. Das Einzige was sie tun konnte war, das traditionelle jüdische Totengebet zu sprechen, welches Frauen eigentlich verboten war. Danach dankte sie leise ihrem Vater für all seine Fürsorge und bat ihn um Verzeihung, dass sie ihn verlassen musste.

Nach einem letzten langen Blick auf den Toten verließ Nahel den Raum. Im Studienzimmer packte sie zwei Lieblingsbücher ihres Vaters zur Erinnerung in einen Lederbeutel, dann holte sie die neben der Treppe verwahrten Lebensmitteln.

Als Nahel aus dem Hoftor auf die Straße trat, bemerkte sie, dass aus manchen Häusern Geräusche und auch Stimmen zu hören waren. Freude durchzuckte sie, doch beim genaueren Hinhören erkannte Nahel, dass es sich bei den Stimmen um Plünderer handelte, welche die Häuser der Juden nach

Brauchbarem durchsuchten. Die jüdischen Besitzer würden nach der letzten Nacht wohl lange nicht zurückkehren.

Unschlüssig blieb Nahel im Schutz des Hoftores stehen. In einem Haus in der Nähe der Synagoge waren drei Männer in ärmlicher Kleidung damit beschäftigt, Möbel und Hausrat aus dem Haus zu schaffen. Einige Häuser weiter warf eine Frau Bettzeug und Kleidung aus einem Fenster, während eine andere die Sachen auf einen Karren lud. Nahel entschied, es wäre wohl am besten so zu tun, als hätte sie auch geplündert.

Eilig lief sie die Straße in Richtung der Synagoge entlang. Die anderen Plünderer hatten keinen Blick für sie. „Nur nicht auffallen", murmelte sie immer wieder leise vor sich hin.

Als Nahel bei der Synagoge ankam, entspannte sie sich ein wenig. Nur noch wenige Schritte, dann wäre sie bei der Kirche der Augustinereremiten und damit außerhalb des jüdischen Viertels. Sie hob den Blick von der Straße und erstarrte. Vier Männer der Stadtwache kamen ihr entgegen.

Als sie ihr gegenüberstanden, sprach einer der Wache Nahel an: „Wo kommst du her?"

Sie wies wortlos mit dem Kopf nach hinten. In dem Moment, als Nahel die Stadtwache sah, hatte sie innerlich aufgegeben.

„Du hast dich also in den Häusern der Juden umgesehen und geplündert. Dir ist doch sicher bekannt, dass das verboten ist?"

Bei diesen Worten blickte der Mann Nahel drohend an.

„Zeig doch mal deinen Beutel her. Wenn da etwas Geeignetes für uns drin ist, lassen wir dich laufen."

Wortlos reichte Nahel den Männern die beiden Lederbeutel. Einer der Stadtwache inspizierte den Inhalt. Enttäuschung breitete sich auf ihren Gesichtern aus.

„Was, nur einige Lebensmittel und zwei Bücher. Mehr nicht? Keine Münzen oder Edelsteine? Überhaut nichts von Wert. Warum plünderst du überhaupt?"

Der Mann war sichtlich irritiert.

Nun fand Nahel ihre Sprache wieder:

„Bitte lasst mich gehen", begann sie. „Draußen vor der Stadt liegt mein krankes Kind, es hat Fieber. Da ich kein Geld für Lebensmittel hatte, habe ich sie in einem jüdischen Haus gestohlen. Ich würde nie einen Christen bestehlen, ich habe es doch nur den Juden weggenommen."

Inständig hoffte sie, dass diese Worte die Männer milde stimmen würden. Der Sprecher der Wache kratzte sich nachdenklich seinen ungepflegten struppigen Bart. Dann blickte er seine Kameraden an:

„Was meint ihr? Sollen wir die Kleine laufen lassen? Es ist ja kein Schaden entstanden."

Die Männer stimmten ihm erleichtert zu. Keiner hatte große Lust, Nahel beim Stadtrichter wegen etwas Brot abzuliefern.

„Du hast Glück. Aber versuche kein zweites Mal, hier in Regensburg ein jüdisches Haus zu betreten. Der Stadtrat hat vor wenigen Stunden beschlossen, dass jeglicher Besitz der Juden an die Stadt fällt und es ihnen nicht gestattet ist, nach Regensburg zurückzukehren. Endlich sind wir diese Halsabschneider los."

„Habt Dank für Eure Großzügigkeit. Doch warum wurden die Juden vertrieben?"

Erwartungsvoll sah Nahel die Männer an.

„Warum? Weil die Juden unser Unglück sind. Weil sie mit ihren Zinsen die Stadt fast in den Ruin getrieben haben. Weil Juden und Christen nicht zusammen in einer Stadt leben sollten. Gründe für den Aufruhr der vergangenen Nacht gibt es viele."

Nach diesen Worten wandten sich die Männer der Wache um und setzten ihren Weg fort.

„Wartet bitte", rief Nahel ihnen nach. „Was ist mit den Juden geschehen?"

„Soviel wir wissen, wurden die meisten Juden auf Karren geladen und vor die Stadt gebracht. Dort konnten sie ihres Weges ziehen. Es wurde ihnen jedoch verboten, Regensburg wieder zu betreten." Der Sprecher blickte Nahel argwöhnisch an. „Warum willst du das wissen? Gehörst du etwa auch zu denen?"

„Nur so. Ich bin einfach nur neugierig", Nahel versuchte schnell seinen Argwohn zu zerstreuen. Sie spürte, weitere Fragen waren nicht angebracht. Sie würde wohl nie erfahren, ob ihr Vater der einzige Tote war. Schnell drehte sie sich um und lief weiter die Straße entlang. Der Mann der Stadtwache blickte ihr voller Misstrauen nach.

Unbehelligt lief Nahel durch die Straßen von Regensburg, in denen das gewohnte Leben seinen Gang ging. Am Stadttor hielt sie auch diesmal niemand auf. Ohne weiteren Zwischenfall gelang sie zur Hütte im Wald. Aufatmend ließ sich Nahel ins Stroh fallen. Sie war am Ende ihrer Kräfte. Weinend rollte sie sich zusammen, zog ihren Umhang enger um sich und fiel in einen erschöpften Schlaf.

Als sie einige Stunden später vor Hunger aufwachte, ging die Dämmerung gerade in die Dunkelheit der Nacht über. Aus ihrem Beutel holte sie ein Stück Brot und etwas Käse. Sie knabberte daran. Instinktiv zwang sich Nahel zum Essen. Sie musste bei Kräften bleiben. Nach dem kargen Mahl schlief Nahel wieder ein.

Als sie diesmal erwachte, war der Morgen bereits angebrochen. Sie lag im warmen Stroh und dachte darüber nach, was sie nun tun sollte. Es war wenig sinnvoll, nach ihren Verwandten zu suchen. Die konnten überall und nirgends im Römischen Reich sein. Außerdem war sie nicht wirklich unglücklich darüber, der Erziehung ihrer Tante endgültig entronnen zu sein.

Plötzlich hatte sie eine Idee. Sie würde dorthin gehen, wo ihr Vater mit ihr hinwollte. Zu seinem Freund nach Worms. In Nahel keimte wieder etwas Hoffnung auf. Doch wie sollte sie nach Worms gelangen? Sie hatte kaum Geld und nur wenige Lebensmittel. Auch wusste sie nur die ungefähre Richtung, in der Worms lag und hatte keine Vorstellung von der Entfernung. Schon machte sich wieder Verzweiflung in ihr breit und Tränen liefen über ihre Wangen. Sie war ganz alleine auf der Welt. Ihr Vater konnte sie nicht mehr beschützen. Von nun an war sie für sich alleine verantwortlich. Doch Nahel wusste genau, ihr Vater würde wollen, dass sie nach Worms ging. Sie würde es schaffen, egal wie.

Speyer im Jahr des Herrn 1521
5. Kapitel

Mara stand am weit geöffneten Fenster ihrer winzigen Kammer im Konvent der Beginen. Seit nunmehr zwei Jahren war dies ihr Zuhause. Langsam sog sie die milde Luft ein, es roch nach Frühling. Der Winter war in diesem Jahr lang und hart gewesen, doch jetzt begannen die ersten Blumen zu blühen.

Noch war es früh am Morgen und Mara genoß die Stille, die über dem Konvent lag. Ihr Blick fiel aus dem Fenster über die hohe Mauer, welche die Wohnhäuser der Beginen umschloss, bis zum Weg hin zur Stadt in einiger Entfernung. Mara nutzte die wenigen Minuten der Ungestörtheit an diesem Morgen in ihrer Kammer, um über die Zeit nachzudenken, die sie bisher hier im Konvent verbracht hatte.

Leicht war ihr die Eingewöhnung nicht gerade gefallen, obwohl sie der Abschied von ihrer Mutter nur wenig schmerzte. Die Beginen hatten sie damals freundlich aufgenommen. Ihre neuen Pflichten waren zwar umfangreich, jedoch nicht allzu schwer und das Essen unerwartet reichlich. Sie erhielt eine eigene kleine Kammer im Obergeschoss eines der Beginenhäuser. Jede Begine hatte einen eigenen Schlafraum, je zwei Frauen teilten sich ein kleines Haus. Die Häuser gruppierten sich um einen Platz, in dessen Mitte eine mächtige Linde stand. Außer den Schlafhäusern der Frauen gab es auf dem Gelände noch die Küche, einen Versammlungsraum, der auch als gemeinsames Esszimmer sowie als Arbeitsraum für die Seidenstickerinnen diente. Im Obergeschoss dieses Hauses wohnte die Vorsteherin des Konventes. Ihr standen außer dem Schlafraum auch ein repräsentatives Wohn- und Empfangszimmer zur Verfügung.

Mara war bei ihrer Ankunft in diesen Räumen gewesen, um sich der Vorsteherin vorzustellen. Magda von Mertens hatte sie damals verhalten begrüßt, ihr einen Vortrag über Sittsamkeit gehalten und sie dann einer rundlichen Begine mit Namen Lina übergeben. Lina hatte Mara freundlich alle Fragen beantwortet und ihr in der ersten Zeit mit Rat und Tat zur Seite gestanden.

Trotz ihres anfänglichen Widerstandes hatte sich Mara gut eingelebt und fühlte sich mittlerweile im Konvent mehr zu Hause als jemals zuvor bei ihrer Mutter. Nur eines störte sie noch immer, sie durfte den Konvent keinesfalls alleine und ohne Erlaubnis der Vorsteherin verlassen.

Die Luft an diesem frühen Märzmorgen war noch frisch. Mara begann zu frösteln. Schnell schloss sie das Fenster. In der Kanne auf der Truhe war noch ein Rest abgestandenes Wasser, mit dem sie sich gründlich ihr Gesicht und die Hände wusch. Die Beginen legten viel Wert auf Reinlichkeit. Dann eilte Mara die Stufen hinunter.

Im Untergeschoss des Hauses lag die Schule. Die Beginen unterrichteten hier einige Töchter aus Handwerkerfamilien der Stadt im Lesen, Schreiben und Rechnen. Maras Aufgabe war es, im Winter den Ofen zu heizen, bevor die Schülerinnen kamen. Gewissenhaft schichtete Mara dünne Holzscheide auf die noch nicht ganz erkaltete Glut im Ofen und blies dann vorsichtig hinein, um das Feuer erneut zu entfachen. Innerhalb kurzer Zeit verbreitete der Ofen eine wohlige Wärme.

Maras Blick durchstreifte forschend den Raum. Zehn Mädchen aus Handwerkerfamilien wurden zurzeit hier unterrichtet. Im Gegenzug erhielten die Beginen von deren Eltern Lebensmittel und ab und zu etwas Geld. Alle Bänke und Pulte standen ordentlich und der Boden war sauber gefegt. Auf dem Pult der Lehrerin lagen die Bücher und Stifte geordnet.

Schwester Constanze unterrichtete die Mädchen mit Begeisterung. Mara mochte die rundliche, immer fröhliche Begine. Durch einen Unfall im Kindesalter war ein Bein der Schwester verkrüppelt und sie konnte sich nur mühsam bewegen. Doch tat dies ihrem Lebenswillen keinen Abbruch. Manchmal, nach dem Unterricht, saß Mara mit ihr zusammen und führte lange Gespräche. Immer wieder war sie erstaunt, über welchen reichen Wissensschatz die fromme Frau verfügte.

Seit einigen Monaten hatte die Begine angefangen auch Mara lesen und schreiben beizubringen. Dabei hatte sich Mara als so gelehrig erwiesen, dass seit kurzer Zeit auch Latein zum

Unterrichtspensum dazugekommen war. Durch den Unterricht kam Mara oft spät ins Bett und war am Morgen noch müde. Doch sie hatte sich vorgenommen, nicht aufzugeben, denn endlich konnte sie etwas lernen.

Vorerst jedoch musste der Unterricht geheim bleiben. Costanze war der Meinung, es wäre der Vorsteherin nicht recht, wenn sie davon wüsste.

Nach einem letzten prüfenden Blick durch den Unterrichtsraum eilte Mara in die Küche. Hier war bereits die Köchin dabei das Frühstück vorzubereiten. Die Köchin war eine hagere, immer übel gelaunte Begine mit Namen Anna.

„Kommst du auch schon? Ich warte bereits auf dich", begrüßte sie Mara gewohnt mürrisch.

„Entschuldigung, wenn ich mich etwas verspätet habe. Das Feuer im Ofen des Unterrichtsraums wollte nicht brennen und gleich kommen doch die Mädchen", antwortete Mara.

„Wie immer hast du eine Ausrede parat für deine Trödelei. Jetzt eil dich und decke im Versammlungsraum den Tisch. Es ist gleich Frühstückszeit."

Wie geheißen stellte Mara Teller und mehrere Brotkörbe auf ein großes Tablett und lief damit über den Hof, an der mächtigen Linde vorbei, zum Versammlungsraum. Im Raum waren bereits die Seidenstickerinnen bei der Arbeit. Zurzeit lernten drei Mädchen bei den Beginen dieses Handwerk. Die Mädchen hatten es sich mit ihren Stickereien an einem der großen Fenster des Raumes in der Nähe des mächtigen Kamins gemütlich gemacht. Bei Maras Eintritt blickten sie auf.

„Frühstück, endlich", kam es von Trude beim Anblick des vollen Tabletts. Das Mädchen war mit seinen sechzehn Jahren die Älteste der Gruppe. Ihr Vater hatte in der Stadt eine gut gehende Fleischerei. Man sah Trude an, dass sie gerne aß.

„Wieso bist du heute so spät dran? Mir knurrt schon der Magen."

Die anderen beiden Mädchen, die rothaarige Sophie und die blonde Sybille, kicherten bei diesen Worten. Sie wussten, Trude dachte fast immer nur ans Essen.

„Ich weiß nicht, was du hast", meinte Mara. „Die Schwestern

beenden eben erst in der Kapelle ihre Morgenandacht. Dein Magen scheint heute vorzugehen."

Nach diesen Worten stellte Mara die Teller sowie die vollen Brotkörbe auf den großen Tisch in der Mitte des Versammlungsraumes. Dann eilte sie zurück in die Küche, um die große Schüssel mit Haferbrei, die Platte mit Fleisch und Käse sowie Becher und Krüge mit dünnem Bier zu holen.

Nachdem der Tisch gedeckt war, fanden sich nach und nach auch die Beginen ein. Im Konvent lebten zehn fromme Frauen, von denen jede einen bestimmten Aufgabenbereich betreute.

Anna zum Beispiel war für die Küche zuständig. Nur selten verließ die Köchin diesen geschützten Raum. Sie nahm weder an den gemeinsamen Gebetsstunden in der Kapelle noch am Essen teil. Die Köchin war am liebsten für sich. Sie schlief in einem Raum über der Küche und verrichtete ihre Andacht dort vor einem an der Wand hängenden Kruzifix. Nur am Sonntag besuchte sie mit den anderen Beginen die Messe in der Kirche des benachbarten Dominikanerklosters.

Schwester Constanze betreute die Schule und die wenigen Bücher, welche die Beginen besaßen.

Andere kümmerten sich um den Gemüse- und Kräutergarten, die Hühner sowie die zwei Schweine des Konvents.

Schwester Maria war die Älteste im Konvent. Ihr genaues Alter wusste Mara nicht. Das Gehen fiel ihr von Tag zu Tag schwerer und auch sonst litt sie unter den verschiedensten Alterserscheinungen. Allerdings sah sie noch sehr gut, deshalb war ihre Aufgabe, in der Hütte am Tor am warmen Ofen zu sitzen und aufzupassen, dass niemand unerlaubt den Konvent betrat oder verließ.

Die Beginen hatten in der Stadt einen guten Ruf als Totenklägerinnen und Sterbebegleitung. Oft wurden sie in der Nacht zu einem sterbenden Stadtbewohner gerufen, um ihm Beistand zu leisten. Nach dem Tod bereiteten sie den Leichnam dann für seine letzte Ruhe vor und spendeten den Angehörigen Trost. Mara war zum Glück von solchen Diensten befreit. Stattdessen sollte sie das Handwerk des Seidenstickens erlernen. Vor einiger Zeit hatte die

Vorsteherin Mara an einem Sonntagnachmittag zu sich rufen lassen. Bangen Herzens war sie dem Ruf gefolgt und hatte die Vorsteherin in ihren Räumen aufgesucht.

Bei Maras Eintritt saß die Vorsteherin hinter einem wuchtigen Schreibtisch, welcher über und über mit Papieren beladen war. Sie ließ Mara auf dem Schemel davor Platz nehmen und blickte sie nachdenklich an.

„Wie lange lebst du nun schon hier bei uns?", begann die Vorsteherin das Gespräch.

„Bald zwei Jahre, Schwester", antwortete Mara.

„Lange genug, um dich hier einzuleben. Die anderen Beginen berichteten mir, du hättest deine Anfangsschwierigkeiten überwunden und wärest bei der alltäglichen Arbeit eine Hilfe. Allerdings sind meine Mitschwestern der Meinung, du könntest mehr als nur Hilfstätigkeiten verrichten. Deshalb habe ich mich nach langer Überlegung entschlossen, dich ein Handwerk erlernen zu lassen."

Mara stockte der Atem. Sie sollte ein Handwerk lernen. Vielleicht durfte sie bald mit der Begine Constanze die Mädchen unterrichten oder Bücher kopieren?

Mara war noch so in ihre Träume versunken, dass sie fast den nächsten Satz verpasst hätte.

„Du wirst mit Trude und den anderen Mädchen das Seidensticken erlernen."

Seidensticken? Nun, das war etwas, was Mara ganz bestimmt nicht lernen wollte. Aber sie hatte keine Wahl. Von dem Tag an musste sie nach dem Frühstück bis zum Mittag mit den anderen Mädchen das Seidensticken üben.

Es stellte sich schnell heraus, dass Mara keinerlei künstlerische Begabung besaß. Während die anderen Mädchen kunstvoll die Altardecken säumten und mit religiösen Motiven bestickten, scheiterte Mara auch nach Wochen noch am Säumen des Stoffes. Es gelang ihr einfach nicht, die geforderten kleinen Stiche hinzubekommen. Immer wieder riss ihr Garn oder die Stiche waren unregelmäßig und viel zu groß. Die anderen Mädchen lachten über Maras Verzweiflung, wenn sie wieder einmal alles auftrennen und von vorne beginnen musste. Es dauerte nicht lange, da begann Mara jeden Tag nach Gründen zu suchen, warum sie nicht pünktlich zum Unterricht kommen konnte.

Nach einigen Wochen konnte Schwester Constanze Maras offensichtliche Not nicht mehr mit ansehen. Sie führte ein langes Gespräch mit der Vorsteherin und offenbarte ihr Maras Lernwilligkeit hinsichtlich des Lesens und Schreibens. Nur widerwillig gab die Vorsteherin nach. Mara war in Zukunft vom Erlernen der Seidenstickerei befreit und sollte stattdessen Constanze in der Schule zur Hand gehen.

Außerdem sollte Mara ihre Lateinkenntnisse vertiefen. Damit verloren die Tage für Mara ihren Schrecken. Mit Constanze kam sie gut klar. Ihre Aufgaben waren leicht, sie befeuerte am Morgen und während des Tages den Ofen, machte kleine Besorgungen in der Stadt und hielt den Schulraum sauber und ordentlich. In ihrer Freizeit bekam sie selbst weiterhin Unterricht. Constanze hoffte, dass Mara sie irgendwann beim Unterrichten unterstützen würde, schließlich war sie mit ihren fünfzig Jahren auch nicht mehr die Jüngste und unter den anderen Beginen des Konvents war keine dafür geeignet.

„Mara", ungeduldig schallte Constanzes Stimme über den Hof.

„Mara, wo steckst du wieder?"

Es war Mittagszeit. Normalerweise die ruhigste Zeit des Tages im Konvent. Für die Beginen war nach dem Essen eine Stunde Ruhe vorgesehen und die anderen Bewohner des Konvents hatten in dieser Zeit ihren Tätigkeiten leise nachzugehen. Somit war Constanzes lautes Rufen ziemlich ungewöhnlich. Mara hatte die stille Zeit des Tages genutzt und sich im Kräutergarten auf eine Bank an der Hauswand zurückgezogen. Müßig ließ sie sich die ersten warmen Strahlen der Frühlingssonne auf das Gesicht scheinen und gab sich angenehmen Tagträumen hin. Constanzes lautes Rufen weckte sie daraus recht unsanft. Schnell eilte Mara zu ihr, bevor der gesamte Konvent zusammenlief.

„Was ist passiert?", fragte Mara erschrocken.

„Passiert? Nichts, ich habe nur nach dir gesucht und konnte dich nicht finden. Du musst mir einige dringende Besorgungen in der Stadt machen. Ich habe die Erlaubnis für das Verlassen des Konvents von Frau von Mertens eingeholt. Da ich die Sachen dringend benötige und niemand Zeit hat dich zu begleiten, darfst du ausnahmsweise alleine in die Stadt. Tut mir leid, wenn dich mein Rufen erschreckt hat."

„Ist schon gut", säuselte Mara. Sie konnte kaum glauben, was sie gerade gehört hatte. Nach fast zwei Jahren durfte sie endlich alleine den Konvent verlassen. Vorfreude auf die nächsten Stunden machte sich in ihr breit.

Constanze drückte ihr eine Liste in die Hand sowie einen kleinen Korb und etwas Geld. Dann schob sie Mara energisch in Richtung Tor.

„Trödle aber nicht", rief Constanze ihr noch hinterher.

Mara machte sich auf den Weg in die Stadt. Am Tor saß wie immer die alte Maria als Wächterin. Sie hatte Constanzes Rufen mitbekommen und öffnete wortlos für Mara das Tor.

Auf der anderen Seite blieb Mara einen Moment stehen und sog die Luft ein. Sosehr sie auch das ruhige und beschauliche Leben im Konvent mochte, vermisste sie doch ab und zu die Geschäftigkeit der nahen Stadt. In der Zeit, in der Mara jetzt im Konvent lebte, war sie nur selten in der Stadt gewesen. Deshalb beschloss sie, sich mit den Besorgungen zu beeilen und danach kurz bei Liesje vorbeizuschauen. Zu lange hatte sie die Freundin schon nicht mehr gesehen.

Frohgemut machte sich Mara auf den Weg. Während sie so dahinlief, kam ihr Constanzes verändertes Verhalten in den Sinn. Die Begine war bis vor einigen Wochen ruhig und immer freundlich gewesen. Doch nun hatte sich ihr Verhalten geändert. Sie war oft abwesend, vergaß Dinge und war mit ihren Schülerinnen ungeduldig geworden. Auch Mara bekam ihre Ungeduld häufig zu spüren. Sie überlegte, was die Ursache dafür sein konnte. Kam aber zu keinem Ergebnis.

Mittlerweile war Mara am Stadttor angelangt. Sie freute sich, endlich einmal wieder etwas Stadtluft zu schnuppern und andere Menschen zu sehen. Sie hoffte, die Zeit würde reichen, um auf dem Rückweg kurz Liesje zu besuchen. Das letzte Treffen der beiden lag schon einige Monate zurück. Liesje hatte Mara einmal im Konvent besucht. Doch die fast klösterliche Atmosphäre sowie Maras neues Leben hatten sie so eingeschüchtert, dass sie fortan lieber wartete bis Mara die Zeit fand, im Gasthaus vorbeizuschauen.

Während sie so dahinspazierte und es genoss, die Blicke mal nach rechts und dann nach links schweifen zu lassen, warf Mara auch einen Blick auf die Liste. Die Beginen waren zum größten Teil Selbstversorger. Gekauft wurde nur, was nicht im Konvent hergestellt werden konnte. Auf der Liste standen deshalb auch nur Sachen, welche Constanze für die Schule benötigte. Mara sollte einige Bögen Papier, etwas schwarze Tinte und ein Messer, um Federkiele anzuspitzen, besorgen sowie nach dem Preis für einen Atlas fragen.

Mara fiel die Begebenheit vor einigen Jahren ein, als ihr der Buchhändler von den fernen Ländern erzählt hatte und ihr einen Atlas zeigen wollte. Leider musste sie kurz darauf zu den Beginen und konnte sich das Buch nicht mehr ansehen. Heute hatte sie dazu endlich die Gelegenheit. Bevor sie jedoch ihre Besorgungen beim Buchhändler machte, wollte Mara sich das Vergnügen gönnen und sich auf dem Markt umsehen. Sie dachte an die Zeit, als sie mit Liesje oft über den Markt gestreift war.

Mara genoss ihren Bummel. Ab und zu blieb sie an einem Stand stehen und bestaunte die verschiedenen Angebote. Noch immer wurden bunte Bänder, vielerlei Gewürze aus allen möglichen Ländern, Pasteten sowie Obst und Gemüse verkauft. Geld hatte Mara auch heute nicht. So viel hat sich eigentlich nicht geändert, dachte sie im Stillen. Würde sie jemals über einen Markt laufen und sich das kaufen können, was sie wollte? Mara zweifelte daran. Nach einiger Zeit hatte sie vom Umsehen genug. Sie würde schnell die aufgetragenen Waren erstehen und dann Liesje besuchen.

Vom Markt war es nicht weit zum Laden des Buch- und Pergamenthändlers. An der größten Straße in der Stadt lag sein Geschäft. Vor einigen Jahren noch hatte er in einer Seitenstraße seinen Buchverkauf betrieben und zusätzlich einen Stand auf dem Markt gehabt. Mittlerweile war die Nachfrage nach Büchern enorm gestiegen. Was auch an der Erfindung des Buchdrucks lag. Immer mehr Menschen wollten Bücher besitzen und gaben dafür Geld aus. So war der Buchhändler in wenigen Jahren zu einem angesehenen und wohlhabenden Mann geworden.

Als Mara den Laden betrat, war niemand zu sehen. Staunend sah sie sich um. An den Wänden entlang standen Regale, angefüllt mit Büchern in den verschiedensten Sprachen. Die meisten Bücher, das erkannte Mara sogleich, waren auf Latein. Aber es gab auch welche in Griechisch, Hebräisch und sogar einige auf Deutsch. Die Bücher in deutscher Sprache waren fast alle Heldenepen. Mara blätterte einige durch. Mittlerweile waren ihre Lesekenntnisse so gut, dass sie den einen oder anderen Satz flüssig lesen konnte.

„Kann ich Euch behilflich sein?", ertönte hinter ihr eine tiefe Stimme.

Lächelnd wandte Mara sich um.

„Meister Martin, wie schön Euch einmal wiederzusehen. Erinnert Ihr Euch noch an mich?"

„Natürlich", antwortete der Buchhändler freundlich. „Ihr seid doch das kleine, wissbegierige Kind. Ihr seid öfter an meinen Stand am Markt gekommen und habt mit neugierigen Augen in meinen Büchern geblättert. Ich habe Euch lange nicht mehr gesehen."

„Ja, manchmal verläuft das Leben recht eigenartig", meinte Mara. „Bei mir hat sich einiges verändert. Seit Längerem lebe ich bei den Beginen im Konvent in der Vorstadt. Dort ist das Leben zwar eingeschränkt, trotzdem geht es mir besser als bei meiner Mutter. Nur die Freiheit fehlt mir ab und zu. Aber heute durfte ich den Konvent verlassen, um einige Besorgungen zu machen. Und denkt Euch, ich darf dort lesen und schreiben lernen."

Bei den letzten Worten strahlte Mara den Buchhändler an. Nur die leichte Traurigkeit in ihren Augen zeigte, dass das Lächeln nicht ganz echt war.

Der Buchhändler bemerkte es wohl, vermied es jedoch, näher darauf einzugehen. Zeit seines Lebens hatte er sich nicht in das Leben anderer Menschen eingemischt und war bisher gut damit gefahren. Er hatte nicht vor, jetzt damit anzufangen. Deshalb meinte er nur:

„Das freut mich für Euch. Ich kann mich erinnern, dass lesen und schreiben zu können immer Euer größter Wunsch war. Für seine Wünsche muss man manchmal eben auch Opfer bringen. So, nun zeigt mir mal Eure Liste, damit ich nachsehen kann, ob ich alles da habe."

Meister Martin nahm Mara die Liste aus der Hand und studierte sie genau. Ein oder zweimal murmelte er etwas leise vor sich hin. Dann wandte der Buchhändler sich Mara wieder zu.

„Leider muss ich Euch sagen, dass es etwas dauern wird, bis ich alles Gewünschte zusammengestellt habe. Vorrätig ist alles, nur leider herrscht in meinem Keller einige Unordnung. Letzte Woche hat mich von einer Stunde zur anderen mein Lehrjunge Tobias verlassen. Der nichtsnutzige Bengel wollte Abenteuer erleben. Schon Tage zuvor hat er immer wieder von den Thesen dieses Martin Luther gefaselt und vom kommenden Reichstag im April in Worms. Er meinte, dort spielt sich das Leben ab und nicht hier in unserer kleinen Stadt. Hat alles stehen und liegen lassen und ist verschwunden. Zurückgelassen hat er die Unordnung im Keller. Vielleicht habt Ihr ja noch etwas anderes zu erledigen? In einer Stunde etwa könnt ihr Eure Bestellung abholen."

Mara hatte seinen Ausführungen nur mit halbem Ohr gelauscht. Gebannt hatte sie in einem Atlas geblättert. Die Karten der einzelnen Erdteile, mit vielen Farben gezeichnet und mit Anmerkungen am Rand versehen, weckten eine unbestimmte Sehnsucht in ihr.

Der Buchhändler räusperte sich vernehmlich, nachdem Mara nicht auf sein Angebot reagierte.

„Entschuldigt meine Unaufmerksamkeit, aber ich habe noch nie solche Karten gesehen. Was meintet Ihr, Meister Martin?"

„Ja, die Karten sind wirklich schön. In letzter Zeit interessieren sich auch reiche Patrizier für solche Bücher. Mir kann es nur recht sein. Kommt in einer Stunde wieder, dann liegt Eure Bestellung bereit."

Mara verabschiedete sich dankend und verließ den Laden. Es war ihr ganz recht, etwas Zeit zu haben. Schnell entschied sie sich, Liesje zu besuchen.

Als Mara vor dem Gasthaus stand und die vertraute enge Gasse zur Hütte ihrer Mutter hinuntersah, überkam sie ein flaues Gefühl. In der ganzen Zeit, die sie bisher im Konvent verbracht hatte, war sie ihrer Mutter nicht einmal begegnet. Die wusch auch nicht mehr die Wäsche für die Beginen, sondern arbeitete inzwischen für ein Kloster der Dominikanerinnen in der Stadt. Constanze hatte dies Mara vor einigen Monaten erzählt. Es schien so, als wolle sie vergessen, dass sie eine Tochter hatte und jede Begegnung mit ihr vermeiden. Mara vermisste ihre Mutter zwar nicht, trotzdem tat ihr dieses Verhalten weh.

Nach einem letzten Blick die Gasse entlang, trat sie entschlossen durch das Hoftor des Gasthauses. Bedächtig stieg Mara die vertrauten Stufen zur Küche hinauf. Die Küchentür war geschlossen. Wie würden Bella und Liesje sie empfangen? Mara gab sich einen Ruck, drückte die Klinke nieder und öffnete entschlossen die Tür. In der Küche empfingen sie die vertrauten Gerüche nach deftigem Eintopf und frischgebackenem Brot. Bella stand am Küchentisch und schnitt Gemüse. Bei Maras Eintritt sah sie auf. Als sie erkannte, wer da zu Besuch kam, ließ sie überrascht das Messer fallen und kam mit ausgebreiteten Armen auf Mara zu.

„Welche Freude, dich endlich wiederzusehen, mein Kind. Wie geht es dir? Bekommst du genug zu essen? Sind die Beginen gut zu dir?", Frage um Frage sprudelte Bella hervor, während sie Mara an ihren üppigen Busen drückte.

Ehe sich Mara versah, saß sie wie früher auf der Küchenbank und hatte einen Teller mit deftigem Eintopf vor sich stehen. Bellas Heilmittel in allen Lebenslagen. Während sie mit Genuss den Teller leerte, versuchte Mara Bellas Fragen zu beantworten und erzählte ihr von dem Leben bei den Beginen. Von den anfänglichen Schwierigkeiten sich einzugewöhnen, von ihrer eigenen Kammer und zuletzt von der Möglichkeit, endlich lesen und schreiben zu lernen und den Fortschritten, welche sie dabei machte. Bella hörte ihr staunend zu.

Liesjes Mutter wusste nur wenig über die Gemeinschaft der Beginen und hatte sich auch noch nie wirklich dafür interessiert. Die frommen Frauen waren einfach ein Teil der Stadt, genau wie der mächtige Dom. Doch nach Maras Schilderung stellte Bella einige Fragen, die Mara versuchte, so gut es ging, zu beantworten. Dazwischen drückte Bella sie immer wieder vor Freude. Mara genoss soviel Zuwendung. Endlich kam sie dazu, die Frage zu stellen, wegen der sie eigentlich gekommen war:

„Bella, wo ist eigentlich Liesje? Ich hatte gehofft, sie hier vorzufinden."

„Liesje arbeitet zurzeit an zwei Tagen die Woche im Schwarzen Bären. Sie hat sich dort in den älteren Sohn verguckt. Den Michel. Ich weiß nicht, ob du ihn kennst?"

Mara schüttelte verneinend den Kopf.

„Wie auch immer, das dumme Gör meint, in dem Nichtsnutz die große Liebe gefunden zu haben. Aber ich sage, der sucht nur ein billiges Schankmädchen und denkt überhaupt nicht daran, meine Liesje zu heiraten. Und wir hier können sehen, wo wir bleiben."

„Aber wenn sie ihn doch liebt", wagte Mara vorsichtig einzuwerfen.

„Pah, die weiß doch noch gar nicht was Liebe ist. Dazu ist Liesje noch zu jung und zu dumm. Denk an meine Worte. Irgendwann steht sie mit einem Kind vor der Tür. Und dann kann ich das auch noch ernähren."

Langsam redete sich Bella in Rage. Es verletzte sie, dass Liesje im Schwarzen Bären alles besser fand als im heimischen Gasthaus. Mara versuchte Bella zu trösten, aber so gutmütig die Frau auch sonst war, in dieser Sache war nicht mit ihr zu reden.

Viel zu schnell verging die Zeit und Mara musste sich verabschieden, um ihre Besorgungen abzuholen.

„Kind, du musst recht bald wiederkommen", meinte Bella. Tränen standen in ihren Augen.

„Ich werde Liesje Grüße von dir bestellen. Nun eile dich, damit du keinen Ärger bekommst."

Mara drückte Bella noch einmal fest, dann machte sie sich auf den Weg zurück zum Buchladen.

Als Mara am Geschäft ankam, war Meister Martin gerade in ein Gespräch mit einem jungen Novizen des örtlichen Dominikanerklosters vertieft. Der Junge war etwa dreizehn Jahre alt, schmächtig von Gestalt, doch blickten seine blauen Augen offen und wissbegierig in die Welt. Unschlüssig hielt der Junge ein schmales Buch in den Händen.

„Nun junger Herr, es ist Euch sicher bekannt, dass die Mönche solche Schriften nicht gerade schätzen. Der Kauf dieses Buches könnte Ärger für Euch bedeuten", hörte Mara bei ihrem Eintritt Meister Martin sagen.

Neugierig kam sie etwas näher, um einen Blick auf das Buch werfen zu können.

Das Gesicht des Jungen hatte bei den mahnenden Worten des Buchhändlers einen trotzigen Ausdruck angenommen.

„Ich kann in den Lehren des Ptolemäus über die Sterne nichts Verwerfliches sehen. Natürlich gibt es Bücher über Astrologie und Astronomie auch im Kloster. Nur, die Novizen dürfen sie nicht lesen. Angeblich ist unser Geist dafür noch nicht gefestigt genug. Ich will aber damit nicht noch Jahre warten müssen."

Mara konnte den Jungen gut verstehen.

„Außerdem,", meinte er weiter. „gibt es auf dem Klostergelände genügend Verstecke für verbotene Gegenstände. Ob es nun Bücher sind oder etwas anderes."

Sein Gesicht nahm einen verschmitzten Ausdruck an.

„Du magst wohl Bücher?", Mara nahm ihren ganzen Mut zusammen und sprach den jungen Novizen an.

Der sah überrascht auf. Vor ihm stand ein Mädchen, vielleicht zwei Jahre älter als er, die bernsteinfarbigen Locken sittsam unter einer Leinenhaube verborgen, nur eine Strähne ringelte sich vorwitzig am Rand der Haube entlang. Das Mädchen war etwas größer als er und sah ihn mit rätselhaften grünen Augen neugierig an. Solche Augen hatte der Junge noch nie gesehen, sie schienen auf den Grund seiner Seele blicken zu können.

„Ja, schon", meinte der Junge irritiert. „Bücher sind etwas Faszinierendes. Man kann viel aus ihnen erfahren. Etwa über den Lauf der Sterne, fremde Länder oder was Juden und Moslems glauben. Leider entscheidet im Kloster der Novizenmeister, was ich lesen darf."

„Der Novizenmeister, wer ist das?", fragte Mara neugierig.

„Das ist der Lehrer der Novizen. Er ist für die Erziehung verantwortlich und dafür, dass die Novizen später gläubige Mönche werden."

Ein rätselhafter Unterton schwang in den Worten des Jungen mit.

„Bist du nicht gerne im Kloster?", wollte Mara wissen.

„Eigentlich nicht", meinte der Junge. „Meine Eltern haben das so beschlossen. Ich soll, wenn ich Mönch bin, für das Heil der Familie beten. Das ist eine große Ehre. Aber ich wäre viel lieber Ritter geworden."

Mara tat der Novize leid. Sie spürte seinen Schmerz. Schnell überlegte sie, wie sie ihn auf andere Gedanken bringen könnte.

Mittlerweile hatte Meister Martin Maras Bestellung zusammengestellt und in den Korb gepackt. Mara bezahlte die geforderte Summe und stellte fest, dass einige Pfennige übrig waren. Da kam ihr eine Idee.

„Hast du Lust auf einen süßen Wecken?", fragte sie den Jungen. „Ich habe noch etwas Geld übrig, das würde gerade für zwei Wecken reichen. Süße Wecken vertreiben oftmals traurige Gedanken. Wir könnten uns auf die Stufen des Doms setzen und uns ein wenig unterhalten. Das heißt, falls du magst?"

„Das ist sehr freundlich von dir. Aber ich muss zurück ins Kloster. Wenn ich nicht rechtzeitig zum Nachmittagsgebet da bin, fällt mein Fehlen auf und ich bekomme großen Ärger. Vielleicht ein anderes Mal?", meinte der Novize bedauernd.

„Gern, wenn es sich so ergibt. Ich heiße übrigens Mara und lebe im Moment bei den Beginen in Alt-Speier. Weißt du wo das ist?"

„Ja, natürlich. Willst du etwa auch eine Begine werden?", der Junge sah sie fragend an.

„Nein, bestimmt nicht!" antwortete Maras energisch. „Es hat sich nur so ergeben. Ich will etwas anderes aus meinem Leben machen, nur weiß ich noch nicht was."

„Da geht es dir ähnlich wie mir. Übrigens, ich heiße Eckbert. Jetzt muss ich aber los, sonst bekomme ich wirklich Ärger."

Nach diesen Worten rannte der junge Novize eilig zur Tür hinaus.

„Nun hat er doch sein Buch vergessen", meinte Meister Martin kopfschüttelnd, als er dem davonstürmenden Novizen nachsah. „So ist die Jugend, immer in Eile."

Mara nahm ihren Korb und wollte zur Tür. Kurz davor wandte sie sich um.

„Kennt Ihr den Jungen schon länger?", fragte sie den Buchhändler.

„Seit einigen Wochen. Zuerst stand er vor dem Fenster und hat sich die Nase platt gedrückt. Dann hat er sich hereingetraut und in den Büchern gestöbert. Jetzt kommt er immer, wenn er es ermöglichen kann. Ich glaube, er ist im Kloster ziemlich unglücklich."

„Ja, diesen Eindruck hatte ich auch. Schade. Nur, was kann man da tun?"

„Ich fürchte nichts", meinte der Buchhändler.

In Gedanken versunken verließ Mara den Laden.

Bei Einbruch der Dunkelheit erreichte Mara den Beginenhof. Sie lieferte ihre Einkäufe bei Constanze im Schulzimmer ab. Die Begine tadelte Mara für ihr langes Ausbleiben. Es war ihr jedoch klar, dass Mara nur selten Gelegenheit hatte den Konvent zu verlassen. Die Stadt bot einem jungen Mädchen viel Abwechslung.

„Hast du deine Freundin Liesje besucht?", wollte Constanze wissen.

„Nein", antwortete Mara enttäuscht. „Im Gasthaus war nur Bella. Sie hat mir erzählt, dass Liesje jetzt einen Freund hat und öfter bei ihm aushilft. Aber Bella hat sich sehr gefreut mich zu sehen. Außerdem habe ich in Meister Martins Laden einen Novizen der Dominikaner kennengelernt."

„So, einen Novizen der Dominikaner", Constanzes Stimme bekam einen wachen Unterton.

„Mara, wie du weißt, sind die Dominikaner einer der gläubigsten Orden innerhalb der katholischen Kirche. Und einer der wachsten. Uns Beginen betrachten die Dominikaner mit gewissen Vorurteilen. Frauen, die lesen, und zwar nicht nur die Bibel, sind in ihren Augen eine Gefahr. Halte dich also von diesem Novizen fern."

„Keine Sorge, Constanze. So wenig wie ich das Gelände verlasse, werde ich den Novizen bestimmt nicht so schnell wiedersehen."

Damit versuchte Mara Constanze zu beruhigen. Bisher waren ihr die Differenzen innerhalb der katholischen Kirche nicht bewusst gewesen. Sie beschloss, in den nächsten Tagen die anderen Beginen darüber auszuhorchen. Den Novizen hatte sie kurze Zeit später bereits vergessen.

In den nächsten Tagen hatte Mara viel zu tun. Constanze lag mit einer schweren Erkältung im Bett und Mara übernahm für sie den Unterricht der Mädchen. Ihr bereitete es große Freude, mit den Mädchen lesen und schreiben zu üben und ihnen die Anfänge der lateinischen Sprache beizubringen.

Am Nachmittag, nach dem Unterricht, kümmerte sie sich um Constanze. Mara brachte ihr heißen Tee mit Honig, lüftete das kleine Zimmer und schüttelte das Bett auf. Dabei erzählte sie Constanze, was es Neues im Konvent gab.

Nach einigen Tagen fiel das Fieber und Constanze ging es von Tag zu Tag besser. Bald würde sie den Unterricht wieder aufnehmen können.

Als Mara an diesem Tag das Fenster öffnete, um frische Luft in die Krankenstube zu lassen, sah sie unten an der Mauer den Novizen Eckbert stehen. Unschlüssig trat der Junge von einem Fuß auf den anderen. Anscheinend wusste er nicht, ob er am Tor Einlass erbitten sollte. Als Eckbert oben am Fenster Mara erkannte, winkte er ihr wie wild zu und bedeutete mit Handzeichen, sie solle vor das Tor kommen.

Mara war erstaunt, Eckbert hier zu sehen. Sie konnte sich nicht erklären, was er von ihr wollte. Ihre Neugierde siegte jedoch und sie beschloss, kurz mit ihm zu sprechen. Der Zeitpunkt war günstig. Zwischen dem Mittagessen und dem Nachmittagsgebet verbrachte die Mehrheit der Beginen einige Zeit der Ruhe in ihren Zimmern. Es war also unwahrscheinlich, dass jemand Maras Fehlen bemerkte. Mara erklärte Constanze, sie würde ihr aus der Küche einen heißen Tee holen. Schnell verließ sie das Krankenzimmer und überquerte den Hof. Niemand bemerkte Mara, als sie durch das Tor unerlaubt den Konvent verließ. Eckbert wartete im Schutz einer großen Hecke auf Mara. Er sah blass aus.

„Was tust du hier?", fragte Mara ungehalten.

„Du hast mir doch erzählt, dass du bei den Beginen lebst und da wollte ich mir den Konvent mal aus der Nähe ansehen", kam es trotzig von dem Jungen zurück.

Mara tat ihre schroffe Begrüßung bereits leid.

„Ich wollte dich nicht kränken. Allerdings werden die Beginen es nicht gerne sehen, wenn du dich hier herumtreibst. Außerdem dachte ich, dass es Novizen nicht gestattet ist, das Kloster zu verlassen?"

„Ja, schon. Aber ich bin nicht gerne dort. Es gefällt mir nicht, immer nur Regeln zu befolgen und erbauliche Bücher zu studieren. Außerdem sind die anderen Jungen langweilig. Vor ein paar Wochen habe ich durch Zufall im Klostergarten, hinter einer Hecke, ein Loch in der Mauer gefunden. Durch das verlasse ich öfter heimlich das Kloster und erkunde die Gegend."

„Hast du keine Angst, dass irgendwer dein Verschwinden bemerkt und man dich dafür bestraft?", fragte Mara neugierig.

„Was wollen die Mönche schon machen? Mich zu Wasser und Brot verurteilen? Es gibt ja jetzt schon kaum etwas zu essen. Oder mich aus dem Kloster werfen? Nur zu, dann könnte ich endlich die Welt erkunden," antwortete Eckbert aufgebracht.

„Gibt es bei euch wirklich so wenig zu essen?", Mara konnte dies nicht glauben. Sie dachte an den abwechslungsreichen Tisch der Beginen. Zwar neigten die frommen Frauen auch nicht zur Völlerei, doch satt wurde jeder.

„Du kannst es mir glauben, es gibt am Morgen nach dem Gebet und der Studierstunde dünnes Bier, Brot und etwas Käse. Und bei Anbruch der Dämmerung einen faden Eintopf. Freitags wird gefastet. Nur an hohen Feiertagen gibt es auch mal Fleisch. Vor Hunger ist mir oft ganz übel. Unser Abt jedoch bezeichnet Völlerei als Sünde und nur wer genügsam lebt, dem ist das Reich Gottes sicher. Aber der Abt isst in seinen eigenen Räumen. Ich glaube nicht, dass er das Gleiche bekommt, wie wir einfachen Mönche."

„Das kann doch nicht sein, dass die einfachen Mönche hungern und der Abt es sich gut gehen lässt", Maras Stimme klang empört.

Ihr tat Eckbert leid. Blass und frierend stand er in seiner Novizenkleidung vor ihr. Mara überlegte, wie sie ihm helfen konnte. Da hatte sie eine Idee. Anna, die mürrische Köchin, hielt am Nachmittag gerne mal ein Schläfchen in ihrer Kammer über der Küche.

„Ich denke, ich kann dir ab und zu etwas zu essen besorgen. Allerdings nicht jeden Tag. Das würde der Köchin schnell auffallen. Was hältst du davon?", Mara sah Eckbert fragend an.

Eckbert war überrascht. Damit hatte er nicht gerechnet.

„Warum willst du mir helfen?"

„Weil ich weiß, wie weh Hunger tut", lautete Maras einfache Antwort.

Die beiden beschlossen, sich am nächsten Tag um die gleiche Zeit an der Hecke wieder zu treffen. Sollten sie sich verpassen, würde Mara die Lebensmittel unter der Hecke verstecken. Eckbert strahlte sie dankbar an, bevor er sich auf den Weg zurück ins Kloster machte.

Ungesehen gelangte Mara ins Innere des Konvents.

Am nächsten Nachmittag gelang es ihr tatsächlich, heimlich in die Küche zu schleichen und etwas Brot, Käse, eine gebratene Hühnerkeule sowie ein Rosinenbrötchen in einen Beutel zu packen, den sie vorsichtshalber unter ihrem Umhang verbarg.

Leise schlich Mara aus der Küche. Der Hof lag wie erwartet still und friedlich in der ersten Frühlingssonne. Aus dem Speisesaal drangen die Stimmen der Stickerinnen. Die Mädchen lachten über einen Witz, den Trude gemacht hatte. Genauso wie am Tag zuvor verließ Mara den Konvent ungesehen. Vormittags, als Mara den Tee zu Constanze in die Kammer brachte, hatte sie kurz überlegt, die ältere Begine in ihr Vorhaben einzuweihen.

Da sie jedoch Constanzes Ansichten über die Dominikaner kannte, beschloss Mara, besser zu niemandem ein Wort zu sagen. Eckbert erwartete sie bereits ungeduldig an der Hecke.

„Ich war mir nicht sicher, ob du wirklich kommen würdest", meinte er zur Begrüßung.

„Versprochen ist versprochen. Außerdem kann ich dich doch nicht verhungern lassen", kam es von Mara.

Die beiden setzten sich hinter der Hecke in das von der Sonne angewärmte Gras. Auf diese Weise konnten sie von den Fenstern des Konvents aus nicht gesehen werden.

Mara packte den Inhalt des Beutels aus und sah ungläubig, wie schnell die Sachen in Eckberts Magen verschwanden.

„So, jetzt geht es mir besser", meinte er nach dem ausgiebigen Mahl.

„Es freut mich, dass es dir so gut geschmeckt hat. Aber warum schleichst du dich eigentlich nicht in die Klosterküche? Du könntest dir doch dort in der Nacht den Bauch vollschlagen."

„Glaubst du, ich hätte es nicht probiert? Aber so einfach ist das nicht. Zum einen leben im Kloster viel mehr Menschen als hier im Konvent. Da ist in der Nacht immer einer unterwegs. Egal ob zum Beten oder zum Abtritt. Zum anderen schließt der Cellar nach der Abendmahlzeit die Küche ab. Da kommt keine Maus rein."

Nach diesen Worten schwiegen beide. Mara musste die Worte des Novizen erst einmal verdauen. Die Frühlingssonne schien ihr ins Gesicht und sie empfand es als angenehm, einfach nur im Gras zu sitzen und einmal nichts zu tun.

Nach einer Weile ging ihr eine Frage durch den Kopf.

„Kannst du mir erklären, warum die Dominikaner die Beginen nicht mögen?" Mara sah Eckbert erwartungsvoll an.

Der überlegte und meinte dann:

„Ich weiß es nicht genau. Vielleicht liegt es daran, dass diese Frauen selbstständig und nach ihren Regeln leben? Der Papst hat ja mit Frauen, die in der Bibel lesen und gebildet sind, so seine Probleme. Die Dominikaner stehen dem Papst sehr nahe, was die Ansichten der katholischen Kirche betrifft.

Genau wie der Papst wollen auch sie keine Reformen oder

Neuerungen in der Kirche. Deshalb gibt es zurzeit soviel Wirbel um diesen Mönch aus Wittenberg, Martin Luther genannt."

Mara hatte dem Novizen aufmerksam zugehört. Als der Name Martin Luther fiel erinnerte sie sich, dass auch der Buchhändler von ihm gesprochen hatte.

„Was ist mit diesem Luther?", wollte sie wissen.

„Das ist ein Augustinermönch, der die Kirche verändern will", erklärte ihr Eckbert. „Die Augustiner sehen vieles nicht so streng wie die Dominikaner. Dieser Luther ist der Meinung, dass jeder Mensch sich direkt an Gott wenden kann, auch ohne Priester, und dass der Handel mit Ablässen nur dazu diene, die Kassen des Papstes zu füllen und aus diesem Grund verwerflich sei.

Er hat seine Ideen aufgeschrieben und an der Kirche in Wittenberg angeschlagen. Mittlerweile kursieren sie auf Flugblättern im ganzen Land. Der Papst ist erzürnt über die Dreistigkeit dieses einfachen Mönches und hat ihn deshalb vorgeladen. Luther soll im April auf dem Reichstag in Worms den Mächtigen des Landes Rede und Antwort stehen."

„Woher weißt du so gut Bescheid?", kam von Mara die Frage.

„Ich schnappe so manches auf. Zum Teil bei meinen Streifzügen durch die Stadt. Bei Meister Martin habe ich vor einiger Zeit so ein Flugblatt gesehen. Sein Lehrling hatte es dabei. Aber ich höre auch im Kloster einiges. Die Dominikaner allerdings stehen hinter dem Papst. Für sie ist Luther ein Ketzer. Sein Name darf im Kloster nicht einmal erwähnt werden. Trotzdem flüstern die Mönche über ihn."

Nach diesen Worten stand Eckbert auf und schüttelte sich die letzten Krümel des reichhaltigen Mahles von der Kutte.

„Ich muss jetzt los, sonst verpasse ich die Gebetsstunde. Zur Strafe dafür erhält man zwei Tage nur Wasser und Brot. Vielen Dank noch mal für das leckere Essen."

„Gern geschehen", meinte Mara. „Wenn ich es einrichten kann, bin ich in drei Tagen um die gleiche Zeit wieder hier. Nachdem ich deinen Appetit jetzt kenne, werde ich versuchen mehr mitzubringen."

Eckbert nickte dankbar, dann lief er los in Richtung Kloster.

Nach wenigen Schritten drehte er sich noch einmal um und rief leise:

„Also, bis in drei Tagen."

Es sollte jedoch anders kommen.

Diesmal hatte Mara bei ihrer Rückkehr nicht soviel Glück. Gerade als sie durch das Tor trat, traf sie auf Trude, die vom Abtritt kam. Neugierig beäugte die dicke Seidenspinnerin Mara.

„Wo kommst du denn um diese Zeit her?", lautete ihre Frage.

Verzweifelt suchte Mara nach einem plausiblen Grund, warum sie den Konvent verlassen hatte.

„Ich habe draußen an der Mauer nach einem bestimmten Kraut gesucht, um Constanzes Husten zu lindern."

„Und hast du es gefunden?", Trude wollte nach dem Beutel in Maras Hand greifen.

Schnell versteckte diese die Hände hinter ihrem Rücken.

„Nein, leider nicht. Anscheinend habe ich mich mit der Jahreszeit geirrt und es ist noch zu früh im Jahr."

Um weiteren Fragen aus dem Weg zu gehen, ließ Mara die Seidenspinnerin einfach stehen und lief eilig zum Schulzimmer. Trude sah ihr mit eigentümlichem Blick hinterher.

Nachdem Mara sich davon überzeugt hatte, dass im Schulzimmer alles in Ordnung war und noch genügend Holz neben dem Ofen für den morgigen Schultag bereitlag, besuchte sie Constanze.

Die Begine saß in warme Decken gehüllt im Bett und blätterte in ihrem Stundenbuch. Für die gemeinsamen Gebete mit den anderen Beginen fühlte sich die ältere Frau noch zu schwach. Trost zog sie deshalb aus den Gebeten des Stundenbuches. Bei Maras Eintritt sah sie freudig auf. Sie unterhielt sich gerne mit Mara und hatte ihren wachen Geist bereits des Öfteren bei den anderen Beginen lobend erwähnt. Mara setzte sich auf die Truhe an der Wand und erzählte Constanze vom Schulunterricht am Morgen.

Nach einer Weile wagte sie das Thema anzusprechen, welches sie im Moment stark beschäftigte.

„Darf ich Euch eine Frage stellen?", begann Mara zaghaft.

„Aber sicher mein Kind", antwortete die Begine.
„Ist Euch Martin Luther ein Begriff?"
Die fromme Frau sah Mara erstaunt an.
„Wo hast du von Luther gehört?"
„In der Stadt", log Mara. „Dort sprechen viele von ihm und seinen Ideen. Ist das, was man sich erzählt, die Wahrheit? Will er die Kirche verändern?"
Die Begine hüllte sich tiefer in ihre Decken. Es schien, als wäre ihr plötzlich kalt geworden. Dann sah sie Mara an:
„Ich weiß nicht, was man sich in der Stadt genau erzählt. Ich weiß nur, Luther ist ein Mönch aus Wittenberg. Aber er hat studiert und einen Abschluss in Theologie. Der Kurfürst von Sachsen selbst hat Luther an die Universität in Wittenberg gerufen, um theologische Vorlesungen zu halten. Die Studenten dort lieben seine unkonventionelle Art, so habe ich gehört. Der Papst hat damit allerdings seine Probleme. Nachdem Luther in Wittenberg gegen grundlegende Dinge in der katholischen Kirche gepredigt hatte, war der Papst alles andere als erfreut."
„Stimmt es, dass mit dem Ablass nur die Kasse des Papstes gefüllt wird?", warf Mara schnell ein.
„Ich möchte auf keinen Fall das Oberhaupt unserer Kirche kritisieren. Aber es stimmt schon, dass durch den Handel mit Ablässen die Kirche viel Geld erhält. Die ganzen prunkvollen Kirchenbauten kosten auch Unsummen. Wovon, glaubst du, wird unser Dom unterhalten? Außerdem baut der Papst zurzeit an der größten Kirche der christlichen Welt, dem Petersdom. Dafür benötigt er das Geld der Ablässe."
„Aber ist es nicht Unrecht, den Menschen etwas zu verkaufen, das eigentlich wertlos ist?" Mara wollte eine Erklärung.
„Kind, wer weiß schon wirklich, was im Jenseits geschieht? Der Papst weiß es nicht und Luther auch nicht. Beide haben ihre eigenen Vorstellungen davon. Aber solange die Menschen an etwas glauben, hat alles seine Ordnung. Und nun geh, Mara. Ich bin müde und möchte etwas schlafen."
Mara vermutete, die Begine hatte genug von dem Gespräch. So stand sie auf und verließ den Raum.

Mittlerweile war es fast Zeit zum Abendessen und Mara half, im Speisesaal den langen Tisch zu decken und das Essen aufzutragen. Nachdem sich alle versammelt hatten, wurde ein Gebet gesprochen. Dann begann jeder zu essen. Heute gab es einen kräftigen Gemüseeintopf, kalten Braten sowie Brot und Käse. Während des Essens bemerkte Mara, dass Trude ihr immer wieder hämische Blicke zuwarf. Sie konnte sich den Grund dafür jedoch nicht erklären. Nach dem Abendessen gingen die Seidenspinnerinnen nach Hause und Mara half Almut beim Abwasch in der Küche. Gerade hatte sie die Teller im Speisesaal zusammengestellt und wollte sie in die Küche tragen, als eine jüngere Begine in den Raum kam. Das Mädchen war erst vor einigen Tagen dem Konvent beigetreten. Mara hatte es bisher nur bei den Mahlzeiten gesehen. Die junge Begine kam auf Mara zu:

„Du bist doch Mara?", fragte sie mit leiser Stimme.

Mara nickte überrascht.

„Du sollst sofort zu Frau von Mertens kommen."

Erschrocken sah Mara die Begine an. Bisher hatten die Gespräche mit der Vorsteherin des Konvents nichts Gutes bedeutet.

Mara stellte die Teller zurück auf den Tisch, wischte die Hände an ihrem Kleid ab und machte sich auf den Weg ins Obergeschoss des Hauses zu den Räumen der Vorsteherin.

Während sie die dunkle Holztreppe hinaufstieg, wurde ihre Aufregung von Stufe zu Stufe größer. Was konnte die Begine nur von ihr wollen? Schnell dachte Mara über die letzten Tage nach. Sie war sich keiner Schuld bewusst. Sie hatte ihre Aufgaben stets erledigt. Es fiel ihr nur ein kleines Vergehen ein. Gestern hatte sie der Köchin vom Blech einen frisch gebackenen süßen Wecken stibitzt. Sollte das der Anlass für das Gespräch sein?

Viel zu schnell stand sie vor der schweren Holztür, hinter der die Räume der Vorsteherin lagen. Mara versuchte ihre Aufregung in den Griff zu bekommen. Ihre Hände zitterten, als sie leise anklopfte.

Fast hätte Mara das Herein überhört, so laut rauschte das Blut in ihren Ohren. Sie öffnete langsam die Tür und blieb stehen. Vor ihr breitete sich das Arbeitszimmer der Vorsteherin des Konvents aus. Der Raum strahlte Zweckmäßigkeit aus und war mit einigen Bücherregalen, einer Truhe sowie einem massiven Schreibtisch eher spartanisch eingerichtet. Im Kamin prasselte ein munteres Feuer und der dicke Teppich auf dem Boden verlieh dem Raum eine einladende Wohnlichkeit.

Die Vorsteherin saß hinter ihrem Schreibtisch, auf dem sich unzählige Papiere stapelten und hielt einen Brief in der Hand. Ihr Gesichtsausdruck zeigte eine gewisse Angespanntheit. Bei Maras Eintreten sah die alte Begine auf:

„Komm nur herein. Du lässt ja die ganze Wärme zur Tür hinaus."

Schnell trat Mara ein und schloss die Tür. Mit einem Kopfnicken wies die Vorsteherin sie an, sich auf den Scherenstuhl, welcher wohl für Besucher gedacht war, neben den Schreibtisch zu setzen.

Angespannt nahm Mara auf der äußersten Kante des Stuhles Platz. Sie versuchte, ihre Hände ruhig zu halten. Auf keinen Fall wollte Mara, dass die Begine ihre innere Anspannung bemerkte.

Frau von Mertens legte das Schriftstück, in welchem sie bei Maras Eintritt konzentriert gelesen hatte, zur Seite und musterte Mara mit nachdenklichem Blick.

„Du lebst nun schon eine ganze Weile innerhalb unserer Gemeinschaft und dir sind unsere Regeln mittlerweile vertraut", begann die Begine das Gespräch.

Mara nickte vorsichtig bei diesen Worten.

„Trotzdem hast du den Konvent gestern ohne Erlaubnis verlassen", fuhr die Begine fort.

„Was war der Grund dafür?"

Mara erschrak. Sie hätte es sich gleich denken können, dass die dicke Trude sie anschwärzen würde.

„Ich wollte nach Kräutern suchen, um den Husten von Schwester Constanze zu lindern. Es tut mir leid, ich habe nicht nachgedacht", versuchte Mara sich zu verteidigen.

„Du hast es also geschafft, den Konvent ungesehen zu verlassen und wenn dir Trude nicht begegnet wäre, hätte es niemand bemerkt?"

Mara nickte leicht zur Bestätigung. Ihr war noch immer nicht klar, um was es eigentlich ging.

„Hast du schon zuvor den Konvent ungesehen verlassen? Du musst mir die Wahrheit sagen", die Stimme der Vorsteherin bekam einen eindringlichen Klang.

Mara überlegte fieberhaft. Sollte sie alles zugeben oder doch lieber leugnen? Sie hatte das Gefühl, es ging hier um viel mehr, als um das heimliche Verlassen des Konvents. Sie entschloss sich, bei der Wahrheit zu bleiben.

„Nur einmal", bekannte sie leise.

„Und da hat dich auch niemand gesehen?" wollte die Vorsteherin noch einmal die Bestätigung.

„Nein, niemand hat mich bemerkt", antwortete Mara.

Die alte Begine zeigte einen zufriedenen Gesichtsausdruck.

„Das ist gut", hörte Mara sie leise murmeln.

Einige Minuten vergingen. Frau von Mertens saß regungslos hinter ihrem Schreibtisch und blickte nachdenklich in die Flammen des Kaminfeuers. Fast schien es so, als hätte sie Maras Anwesenheit vergessen. Mara fühlte sich immer unbehaglicher und rutschte auf dem harten Holzstuhl hin und her. Plötzlich wandte sich die alte Begine Mara wieder zu und musterte sie mit abschätzendem Blick.

„Sicher hast du dich schon nach dem eigentlichen Grund dieses Gespräches gefragt?", begann die Vorsteherin erneut.

„Wir leben in unruhigen Zeiten. Die Einheit unserer Kirche ist bedroht. Sagt dir der Name Martin Luther etwas?"

Mara sah erstaunt auf. Schon wieder dieser Name.

„Nur wenig", bekannte sie vorsichtig.

„Ich habe gehört, dass Luther ein Mönch aus Wittenberg sei, der andere Ansichten als der Papst habe."

Mara hörte die alte Begine entrüstet schnaufen.

„Andere Ansichten. Von wegen. In einem fort beleidigt dieser Luther unseren Papst und damit die gesamte katholische Kirche. Ein Ketzer ist dieser Mönch und sonst nichts."

Aufgebracht wühlte die Vorsteherin während dieser Worte in den Papierstapeln auf ihrem Schreibtisch.

Mara war erschrocken. War Luther wirklich eine Gefahr?

„Aber, wie kann ein einzelner Mensch eine Gefahr für die gesamte Kirche sein?", wagte sie als Einwand.

Erbost sah die alte Begine sie an:

„Ein einzelner Mann kann die Gedanken von Tausenden von Menschen vergiften und sie vom rechten Weg abbringen. Dadurch wären sie dem Teufel verfallen. Willst du das?"

„Nein, auf keinen Fall", beeilte sich Mara zu sagen.

Das Gespräch wurde ihr immer unangenehmer. Auf was wollte die Vorsteherin nur hinaus?

„Dann bist du bereit, alles zu tun, damit so etwas nicht geschieht?"

„Wie kann ich dagegen etwas tun?", Mara sah die Vorsteherin ratlos an. Sollte sie etwa zu Luther gehen und ihn von seinen Ideen abbringen? Absurde Vorstellung.

„Jeder, der den rechten Glauben hat, muss etwas tun. Für dich habe ich eine besondere Aufgabe vorgesehen", erklärte ihr die Begine.

„Nicht umsonst habe ich dich von der Seidenspinnerei befreit und zu Constanze ins Schulzimmer geschickt. Dort hattest du Gelegenheit, dir einiges an Wissen anzueignen. Constanze hat mir in regelmäßigen Abständen von deinen Fortschritten berichtet. Soweit ich weiß, beherrschst du mittlerweile das Lesen und Schreiben ziemlich gut und hast auch ausreichende Kenntnisse in der lateinischen Sprache und Schrift."

„Ja durchaus", bestätigte Mara.

„Doch wie kann ich, ein einfaches Mädchen, Euch von Nutzen sein?"

Von Minute zu Minute erschien ihr das Gespräch merkwürdiger. Zumindest wusste sie jetzt, warum sie in den letzten Monaten soviel Zeit im Schulzimmer verbringen durfte.

„Dazu komme ich gleich", wies die Begine sie zurecht. „Unser gnädiger Papst ist an der Meinung der einfachen Leute in seinem Reich interessiert. Er möchte wissen, wie groß die Gefahr, welche von Luther ausgeht, wirklich ist. Dazu schickt er im gesamten Land einfache Menschen aus, Junge und Alte, welche über genug Bildung verfügen, um die Meinung der einfachen Menschen in den Städten und Dörfern zu erkunden".

„Der Papst schickt im ganzen Land Spione aus?", Maras Stimme klang ungläubig.

„Keine Spione, sondern Kundschafter", berichtigte die Vorsteherin Mara sogleich. „Sie sollen keine Meinung äußern, sondern nur beobachten. Und ihre Beobachtungen an einen Mittelsmann weitergeben. Verstehst du den Inhalt der Aufgabe?", die alte Begine sah Mara lauernd an.

„Ja, schon", antworte Mara widerwillig.

So langsam stieg eine Ahnung in ihr auf. Die alte Begine wollte sie zur Schnüfflerin machen. Ihr wurde heiß und kalt. Was sollte sie nur antworten, wenn die Begine sie direkt fragen würde? Angespannt versuchte sie, ihre schweißnassen Hände unauffällig am Stoff ihres Kleides abzuwischen.

Die Begine sprach weiter:

„Du bist ein intelligentes, aufgewecktes Mädchen. Allein, dass du es geschafft hast, den Konvent ungesehen zu verlassen, zeigt dies. Deshalb habe ich dich auch für diese wichtige Aufgabe ausgewählt. Du wirst in meinem Auftrag verschiedene Städte bereisen, dich dort unter das Volk mischen und mir schriftlich berichten, wie die Stimmung ist. Das alles muss allerdings schnell erfolgen, denn in wenigen Wochen wird Luther vor dem Reichstag in Worms erscheinen und mein Auftraggeber braucht vorher detaillierte Ergebnisse."

„Nein", entfuhr es Mara. Erschrocken lauschte sie ihrer Stimme nach.

„Wie meinst du das?"

„Nein, ich will so eine Aufgabe nicht übernehmen", diesmal mit fester Stimme. „Ich will für niemanden irgendetwas auskundschaften. Für solche Aufgaben eigne ich mich nicht."

„Woher willst du das wissen? Du sollst dich doch nur umhören und mir darüber berichten. Daran ist nichts Unrechtes", die Stimme der Begine klang scharf.

Mara schüttelte energisch den Kopf.

Die Vorsteherin beschloss, es auf einem anderen Weg zu

versuchen. Ihre Stimme nahm einen entspannteren Klang an:

„Solltest du es dir überlegen, wäre es natürlich nicht zu deinem Schaden. Sollte deine Arbeit erfolgreich sein, würde mein Auftraggeber die Kosten für deine Ausbildung übernehmen. Zusätzlich würde es dir erlaubt werden, in einem Frauenkloster hier in Speyer, dein Wissen zu vervollkommnen. Und als besonderen Anreiz würde ich dir genügend Geld zum Aufbau eines eigenen Geschäftes leihen. Nun, was meinst du dazu?"

Mara war wie erschlagen. Das Angebot war wirklich großzügig. Im Grunde genommen war ihr der Streit des Papstes mit Luther völlig egal. Hier bot sich ihr eine Möglichkeit zu einem besseren Leben. Die Möglichkeit zu einer kostenlosen Ausbildung. Sie konnte alles werden, vielleicht Kopistin oder womöglich sogar Buchhändlerin. Sie brauchte etwas Zeit, um den Kopf freizubekommen.

„Euer Angebot ist wirklich sehr großzügig. Aber ich brauche etwas Zeit, um darüber nachzudenken. Ich möchte mir bei der Entscheidung sicher sein."

„Nun, das verstehe ich. Du hast Bedenkzeit bis morgen zur Mittagszeit. Dann erwarte ich deine Antwort. Doch überlege gut, solltest du dich dagegen entscheiden, wirst du unser Konvent umgehend verlassen müssen."

„Ich danke Euch." Mara knickste und verließ mit gemischten Gefühlen den Raum.

Die Begine sah ihr nachdenklich nach. Mittlerweile war es Nacht geworden. Unschlüssig lief Mara in ihrer engen Kammer auf und ab. Was sollte sie tun?

In der einen Minute erschien es ihr ratsam, das Angebot anzunehmen und sich so die Zukunft zu sichern, in der anderen plagten sie Zweifel, ob sie der Begine überhaupt trauen konnte. Der Morgen graute schon als Mara für wenige Stunden in einen unruhigen Schlaf fiel.

Als sie erwachte, fasste sie einen Entschluss. Sie würde das Angebot nicht annehmen. Zum einen wollte sie für niemanden zur Spionin werden, zum anderen hatte sie Angst vor der Abhängigkeit, die diese Aufgabe mit sich brachte. Kurz vor dem

Gespräch packte Mara vorsorglich ihre wenigen Habseligkeiten in einen alten Stoffbeutel. Vor dem Verlassen des Raumes sah sie sich noch einmal um. Sie war nie wirklich glücklich im Konvent gewesen, aber auch nicht unglücklich. Vor allem war es das erste richtige Zuhause, das sie hatte und das sie nun wieder verlieren würde.

Kurz vor dem Mittagsläuten machte sich Mara auf zum Zimmer der Vorsteherin. Als sie den Hof überquerte, drangen aus der Küche die Gerüche des nahenden Mittagessens. Mara verspürte leichten Hunger. Aus dem Speisesaal drangen die Stimmen der Stickerinnen. Mara beeilte sich, die Treppe hinaufzukommen. Sie wollte das Gespräch so schnell wie möglich hinter sich bringen.

Diesmal wartete sie nicht lange vor der Tür. Mara klopfte und trat dann schnell ein und schloss die Tür hinter sich. Die Vorsteherin stand am Fenster, anscheinend hatte sie Mara bereits über den Hof kommen sehen. Beim Umdrehen warf sie einen Blick auf den Beutel in Maras Hand.

„Wie ich sehe, hast du deine Entscheidung getroffen. Eine unkluge, so möchte ich meinen", die Stimme der alten Begine klang kalt.

Mara versuchte zu einer Erklärung anzusetzen:„Ich... ."

„Erspare mir das. Für Erklärungen ist es nun zu spät. Du hattest deine Chance. Ich hätte dich für klüger gehalten. Du wirst den Konvent sofort verlassen. Jeglicher Kontakt zu den Bewohnern ist dir hiermit untersagt. Sollte es mir zugetragen werden – und sei überzeugt, es würde mir zu Ohren kommen – dass du ein Wort über unser Gespräch verlauten lässt, so wird dies für dich äußerst unangenehme Folgen haben. Hast du mich verstanden?"

Mara nickte eingeschüchtert. Solch einen schnellen Rauswurf hatte sie nicht erwartet. Eigentlich hatte sie angenommen, man würde ihr ein oder zwei Tage geben, um zu überlegen, was sie nun tun sollte.

„Wo soll ich nun hin?", wagte Mara zu fragen.

„Was weiß ich?", kam es ungehalten zurück.

„Zu deiner Mutter oder sonst wo. Ich habe Wichtigeres zu

tun, als darüber nachzudenken. Und nun geh und verschwende nicht länger meine Zeit."

Mit gesenktem Kopf schlich Mara aus dem Raum, die Treppe hinunter, vorbei an den fröhlichen Stimmen der Seidenstickerinnen, über den Hof zum Tor. Die Torwächterin sah sie mitfühlend an. Wortlos öffnete sie das Tor. Mara ging hindurch. Nach einigen Schritten drehte sie sich um. Das Tor war verschlossen. Der Konvent lag abweisend hinter ihr.

Langsam und mit gesenktem Kopf ging Mara in Richtung Stadt. Wieder war ein Abschnitt in ihrem Leben zu Ende. Wieder stand sie vor einem Neuanfang und wusste nicht, was der morgige Tag bringen würde. Zuerst brauchte sie ein Bett und etwas zu essen. Zu ihrer Mutter würde sie auf keinen Fall gehen. Bella und Liesje fielen ihr ein. Dort könnte sie bestimmt einige Tage bleiben. Mara hob den Kopf, sie würde sich keineswegs unterkriegen lassen.

Worms Anfang März im Jahr des Herrn 1521

6. Kapitel

Nahel hatte den größten Teil des Vormittags damit verbracht, die Regale im Verkaufsraum abzustauben und die Bücher und Schriften neu zu sortieren. Seit über einem Jahr arbeitete sie nun schon für den Buchhändler und Kopisten Christo.

In den vergangenen Monaten hatte sie fleißig Stundenbücher und Psalter kopiert. Christo hoffte, die Bücher beim Reichstag im Frühjahr verkaufen zu können.

Nahel machte das Kopieren der Bücher Freude und nur ungern dachte sie an die Flucht damals von Regensburg nach Worms.

In einer windigen und rauen Herbstnacht war sie vor Christos Tür gestanden, hungrig und noch immer völlig verstört von den Ereignissen in Regensburg.

Der Buchhändler hatte Nahel, nachdem sie sich als Tochter von Hermann von Regensburg zu erkennen gegeben hatte, in seinem Haus aufgenommen.

Die Kunde des Pogroms sowie der anschließenden Vertreibung der Juden aus Regensburg war bereits vor Nahels unerwarteter Ankunft bis nach Worms gedrungen. Christo erhoffte von ihr Einzelheiten darüber zu erfahren. Doch die überstürzte Flucht, der lange Marsch, meist bei Dunkelheit, und die ständige Angst verfolgt zu werden, hatten Nahel aller Kräfte beraubt. Ein hohes Fieber war die Folge. Christo ließ einen der Stadtärzte rufen, nachdem alle angewandten Hausmittel keinen Erfolg zeigten. Doch der Gelehrte hatte nur eine Therapie im Auge, den Aderlass. Christo erkannte, dass dies bei Nahels geschwächtem Zustand ihren sofortigen Tod zur Folge hätte. Nach wie vor war ihm unklar, warum Nahel ausgerechnet bei ihm Schutz gesucht hatte. So blieb ihm nichts übrig, als ihr beständig kalte Wickel zu machen, in der Hoffnung, damit das Fieber zu senken. Gott schien ein

Einsehen zu haben. Nach drei Tagen ging das Fieber langsam zurück und Nahel schlug die Augen auf.

Erstaunt sah sie sich um. Der Raum war ihr fremd, genauso wie das weiche Bett, in dem sie lag. Die Laken waren sauber, wenn auch schon etwas zerschlissen. Auf einem Hocker neben dem Bett stand ein Becher mit Flüssigkeit. Unter dem Fenster hatte ein Schreibpult seinen Platz, daneben eine stabile Holztruhe. Weitere Möbelstücke gab es im Raum nicht. Die Wände waren weiß gekalkt und kahl.

Nahel kam kurz der Gedanke, sie wäre in einem Kloster gelandet. Allerdings war nirgendwo ein Holzkreuz zu entdecken. Verzweifelt versuchte sie sich an die letzten Tage zu erinnern. Tränen liefen ihr über die Wangen, während die schrecklichen Bilder von der Zerstörung des Judenviertels und vom Tod ihres Vaters in ihr aufstiegen. Auch die Strapazen des Weges von Regensburg nach Worms hatte sie noch allzu deutlich vor Augen. Sie hatte den längeren Weg abseits der großen Straßen gewählt. Hatte in den kleinen Dörfern entlang des Weges bei den Bauern gebettelt oder gestohlen, um zu überleben. Angst war ihr ständiger Begleiter. Angst vor Entdeckung, aber auch vor den Gefahren der Straße. Oft war sie kurz davor gewesen aufzugeben, sich irgendwo in den Straßengraben zu legen und nicht mehr aufzustehen.

Allein der letzte Wunsch ihres Vaters, sie solle nach Worms gehen, hielt sie am Leben. Es musste dafür einen Grund geben.

Unter Aufbietung aller Kräfte erreichte Nahel nach wochenlanger mühseliger Wanderung die Stadttore von Worms. Mit letzter Kraft gelangte sie zum Haus des Buchhändlers Christo, ohne auf die argwöhnischen Blicke der Stadtbewohner zu achten. Das Letzte, an das sie sich erinnerte, war ihr Klopfen an der Ladentür.

Während Nahel langsam zu sich kam, öffnete sich die Tür zur Kammer. Ein gut aussehender junger Mann mit wirren blonden Locken und strahlend blauen Augen trat ein. Gekleidet war er ausgesprochen modisch, ohne jedoch zu auffällig zu sein.

Verwirrt zog Nahel sich die warme Decke bis zum Hals.

„Endlich seid Ihr wach. Ich hatte in den letzten Tagen schon Angst, das Fieber würde Euch dahinraffen. Wie fühlt ihr Euch?"

Der Mann nahm den Becher vom Hocker und setzte sich neben das Bett. Erwartungsvoll blickte er Nahel an.

„Wo bin ich?", lautete Nahels erste Frage.

„In meinem Haus. Ich bin Christo, der Buchhändler. Ihr seid mir vor einigen Tagen gewissermaßen in die Arme gefallen."

„Ihr seid Christo, der Freund meines Vaters?" Nahel sah verwirrt aus. „Aber, Ihr seid so jung. Ich dachte, Ihr wärt im gleichen Alter wie mein Vater."

„Nun, Euer Vater hatte sich an meinem jugendlichen Alter nie gestört. Wir waren Geschäftspartner und seine Kenntnisse über Bücher und seine Weisheit waren mir oft von Nutzen. Doch darüber können wir später noch ausführlicher sprechen. Jetzt müsst ihr erst einmal wieder zu Kräften kommen. Dann sehen wir weiter. Ich lasse Euch von meiner Köchin etwas heiße Suppe bringen. Die wird Euch guttun. Ruht Euch danach aus, wir setzen unser Gespräch morgen fort."

Christo verließ den Raum. Kurze Zeit später trat eine ältere, mütterlich Frau ein. In der Hand hielt sie einen Becher.

„Ich bin Nele, die Köchin und Wirtschafterin hier im Haus", stellte sie sich vor. „Meine Kammer liegt gleich neben der Euren. In den nächsten Tagen kümmere ich mich darum, dass Ihr wieder zu Kräften kommt."

Nele wollte den Becher mit der Hühnersuppe auf dem Hocker abstellen. Doch Nahel war zu schwach, um alleine zu essen. Die Köchin musste ihr die heiße Suppe Löffel für Löffel einflößen. Bereits nach wenigen Löffeln schlief Nahel ermattet ein.

„Armes Kind", murmelte die Köchin, als sie den Raum leise verließ. Sie würde später wieder nach Nahel sehen.

Innerhalb weniger Tage besserte sich Nahels Gesundheit. Das Fieber ging zurück, doch eine allgemeine Schwäche blieb. Nahel war außerstande das Bett zu verlassen. Christo schob diesen Zustand auf die albtraumartigen Erlebnisse, welche Nahel in Regensburg durchlebt hatte. Seiner Ansicht nach fehlte es ihr an Lebenswillen. Als Nahel sich besser fühlte, besuchte der Buchhändler sie jeden Tag für einige Minuten. Er saß dann an ihrem Bett und erzählte ihr von seiner Geschäftsbeziehung zu ihrem Vater oder von alltäglichen Dingen. Nur über die Ereignisse in Regensburg sprach er vorerst nicht. Dem Buchhändler war jedoch klar, dass er dieses Thema bald ansprechen musste. Noch wusste er nichts Genaueres über den Tod seines Geschäftsfreundes. Er hatte zwar eine vage Vermutung, doch konnte dessen Tod während des Pogroms auch andere Ursachen haben. Ansonsten kümmerte sich Nele intensiv um Nahels Pflege. Sie machte das Bett, lüftete ausgiebig jeden Tag das Krankenzimmer, um alle Krankheitserreger zu vertreiben und versorgte Nahel mehrmals am Tag mit heißer Suppe. Außerdem erzählte sie ihr allerlei Neuigkeiten aus der Nachbarschaft. Während sie Nahel beim Essen Gesellschaft leistete, versuchte die Köchin ihre Fragen zu beantworten.

„Arbeitet Ihr schon lange für Christo und seid Ihr meinem Vater hier im Haus begegnet?" Erwartungsvoll sah Nahel die Köchin an, die verneinte.

„Leider habe ich Euren Vater nie getroffen, denn ich bin erst seit einem Jahr hier als Köchin beschäftigt. Vorher arbeitete meine Cousine für Meister Christo. Doch bei einem Besuch in unserem Dorf erkrankte sie an den Blattern. Die Seuche wütete damals stark hier in der Gegend. Meine Cousine und auch mein Mann starben daran. Ich bin nach Worms gekommen, um Herrn Christo die Nachricht von ihrem Tod zu überbringen. Da ich nicht wusste, wo ich hingehen sollte, behielt er mich als Köchin."

„Das tut mir leid." Nahel konnte sich gut vorstellen, wie alleine sich Nele nach dem Tod ihres Mannes gefühlt haben musste.

„Ja, diese Zeit war schwer. Aber das Leben muss weitergehen. Auch Euer Leben wird weitergehen. Nun müsst Ihr aber schlafen, schließlich wollt Ihr doch bald das Bett verlassen."

Nahel war sich da nicht so sicher, schloss aber gehorsam die Augen und war nach wenigen Minuten eingeschlafen.

Als Nele mit dem leeren Suppenteller zurück in die Küche kam, fand sie am Tisch den Buchhändler vor.

„Wie geht es unserer Kranken heute?", fragte er besorgt.

„Ich denke, körperlich geht es von Tag zu Tag aufwärts. Bald wird sie das Bett verlassen können. Allerdings fehlt ihr der Lebenswille. Vielleicht sollte sie mehr über ihre Erlebnisse sprechen?" Fragend sah die Köchin Christo an.

„Ich möchte sie auf keinen Fall drängen", antwortete Christos ausweichend. Eigentlich wollte er Nahels Erlebnisse so genau nicht wissen. Was war, wenn sich sein Verdacht bestätigte? Stets hatte er auch alle Andeutungen von Nahels Vater in dieser Richtung ignoriert. Sollte sich sein Verdacht bestätigen, würde Nahels Aufenthalt unter seinem Dach zu großen Problemen mit den Rabbinern der jüdischen Gemeinde führen.

Nachdenklich und in Gedanken versunken verließ der Buchhändler die Küche und ging in sein Studierzimmer. Der Raum war vollgestopft mit Büchern in allen Größen und unzähligen Karten. Die Schränke und Regale quollen über. Christo erlaubte Nele nicht, in diesem Raum sauberzumachen. Zu groß war seine Angst, dass die Köchin seine eigenwillige Ordnung durcheinanderbrachte. Er selbst fand jedes gesuchte Buch auf Anhieb. Christo ließ sich in einem bequemen Stuhl hinter seinem überladenen Schreibtisch nieder. Im Gegensatz zum übrigen Raum herrschte allerdings auf dem Schreibtisch Ordnung. Der Buchhändler zog aus der untersten Schublade einen versiegelten Umschlag. Er war an Nahel adressiert.

Nahels Vater hatte ihn bei seinem letzten Besuch vor mehr als einem Jahr dem Buchhändler, zusammen mit einer nicht unbeträchtlichen Summe in Gold, zur Aufbewahrung übergeben. Er vertraute Christo damals an, dass er in absehbarer Zeit mit Ausschreitungen gegen die Juden in Regensburg rechnen würde. Es könnte sein, dass er in diese Auseinandersetzungen hineingezogen würde und mit Nahel überstürzt die Stadt verlassen müsse. Das Gold sollte ihnen dann irgendwo den Neuanfang ermöglichen. Es wäre aber auch denkbar, dass nur Nahel alleine die Flucht gelingen würde. Christo sollte ihr dann zuerst den Brief und später das Gold aushändigen. Der Buchhändler hatte leichtherzig der Bitte seines Freundes zugestimmt und beides in sichere Verwahrung genommen. Nie hätte er geglaubt, Hermann von Regensburg nicht wiederzusehen. Deshalb hatte er sich bei seinem Geschäftsfreund auch nicht nach den genauen Zuständen in Regensburg erkundigt. Heute bereute er seine damalige Ignoranz.

Nun lag oben in der Kammer die Tochter seines Geschäftsfreundes, krank und ohne Lebensmut. Vielleicht konnte der Inhalt des Briefes ihr den Lebenswillen zurückgeben? Allerdings beschloss Christo, noch ein oder zwei Tage mit der Übergabe zu warten. Nahel sollte zuerst noch etwas kräftiger werden.

Zwei Tage später hielt Christo den Zeitpunkt für günstig, Nahel den Brief ihres Vaters zu übergeben.

Zum ersten Mal nach ihrer Erkrankung hatte Nahel das Bett verlassen und saß in eine warme wollene Decke gehüllt in einem bequemen Lehnstuhl neben dem Bett. Zu ihren Füßen brannte eine Kohlenpfanne und verbreitete eine angenehme Wärme im Raum.

Als Christo den Raum betrat, sah Nahel traurig auf. Sie schaute ihn mit verlorenem Blick an.

„Wie fühlt Ihr Euch? Wie ich sehe, hat Nele darauf bestanden, dass Ihr das Bett verlasst."

„Um einiges besser als gestern", antwortete Nahel mit leiser Stimme.

„Ich möchte mich für Eure Freundlichkeit bedanken. Nicht jeder hätte eine Unbekannte so gastlich aufgenommen."

Christo lächelte bei diesen Worten verlegen.

„Eigentlich seid Ihr ja keine Unbekannte. Mir scheint es, als würde ich Euch durch die Erzählungen Eures Vaters bereits gut kennen."

Nahel senkte die Augen. Bei der Erwähnung ihres Vaters konnte sie nur mühsam die Tränen zurückhalten.

Christo bemerkte ihren Schmerz, doch er musste das Gespräch fortsetzen. Er setzte sich auf das Bett und sah Nahel freundlich an.

„Ihr wisst, Euer Vater und ich waren Geschäftsfreunde. Er vermutete schon lange, dass es Unruhen in Regensburg geben würde. Deshalb hatte er gewisse Vorkehrungen getroffen."

Nahel horchte erstaunt auf: „Was für Vorkehrungen?"

„Er bat mich, zwei Dinge für ihn zu verwahren. Zum einen diesen Brief." Christo zog aus seiner Jackentasche einen versiegelten Umschlag und reichte ihn Nahel.

„Über die andere Sache sprechen wir, wenn Ihr den Brief gelesen habt. Ich lasse Euch nun besser alleine. Wir werden unser Gespräch später fortsetzen."

Sichtlich erleichtert verließ er Nahel. Auf dem Weg nach unten in den Verkaufsraum überlegte er, was in dem Brief wohl stehen könnte.

Nahel drehte den Umschlag unschlüssig zwischen ihren Fingern. Sie hielt die letzte Botschaft ihres Vaters in den Händen. Was wollte er ihr darin mitteilen? Über was hatte er zu seinen Lebzeiten nicht sprechen können?

Mit zitternden Fingern erbrach Nahel das Siegel. Aus dem Umschlag fielen einige Bogen beschriebenes Papier sowie ein schmaler Goldring mit einem sternförmig eingefassten Bernstein. Erstaunt betrachtete Nahel den Ring, dann nahm sie den ersten Bogen zur Hand und begann zu lesen:

Mein liebes Kind,
wenn du diese Zeilen liest, bin ich nicht mehr am Leben.
Die Zeiten sind unruhig und viele Gefahren drohen nicht nur den Juden, sondern allen Menschen im Römischen Reich.
Deshalb habe ich bei meinem Freund Christo Gold hinterlegt. Die Summe wird es dir ermöglichen, ein eigenes Geschäft aufzubauen und so für deinen Lebensunterhalt zu sorgen.
Wende dich mit deinen Fragen an Christo, er wird dir weiterhelfen.
Eines vergiss nie, du bist meine Tochter und du kannst alles erreichen, was du dir vornimmst.

An dieser Stelle ließ Nahel den Brief sinken. Bittere Tränen rollten ihre Wangen hinab und hinterließen eine salzige Spur. Fast konnte sie die ruhige Stimme ihres Vaters hören, der ihr stets sagte, sie könne alles im Leben erreichen, wenn sie nur fest an sich glaube. Blitzartig wurde ihr klar, dass Selbstmitleid ihr nicht half. Sie musste ihr Leben wieder in die Hand nehmen.

Durch die Weitsicht ihres Vaters war sie nicht mittellos.

Sie schloss die Augen. Nach einer Weile fühlte sich Nahel in der Lage, weiterzulesen.

Mein überalles geliebtes Kind, es gibt für diesen Brief noch einen weiteren Grund, über den ich bisher mit keinem Menschen sprechen konnte.

Du weißt, ich habe deine Mutter sehr geliebt, aber ich war oft und lange auf Reisen. Kurz nach deinem ersten Geburtstag musste ich einige Geschäftsfreunde im Deutschen Reich aufsuchen.

Auf der Rückreise nach Spanien wurde ich in der Nähe von Speyer von Wegelagerern überfallen und durch einen Dolchstoß am Oberschenkel verletzt. Hilflos blieb ich liegen. Ein in Speyer lebender reicher Kaufmann fand mich im Straßengraben und nahm mich bis zu meiner Genesung bei sich auf.

Seine Tochter Magdalena, sie war damals 19 Jahre alt, pflegte mich hingebungsvoll. Magdalena war ein anmutiges Mädchen mit langen bernsteinfarbigen Locken und ungewöhnlich smaragdgrünen Augen. Schnell merkte ich, dass der Hausherr von Juden nichts hielt. Für ihn waren alle Juden Wucherer und Christusmörder. Aus diesem Grund verschwieg ich der Familie meine Religion und gab mich als Christ aus. Auch Magdalena ahnte nichts von meinem jüdischen Glauben. Nach einiger Zeit kam es wie es kommen musste. Magdalena und ich verliebten uns ineinander.

Hätte nicht in Spanien deine Mutter und du sehnsüchtig auf meine Rückkehr gewartet, wäre ich wohl bei Magdalena geblieben. So aber siegte die Vernunft. Ich gestand ihr, dass ich nicht frei war und beschloss, nach Spanien zurückzukehren und Magdalena zu vergessen. Zum Abschied schenkte sie mir den Ring mit dem Bernstein. Er sollte mich für immer an sie erinnern.

Monate später erhielt ich von Magdalena über einen verschwiegenen Geschäftsfreund in Amsterdam einen Brief. Sie schrieb mir, dass sie kurz nach meiner Abreise festgestellt hätte, schwanger zu sein. Als ihr Vater ihren Zustand bemerkte, war er außer sich vor Zorn. Er wollte wissen wer der Vater sei, doch Magdalena gab mich nicht preis. Daraufhin warf ihr Vater sie aus dem Haus.

Magdalena fand Unterschlupf im örtlichen Beginenkonvent.

Dort kam auch ihre Tochter zur Welt. Sie schrieb mir weiter, dass sie nicht mehr lange bei den Beginen bleiben könne.

Unter einem Vorwand reiste ich so schnell es nur ging nach Speyer. Als ich im Konvent ankam, teilte mir die Vorsteherin den Tod von Magdalena mit. Die Beginen hatten sie auf dem Friedhof des Konvents begraben.

Meine Tochter jedoch war am Leben und bei guter Gesundheit. Die Beginen hatten sie auf den Namen Mara getauft. Als ich sie zum ersten Mal im Arm hielt, war ich überwältigt von der Ähnlichkeit der Kleinen mit ihrer Mutter. Die gleichen smaragdgrünen Augen und die gleichen bernsteinfarbigen Locken. Doch was sollte ich mit der Kleinen nur tun? Mitnehmen nach Spanien konnte ich sie nicht, sosehr ich es mir auch wünschte. Die Beginen boten an, das Kind in einem der örtlichen Frauenklöster unterzubringen. Nach einer großzügigen Spende von mir, würde keiner Fragen stellen.

Doch dies erschien mir nicht geeignet. Es musste eine andere Möglichkeit geben. Und ich fand sie. Der Konvent beschäftigte eine Wäscherin. Gegen eine entsprechende Summe war die Frau bereit, das Kind als ihr eigenes auszugeben. Die nächsten Jahre würde die Kleine bei ihrer Schwester, auf einem Hof in der Nähe der Stadt, aufwachsen. Die Bauern waren arm, sie nahmen mein Geld und stellten keine Fragen. Sobald die Kleine alt genug wäre, würde sie zur Wäscherin zurückkehren. Mein Plan war es, sie dann nach Spanien zu holen und sie mit dir zusammen erziehen zu lassen. Auch die Beginen erhielten für ihr Schweigen eine großzügige Spende.

Die ersten Jahre schien mein Plan zu funktionieren. Über Mittelsmänner ließ ich den Bauern Geld zukommen und ab und zu überzeugte ich mich vor Ort von Maras Wohlergehen. Bei diesen Gelegenheiten erhielt auch die Wäscherin Geld für ihr Schweigen von mir.

In den letzten Jahren jedoch wurde das Reisen immer gefährlicher. Deshalb habe ich immer seltener Geld an die Wäscherin und die Bauern senden können. Der Tod deiner Mutter, unsere Flucht aus Spanien, das zunehmend gefährlichere Leben in Regensburg und meine wachsende Sorge um dich, nahmen mich mehr und mehr in Anspruch. Dadurch blieb wenig Zeit an Mara zu denken oder sich um sie zu kümmern. Seit einigen Jahren bestand überhaupt kein Kontakt mehr zu ihr.

Ich weiß, das ist keine Entschuldigung und ich hätte mich zu Lebzeiten mehr um das Mädchen sorgen müssen.

Deshalb habe ich eine letzte Bitte an dich. Geh nach Speyer und suche Mara. Erzähle ihr von mir, gib ihr den Ring ihrer Mutter und versuche, ihr eine Schwester zu sein.

Mara ist ungefähr 15 Jahre alt. Sie dürfte mit ihren bernsteinfarbigen Locken und den smaragdgrünen Augen nicht allzu schwer unter all den Mädchen in Speyer zu erkennen sein.

Meine liebe Nahel, nun kennst du also mein sorgsam gehütetes Geheimnis. Ich hoffe, du verurteilst mich nicht, sondern behältst mich trotzdem als Vater in guter Erinnerung.

Dein dich liebender
Vater

Fassungslos starrte Nahel auf die Zeilen.

Die Schrift verschwamm vor ihren Augen. Sie konnte nicht glauben, was sie gerade gelesen hatte.

Sie hatte eine Halbschwester, unfassbar!

Nahel war sich immer sicher gewesen, dass es für ihren Vater in seinem Leben nur eine Frau gegeben hatte, ihre Mutter. Sie hatte in der Verbindung ihrer Eltern etwas Besonderes gesehen. Und nun erfuhr sie, dass ihr Vater eine andere Frau geliebt hatte und dass es aus dieser Beziehung sogar ein Kind gab.

Je länger Nahel den Brief in ihrer Hand anstarrte, desto wütender wurde sie auf ihren Vater. Durch seinen Tod gab es in ihrem Leben keine Sicherheit mehr. Ihre Zukunft lag im Nebel.

Die Arbeit bei Christo half ihr, langsam wieder zu sich selbst zu finden. Nachdem der Buchhändler Nahels Talent zum Kopieren von Büchern entdeckt hatte, erkannte er eine neue Geschäftsidee. Nahel kopierte in den nächsten Monaten unzählige verschiedene Psalter, Stundenbücher und sonstige Schriften. Ihr machte diese Tätigkeit Freude. Zudem war beim Kopieren der Schriften eine hohe Konzentration erforderlich. Dadurch blieb Nahel am Tag kaum Zeit zum Grübeln. Erst am Abend, wenn sie im Bett lag, kreisten ihre Gedanken um die Zukunft.

An diesem Abend fand Nahel überhaupt keinen Schlaf. Stunde um Stunde wanderte sie durch die kleine Kammer. Das Laufen beruhigte sie und die Wut auf ihren Vater nahm langsam ab. Zwar konnte sie noch immer nicht gutheißen, was er ihrer Mutter angetan hatte und es würde wohl einige Zeit dauern, bis sie diese Neuigkeit verarbeitet hatte und sich darüber klar war, ob sie ihre Halbschwester überhaupt suchen wollte. Doch sie begann langsam ihn zu verstehen. Auch in dieser Nacht kam Nahel zu keiner endgültigen Entscheidung.

Die folgenden Tage blieb sie Christo gegenüber zurückhaltend. Zu sehr waren ihre Gedanken mit dem Brief beschäftigt.
Auf ihre Nachfrage hatte der Buchhändler ihr die hinterlegte Summe genannt. Ihr Vater hatte äußerst großzügig für sie vorgesorgt.
Nahel würde keine Not leiden müssen, obwohl sie den Verdacht hatte, dass ein Teil des Geldes insgeheim für Mara bestimmt war.
Seit einigen Tagen nahm Nahel mit Christo und Nele zusammen das Abendessen in der Stube ein. An diesem Abend hatte sie ihre Gedanken soweit geordnet. Endlich war sie bereit, mit Christo über den Brief zu sprechen.
Nachdem die Köchin abgeräumt und in der Küche mit dem Abwasch beschäftigt war, begann Nahel:
„Ihr habt Euch in den letzten Tagen sicher gefragt, was in dem Brief meines Vaters stand?"
„In gewisser Weise schon", antwortete der Buchhändler. „Doch es steht mir nicht zu, Euch über private Dinge auszufragen." Auf keinen Fall wollte Christo Nahel gegenüber allzu neugierig erscheinen.
„Das ist sehr freundlich von Euch. Über eine Sache solltet Ihr jedoch Bescheid wissen. Mein Vater hat außer mir noch eine Tochter. Aus einer außerehelichen Beziehung. Er hat das Mädchen vor Jahren in Speyer bei Pflegeeltern zurückgelassen

und diese mit Geld unterstützt. Vor einiger Zeit riss der Kontakt zu den Pflegeeltern ab. War Euch dies bekannt? Hat er das Mädchen jemals erwähnt?", erwartungsvoll sah Nahel den Buchhändler an. Vielleicht wusste er über diesen Umstand ja bereits Bescheid.

Christo sah sie nach dieser Eröffnung verblüfft an.

„Nein, Euer Vater hat nie dergleichen erwähnt. Wo soll denn diese Tochter leben und wie alt ist sie?"

„Meinem Vater nach ist sie ungefähr 15 Jahre alt. Er erwähnt in seinem Brief die Stadt Speyer und er erhofft sich, dass ich dort möglichst bald nach ihr suche."

„Jetzt gleich? Die Zeiten sind unruhig. Das wisst Ihr doch selbst am besten. Euer Vater kann kaum gemeint haben, dass Ihr Euch sofort auf den Weg machen sollt. Zuerst müsst Ihr ganz gesund werden und dann in Ruhe diese Reise überdenken und planen. Das Mädchen weiß nichts von Euch, da kommt es wohl auf einige Monate nicht an. Außerdem, was ist, wenn das Mädchen nicht mehr in Speyer lebt?"

Nahel musste Christo Recht geben. Eigentlich sprach er nur das aus, worüber sie selbst bereits gegrübelt hatte. Der Winter stand bereits vor der Tür. Vor dem nächsten Frühjahr war an eine Reise nach Speyer ohnehin nicht zu denken.

„Außerdem", Christo sah Nahel an. „Ich hatte gehofft, Ihr würdet mir die nächsten Monate im Geschäft helfen. Mitte Januar wird in Worms der Reichstag eröffnet. Nach Weihnachten wird es in der Stadt von Besuchern nur so wimmeln. Da lassen sich gute Geschäfte tätigen. Vor allem Stundenbücher und Psalter werden gefragt sein. Es wird also viel Arbeit für Euch geben. Natürlich nicht umsonst, sondern gegen Kost und Logis. Was meint Ihr zu meinem Vorschlag?"

Nahel musste nicht lange überlegen. Auf diese Weise konnte sie Geld sparen und Christo seine Hilfsbereitschaft vergelten.

„Gerne wäre ich Euch bis zum nächsten Frühjahr behilflich. Dann werde ich sehen, ob ich nach Speyer reise", meinte sie.

Christo goss Nahel einen Becher schweren roten Wein ein, um das Abkommen zu besiegeln.

Während der kalten Wintermonate blieb Nahel kaum Zeit zum Nachdenken und das war gut so.

Am 17. Januar 1521 wurde der große Reichstag in Worms eröffnet. Bereits kurz nach Weihnachten strömten die ersten Besucher in die Stadt und jetzt Anfang März war kaum noch ein Zimmer zu bekommen.

Christos Idee mit den Psaltern und Stundenbüchern hatte sich als gut erwiesen und obwohl Nahel über Winter eifrig kopiert hatte, war der Vorrat an Büchern fast aufgebraucht.

Daher verbrachte sie jeden Tag viele Stunden damit Bücher zu kopieren. Seit Kurzem waren auch einige Schriften des Wittenberger Mönches Martin Luther darunter. Christo hatte ihr von Luther und seinen Ideen erzählt und davon, dass der Mönch sich in wenigen Tagen hier in Worms vor Kaiser Karl V. verantworten sollte.

Die Schriften Luthers verkauften sich ausgesprochen gut und Nahel kam kaum mit dem Kopieren hinterher. Sie war erstaunt, dass ein einzelner Mensch die Massen derart bewegen konnte.

Mit Christo hatte sie vereinbart, bis nach dem Reichstag in Worms zu bleiben. Zum einen, weil die Stadt durch den Reichstag und die vielen Besucher bunt und aufregend war, zum anderen, weil Nahel miterleben wollte, ob Luther tatsächlich vom Kaiser zum Ketzer erklärt werden würde. In Spanien hatte sie oft genug erlebt, wie schnell Menschen durch die Inquisition verurteilt wurden. Nun war sie neugierig, wie die Kirche und die Reichsfürsten hier mit dem Problem Luther umgehen würden.

Den wahren Grund ihres Bleibens wollte sich Nahel jedoch nicht eingestehen. Sie hatte einfach Angst davor nach ihrer Halbschwester zu suchen. Jeder Grund zur Verzögerung dieser Reise war ihr deshalb recht.

Speyer Anfang März im Jahr des Herrn 1521

7. Kapitel

Obwohl Mara den Konvent bereits am Mittag verlassen hatte, traute sie sich erst bei Anbruch der Dunkelheit, ihre Freundin Liesje um Asyl zu bitten.

Zum einen war sie vorher stundenlang ziellos durch die Stadt gestreift in der Hoffnung, eine andere Lösung zu finden. Zum anderen wollte sie auf keinen Fall ihrer Mutter begegnen, welche noch immer in der Nähe des Gasthauses wohnte. Sogar im mächtigen Dom war sie gewesen. Ein richtiges Gebet wollte ihr dort nicht gelingen, jedoch hatte sie die Mutter Gottes um Hilfe gebeten. Es hieß doch immer, sie wäre allen gnädig. Jetzt im Schutz der Dunkelheit schlich Mara leise über den Hof und betrat zaghaft die Küche des Gasthauses. Alles war unverändert. Bella putzte wie immer einen großen Korb Gemüse, Liesje war nirgends zu sehen.

„Hallo Bella", sprach Mara die dicke Gastwirtin an.

Diese sah völlig überrascht von ihrer Arbeit auf.

„Mara, wo kommst du denn um diese Zeit her? Musst du wieder für die Beginen Besorgungen erledigen?"

„Die Vorsteherin des Konvents hat mich vor die Tür gesetzt und nun weiß ich nicht wohin", gab Mara leise zu Antwort.

„Vor die Tür gesetzt? Was hast du dir dort zu schulden kommen lassen?"

Bellas Stimme klang streng. Sie konnte nicht glauben, dass Mara etwas Unrechtes getan hatte. Da jedoch die Beginen in der Stadt für ihre Güte bekannt waren, musste es einen schwerwiegenden Grund für Maras Rauswurf geben.

„Genau kann ich es dir nicht erklären", meinte Mara zögerlich. „Nur soviel kann ich sagen, es ging um einen Auftrag, für den mich die Vorsteherin ausgesucht hatte. Aber ich konnte die Arbeit nicht erledigen und nun frag nicht weiter. Kann ich heute Nacht hier bleiben?"

Bella spürte, dass Mara ihr etwas Wesentliches verschwieg. Allerdings war ihr Mara nun schon seit Jahren bekannt und sie traute ihr nichts Schlechtes zu. Vielleicht würde Mara nach etwas Ruhe gesprächiger sein.

„Meinetwegen. Du kannst heute Nacht Liesjes Bett oben in der Kammer haben. Die hilft wieder bei ihrem Freund aus. Morgen werden wir dann weitersehen. Hast du noch Hunger?"

„Nein danke. Ich bin nur müde, der Tag war lang."

„Gut, dann geh am besten gleich schlafen. Wir reden dann morgen beim Frühstück weiter."

Bella begann wieder mit dem Gemüseschälen. Im Schankraum warteten hungrige Esser bereits auf den Eintopf.

Mara nickte ihr zu und verließ die Küche. Im Treppenhaus atmete sie erst einmal durch. Sie war Bella für die Übernachtungsmöglichkeit von Herzen dankbar und es tat ihr leid, nicht die ganze Wahrheit sagen zu können.

Den Weg in Liesjes Kammer fand Mara leicht. Dort ließ sie sich auf das Bett sinken und fiel bald in einen traumlosen Schlaf.

Am nächsten Morgen wurde Mara früh von den Geräuschen der Straße geweckt. Schlaftrunken sah sie sich um. Im Konvent war die Zeit nach dem Aufstehen ihr die liebste gewesen. Alles war dann noch ruhig und friedlich. Hier war das anders. Von der Straße drangen laute Stimmen und vielfältige Geräusche in die Kammer. Wirkliche Ruhe gab es nicht, deshalb beeilte sich Mara mit dem Ankleiden.

Als sie in die Küche kam, war Bella bereits bei der Arbeit. Vor ihr standen zwei große Schüsseln mit Teig. Daraus wollte sie zum Mittag gefüllte Pasteten machen.

„Na, du Langschläferin. Wie geht es dir heute Morgen?" meinte Bella gutgelaunt, als Mara sich auf die Bank am Tisch setzte.

„Ganz gut. Trotz des Lärms in der Nacht", antwortete Mara.

„In der Stadt geht es eben lauter zu, als in der Abgeschiedenheit des Konvents."

Bella stellte die Teigschüsseln in die Nähe des Herdes,

damit der Teig richtig aufgehen konnte. Dann schnitt sie Mara eine dicke Scheibe Roggenbrot ab und stellte einen Topf mit Schmalz auf den Tisch.

„Frühstücke erst einmal."

Mara nahm die Scheibe Brot, strich Schmalz darauf und begann zu kauen.

Die Ereignisse im Konvent hingen unausgesprochen zwischen ihnen und Mara fühlte sich unwohl. Eigentlich wäre sie nach dem Frühstück gerne gegangen, doch sie wusste nicht wohin. So blieb sie einfach sitzen. Nach einer Weile konnte Mara die Stille zwischen sich und Bella nicht mehr ertragen. Sie hatte sich immer geborgen gefühlt in Bellas Küche und wollte nicht, dass sich dies nun änderte.

„Bella", begann sie ihre Erklärung. „Verstehe mich bitte, ich darf über die Ereignisse im Konvent mit niemandem sprechen. Wie gerne würde ich dir alles erzählen und dich um Rat bitten. Aber es geht nicht und es ist auch besser, wenn du nichts darüber weißt. Nur eines kann ich dir sagen, ich habe nichts Unrechtes getan. Das musst du mir glauben."

Verzweiflung stand bei diesen Worten in Maras Augen und Bella spürte, dass sie die Wahrheit sagte.

„Ich glaube dir. Wir werden nicht mehr darüber sprechen. Doch wie soll es jetzt weitergehen?"

Bei Bellas Worten fiel Mara ein Stein vom Herzen.

„Kann ich nicht bei dir im Gasthaus arbeiten?"

„Hier, wie stellst du dir das vor? Du bist kein Schankmädchen und hast auch kein Talent dafür. Dir liegen vielmehr die geistigen Dinge."

So leicht wollte Mara nicht aufgeben.

„Was ist mit der Küche? Gemüseputzen kann ich, genauso wie Geschirr abwaschen. Bitte, ich weiß sonst nicht wohin."

„Gut, versuchen wir es", nur zögernd gab Bella nach.

„Aber nur für einige Tage, dann musst du dir eine andere Arbeit suchen. Du kannst mir hier in der Küche helfen, aber im Schankraum hast du nichts zu suchen. Du wirst auch nur für Unterkunft und Essen arbeiten. Bezahlen kann ich dir nichts. Die Zeiten sind schlecht. Seit der Reichstag in Worms eröffnet wurde, strömen die Menschen dorthin. Hier in der Stadt geben die Durchreisenden nur noch wenig Geld aus."

Mara war Bella für ihre Hilfe dankbar. Die nächsten Tage zumindest musste sie keinen Hunger leiden.

„Was kann ich zuerst machen? Geschirr abwaschen?" Mara griff eilig zum Eimer, um zum Brunnen zu gehen.

„Nein, kümmere dich um die Füllung des Pastetenteiges. Ich mache ihn aus Hühnerfleisch, das wird klein geschnitten. Du brätst es in der Pfanne. Dann kommen Datteln und Honig dazu. Das ganze wird weich gedünstet und in die Pasteten gefüllt. Die werden dann im Feuer gebacken. Bekommst du das hin?"

Mara nickte eifrig. Sie wollte Bella unbedingt beweisen, dass sie ihr in der Küche eine Hilfe war und sich so den Unterhalt ehrlich verdiente. Tatkräftig begann sie das Hühnerfleisch klein zu schneiden.

Die nächsten Stunden waren die beiden Frauen mit den Vorbereitungen für das Mittag- und Abendessen beschäftigt. Mara bemühte sich, Bellas Anweisungen genau zu befolgen. Erst am späten Nachmittag blieb Zeit für eine kurze Verschnaufpause. Bella goss dünnes Bier in zwei Becher und winkte Mara neben sich auf die Küchenbank. Wortlos genossen sie die ersten Schlucke. Mara taten die Füße weh. Sie war froh, sich etwas ausruhen zu können. So anstrengend war die Arbeit im Konvent nie gewesen.

Allerdings waren ihre Pasteten von einigen Gästen gelobt worden und das machte sie stolz. Für den Abendbetrieb musste noch jede Menge Gemüse geputzt werden. Im Moment wollte Mara sich nur erholen. Beide Frauen waren nicht zum Reden aufgelegt, sie genossen einfach die kurze Ruhezeit.

Mara hatte die Augen geschlossen und döste vor sich hin, als mit lautem Knall die Küchentür zufiel. Erschrocken blickte sie auf. In der Küche stand eine strahlende Liesje. Freudig fiel sie ihrer Freundin um den Hals.

„Mara, wir haben uns viel zu lange nicht gesehen. Was machst du hier, ich dachte du lebst bei den Beginen und wirst genauso fromm wie sie?"

Liesje zwängte sich auf die Bank neben Mara und sah sie erwartungsvoll an.

„Ich freue mich auch, dich endlich wiederzusehen. Bisher habe ich dich bei meinen kurzen Besuchen leider verpasst. Ich habe den Konvent verlassen und bleibe die nächsten Tage hier. Deine Mutter hat mich vorerst aufgenommen."

Bei diesen Worten sah Mara verschwörerisch Bella an. Sie hoffte, diese würde Liesje nicht den wahren Grund nennen. Die Freundin hatte sich mittlerweile einen Becher Bier geholt.

„Schön, dass du einige Tage bleibst. Dann können wir uns ausgiebig unterhalten. Ich habe dir soviel zu erzählen. Du schläfst doch bei mir im Bett?"

„Gerne. Dann ist alles so wie früher, als wir noch Kinder waren." Maras Stimme hatte einen traurigen Unterton.

Als Kind hatte sie ab und zu bei Liesje übernachtet und die Mädchen hatten sich dann stundenlang darüber unterhalten, wie es sein würde, wenn sie erwachsen wären. Liesje wollte immer einen reichen Gastwirt heiraten, mit genügend Knechten und Mägden, sodass sie selbst kaum etwas tun müsste. Ihr Mann wäre irrsinnig in sie verliebt und würde ihr jeden Wunsch erfüllen. Mara dagegen hatte sich immer nur ein Leben ohne Hunger und mit der Möglichkeit zum Lernen gewünscht.

„Nun ist Schluss mit der Faulenzerei", Bellas Stimme holte Mara in die Gegenwart zurück.

„Heute ist viel zu tun und ich bin froh, dass Liesje wieder da ist und mitarbeiten kann. Zum Reden habt ihr heute Nacht noch Zeit."

Liesje verdrehte bei den Worten ihrer Mutter die Augen.

„Immer nur arbeiten und kaum Ruhe", meinte sie maulend. „Wenn dein Vater und ich nicht immer arbeiten würden, hättest du kein Dach über dem Kopf. Und nun fang an, das Gemüse zu putzen. Mara kann inzwischen die Hühner füttern und die Eier einsammeln."

Mara tat wie ihr geheißen. Nach den Hühnern mussten die Tische im Gastraum geputzt und der Boden gefegt werden. Danach half sie Liesje mit dem Gemüse. Bella hatte den ganzen Tag ein wachsames Auge auf die beiden, zum Reden blieb ihnen deshalb keine Zeit. Nachdem die letzten Essensgäste am späten Abend das Gasthaus verlassen hatten und nur noch einige Zecher die Gaststube bevölkerten, schickte Bella Liesje und Mara zu Bett.

„Das Geschirr spüle ich heute alleine. Geht ihr schlafen. Aber redet nicht mehr so lange, morgen brauch ich euch sehr früh in der Küche. Wir müssen Brot backen."

Die Mädchen nickten und verließen schnell die Küche, bevor Bella es sich noch anders überlegte.

In Liesjes Kammer schlüpften sie aus ihren Kleidern und unter die warmen Decken.

„Warum bist du nicht mehr im Konvent?", begann Liesje das Gespräch.

„Ich wollte einfach mal was anderes sehen", meinte Mara ausweichend.

„Glaube ich dir nicht. Du hattest Mutter bei deinen Besuchen immer begeistert vom Lernen erzählt", Liesjes Stimme klang verwundert.

„Dann glaube es mir eben nicht. Es war aber so."

„Du verschweigst mir etwas. Vertraust du mir nicht mehr?" Liesje war verletzt.

„Natürlich vertraue ich dir, aber ich will nicht darüber reden. Erzähl mir lieber von deinem Freund." versuchte Mara Liesje zu besänftigen.

Die nächste halbe Stunde ließ Liesje sich darüber aus, wie gut ihr Galan aussah und um wie viel schöner der Gasthof seiner Eltern wäre, den er einmal erben würde.

Mara hatte mittlerweile sichtlich Mühe, die Augen offen zu halten.

„Etwas muss ich dir noch erzählen. Aber du darfst es auf keinen Fall meinen Eltern sagen. Versprich es." Liesjes Stimme bekam einen verschwörerischen Klang.

„Versprochen", murmelte Mara im Halbschlaf.

„Mein Freund hat mir heute ganz fest versprochen, mich zu heiraten, sobald er genug gespart hat. Ganz gleich, was seine Eltern dazu sagen." Erwartungsvoll sah Liesje ihre Freundin an.

„Ich freue mich für dich. Ganz ehrlich. Aber bist du dir

sicher, dass er dich heiraten wird und dich nicht nur als Arbeitskraft braucht?", wandte Mara vorsichtig ein.

„Du hörst dich an, wie meine Mutter. Fehlt nur noch, dass du sagst, ich soll nicht mit einem Kind heimkommen. Was habt ihr alle nur? Ich bin alt genug, um zu wissen, was ich tue."

Verärgert drehte Liesje Mara den Rücken zu. Sie zog sich die Decke über den Kopf und war schnell eingeschlafen. Mara dagegen lag noch einige Zeit wach und dachte darüber nach, wohin sie in einigen Tagen gehen sollte.

Am nächsten Morgen hatte Liesje ihre Verärgerung vergessen.

Dies war eine der Eigenschaften, welche Mara an ihr schätzte. Sie war nicht nachtragend.

Die Gemüsevorräte waren fast aufgebraucht, deshalb schickte Bella die beiden zum Einkaufen auf den Markt. Nach der Ermahnung, nicht unnötig zu trödeln, durften sie los.

Lachend und schwatzend machte sich Liesje mit Mara auf den Weg. Die Einkäufe waren recht schnell erledigt. Der Speiseplan im Gasthaus bestand zum großen Teil aus dickem Eintopf. Das Gemüse dafür kaufte Bella schon seit Jahren bei der gleichen Bäuerin.

„Was meinst du, wollen wir uns noch etwas umsehen?", Liesje blickte Mara fragend an.

Normalerweise hätte sie es genossen, noch über den Markt zu gehen und die vielfältigen Gerüche in sich aufzunehmen. Jetzt wollte Mara allerdings noch etwas anderes erledigen und davon musste Liesje nicht unbedingt etwas erfahren.

„Sei mir bitte nicht böse, aber ich muss noch kurz jemanden besuchen. Sag deiner Mutter, ich wäre in einer Stunde zurück", meinte Mara ausweichend.

„Um was geht es denn?", wollte Liesje neugierig wissen. Sie konnte sich nicht vorstellen, warum Mara schon wieder so geheimnisvoll tat. „Geht es um die Sache mit den Beginen?"

So leicht wollte Liesje nicht aufgeben.

„Irgendwie schon", meinte Mara etwas unwillig.

So langsam hatte sie genug davon, dass sie immer alles genau erzählen sollte. „Jetzt lass mich gehen."

Nach diesen Worten eilte Mara die nächste Gasse hinunter.

Liesje blickte ihr verwundert nach. Sie fand, der Aufenthalt bei den Beginen hatte Mara verändert. Sie war viel verschlossener und manchmal sogar etwas wunderlich geworden. „Mach doch, was du willst. Was interessiert es mich", murmelte Liesje vor sich hin, während sie den schweren Korb mit Gemüse alleine zurück zum Gasthaus schleppte.

Mara eilte indessen auf einem Umweg zum Laden von Meister Martin. Während der Nacht, als sie keinen Schlaf fand, war ihr Eckbert eingefallen. Der Novize hatte ja noch keine Ahnung von ihrem Auszug aus dem Konvent. Vielleicht konnte sie ihm bei Meister Martin eine Nachricht hinterlassen?

Etwas atemlos betrat sie den Laden. Wie immer wirkten die vielen Bücher beruhigend auf sie. Während sich Mara nach Meister Martin umsah, strich sie am Vorbeigehen vorsichtig über den einen oder anderen weichen Ledereinband. Aus dem angrenzenden Raum hörte Mara Geräusche.

„Meister Martin, seid Ihr das?", rief sie laut, um sich bemerkbar zu machen.

„Einen Moment Geduld, bitte. Ich komme gleich", kam als Antwort.

Kurze Zeit später betrat der Buchhändler mit staubigen Händen den Verkaufsraum. Überrascht sah er Mara an:

„Ihr, ich dachte Ihr wärt verschwunden. Eckbert war gestern hier. Der Junge war völlig durcheinander. Er erzählte mir, er habe vor dem Konvent auf Euch gewartet, jedoch umsonst. Dann hätte er bei der Torwächterin nach Euch gefragt. Die Frau habe ihm gesagt, Ihr wärt in der Nacht einfach auf und davon. Eckbert wollte das aber nicht glauben und blieb vor dem Tor stehen, bis die Beginen ihn ärgerlich vertrieben. Er kam dann zu mir und meinte, Ihr würdet im Konvent gefangen gehalten. Es gelang mir schließlich, ihn zu beruhigen und ins Kloster zurückzuschicken. Aber, was ist denn nun wirklich passiert?"

Mara blickte den Buchhändler an. Sein Gesicht strahlte Güte und Vertrauen aus. Kurz erwog sie, ihm die ganze Geschichte zu erzählen. Entschied sich aber dann doch für die allgemeine

Fassung. Mara hatte ein Versprechen gegeben, dem sie sich trotz allem verpflichtet fühlte.

„Wie Ihr seht, hält mich niemand gefangen. Allerdings habe ich den Konvent verlassen. Zurzeit bin ich bei Bella im Gasthaus ‚Zum wilden Hahn' untergekommen und helfe dort in der Küche aus. Ich muss mich in einigen Tagen jedoch nach einer anderen Arbeit umsehen."

„Schön, dass es Euch gut geht. Ich habe Eckbert gleich gesagt, er macht sich zu viele Sorgen." Während der Buchhändler noch sprach, wurde die Tür aufgerissen und der Novize stürmte in den Laden. Als er Mara sah, breitete sich Erleichterung auf seinem Gesicht aus.

„Mara, geht es dir gut? Wo warst du nur? Als die Beginen mir erzählten, du hättest den Konvent verlassen, habe ich mir Sorgen gemacht."

„Ja, es geht mir gut. Ich habe ziemlich schnell den Konvent verlassen und konnte dich nicht mehr benachrichtigen. Es tut mir leid, dass du dich gesorgt hast. Gerade wollte ich Meister Martin bitten, dir eine Nachricht zu übergeben." Mara sah den Novizen etwas schuldbewusst an. Es tat ihr leid, ihn einfach vergessen zu haben.

Eckbert gab sich großmütig.

„Macht nichts. Du bist ja wieder da. Aber ich hätte dich schon gern aus dem Konvent befreit."

Mara gab ihm eine leichte Kopfnuss.

„Du liest zu viele Ritterromane. Etwas mehr erbauliche Literatur täte dir gut."

Eckbert grinste bei diesen Worten und Mara dachte einmal mehr, dass aus ihm nie ein richtiger Mönch werden würde.

„Nun, ich werde wohl im Moment nicht gebraucht", meinte Meister Martin. „Im Lagerraum wartet noch jede Menge Arbeit auf mich."

Der Buchhändler verschwand wieder im Nebenraum, ließ die Tür jedoch einen Spaltbreit offen.

Als sie alleine waren, blickte sich Eckbert im Raum um. Es gab außer der Eingangstür und der zum Nebenraum keine weiteren Türen. Der Novize stellte sich direkt vor die

Eingangstür, sodass niemand sie überraschen konnte. Mara sah ihn verwundert an.

„Ich muss dir etwas erzählen", Eckbert senkte die Stimme. Aber du darfst mich nicht auslachen."

„Was gibt es denn?" fragend sah Mara ihn an.

„Im Kloster gehen seit einigen Tagen merkwürdige Dinge vor. Reiter kommen und gehen heimlich in der Nacht, der Abt verlässt kaum noch seine Räume und es wurde Mönchen und Novizen untersagt, den Flur zu seinen Räumen zu betreten."

„Etwas sonderbar ist das schon", meinte Mara nachdenklich. „Aber es muss ja nichts weiter bedeuten."

Der Novize blieb jedoch fest.

„Ich spüre es genau. Irgendetwas geht da vor."

Mara war noch nicht so ganz davon überzeugt, wollte Eckbert aber auch nicht verletzen.

„Du gehst am besten jetzt wieder ins Kloster zurück und heute am späten Abend kommst du zu Bella ins Gasthaus ‚Zum wilden Hahn'. Du weißt wo das ist? Dort helfe ich im Moment in der Küche. Wir treffen uns im Hof. Bestimmt kann ich dir auch etwas zu essen mitbringen. Dann erzählst du mir Genaueres. Jetzt muss ich nämlich schnell zurück. Im Gasthaus wartet jede Menge Arbeit auf mich."

„Gut, das lässt sich machen. Ich versuche, noch etwas mehr herauszufinden und komme später zu dir. Das Gasthaus kenne ich. Zum Glück verirrt sich in diese Ecke kein Mönch. Die gehen lieber zu den Hübschlerinnen im Hasenpfuhl."

Gemeinsam mit Eckbert verließ Mara den Buchladen. Vor der Tür trennten sich ihre Wege.

Mara dachte, bis sie am Gasthaus ankam, über das, was Eckbert ihr erzählt hatte, nach. Sie kam zu dem Schluss, dass der Novize einfach zuviel Fantasie hatte und überall ein Abenteuer sah.

Am Abend wollte sie ihm dies eindringlich klarmachen. Den Rest des Tages blieb ihr vor lauter Arbeit keine Zeit mehr zum Nachdenken. Bella war ungehalten über Maras langes Ausbleiben und sie versuchte mit doppeltem Arbeitseifer ihre Wirtin zu versöhnen.

Je weiter der Abend fortschritt, desto unruhiger wurde Mara. Immer wieder warf sie einen Blick aus dem Küchenfenster auf den nur spärlich vom Mondlicht erhellten Hof.

Wo blieb Eckbert nur? Es war spät, als der letzte Zecher den Schankraum verließ.

Seufzend blickte Bella auf den Stapel schmutzigen Geschirrs, welcher noch abgewaschen werden musste. Mara erkannte die Gelegenheit.

„Du bist doch bestimmt sehr müde", meinte sie zu Bella. Die Gastwirtin nickte zustimmend.

„Dann lass mich heute den Abwasch alleine machen. Ich komme schon klar."

Bella war etwas unschlüssig, während Liesje nach einem dankbaren Nicken eilig in Richtung Schlafkammer verschwand.

Schließlich meinte die Gastwirtin:

„Spüle aber ordentlich und vergiss nicht die Küchentür abzuschließen, bevor du zu Bett gehst." Dann verließ auch sie mit müden Schritten die Küche.

Mara atmete auf, nun konnte Eckbert kommen. Keiner würde den Novizen bemerken. Sie griff nach dem Korb mit Gemüseabfällen, um ihn in den Hof zu bringen. Als Mara den Korb neben dem Schuppen abstellte, löste sich aus dem Dunkel der Schuppenwand eine Gestalt. Erschrocken wollte Mara schreien, als sie im letzten Moment Eckbert erkannte.

„Wie kannst du mich nur so erschrecken", meinte sie entrüstet. Ihre Stimme jedoch zitterte. „Wo warst du überhaupt solange? Ich warte schon seit Stunden auf dich."

„Ich wollte dir keine Angst machen", meinte Eckbert zerknirscht. „Vor einiger Zeit habe ich mich hier versteckt, in der Hoffnung, dass du die Küche mal verlässt."

Mara bedeutete dem Novizen, ihr in die warme Küche zu folgen.

„Du musst keine Bedenken haben. Die anderen schlafen schon. Es wird niemand etwas bemerken. Setz dich dort auf die Bank. Es ist noch ein Rest Eintopf von heute Abend da, den kannst du haben."

Mara stellte eine Schale mit Eintopf und eine Scheibe Brot vor Eckbert auf den Küchentisch.

„Während du isst, weiche ich schon mal das benutzte Geschirr im Wasser ein. Danach erzählst du mir dann in Ruhe, was genau du im Kloster bemerkt hast."

Eckbert nickte mit vollen Backen, während Mara begann, das Geschirr zu reinigen. Längere Zeit war als einziges Geräusch das Klappern der Schüsseln und Teller zu hören.

Dann schob Eckbert den leeren Teller von sich.

„Das war gut", meinte er zufrieden. „Ist noch etwas von dem Eintopf da? Deine Wirtin versteht es zu kochen. Kein Wunder, dass die Gaststube voller Menschen war."

„Leider ist kein Eintopf mehr da", bedauerte Mara. „Nur noch ein Rest Brot. Aber Bier haben wir noch."

Sie goss den Becher des Jungen noch einmal voll. Auch für sich selbst stellte sie einen vollen Becher hin.

Mara setzte sich zu Eckbert an den Tisch und sah ihn eindringlich an.

„Was hast du im Kloster gesehen oder gehört?"

Der Novize dachte angestrengt nach.

„Wenn ich mich genau erinnere, fing alles im Januar an, als in Worms der Reichstag eröffnet wurde. Von da an hatten wir im Kloster ständig Gäste. Es kamen Pilger auf der Durchreise, aber auch kirchliche Würdenträger aus dem gesamten Römischen Reich." Eckbert machte eine Pause.

„Aber das ist doch nichts Ungewöhnliches. So ein Reichstag zieht eben die Menschen von überall her an", wandte Mara ein.

„Ja schon", gab der Novize widerstrebend zu. „Aber diesmal ist es irgendwie anders. Den Abt sehen wir nur noch bei der täglichen Versammlung im Kapitelsaal. Innerhalb des Klosters blühen die wildesten Gerüchte. Vor allem im Zusammenhang mit dem Mönche Luther und dem Reichstag. Bei einer der letzten Versammlungen verbot uns der Abt, den Namen Luthers im Kloster laut auszusprechen. Er nannte ihn einen Ketzer und meinte, seine gerechte Strafe würde Luther auf dem Reichstag in Worms ereilen.

Vor einigen Tagen belauschte ich ein Gespräch zwischen dem Novizenmeister und dem Cellar. Beide sind enge Vertraute des Abtes. Es ging darum, dass Luther den Reichstag nicht als freier Mann verlassen dürfte. Heute am Abend kam wieder ein geheimnisvoller Besucher. Ich hatte mich in der Bibliothek versteckt und beobachtete seine Ankunft durch das Fenster. Sein Gesicht konnte ich nicht erkennen, aber sein Mantel trug die Farben der päpstlichen Gesandten."

Nach diesem Bericht nahm Eckbert einen großen Schluck Bier und sah Mara bedeutungsvoll an. Danach blieb es in der Küche still. Mara brauchte Zeit zum Nachdenken. Mittlerweile musste sie dem Novizen zustimmen. Irgendetwas ging im Kloster vor sich. Plötzlich kam ihr eine Idee.

„Ich komme heute Nacht mit dir ins Kloster", schlug sie dem Novizen vor.

Eckbert sah Mara verdutzt an:

„Wie willst du das machen? Du bist weder ein Mönch noch ein Novize."

„Durch die Pforte, von der du erzählt hast, komme ich ungesehen in den Garten. Dort warte ich, bis du mir einen Umhang bringst, wie ihn die Novizen tragen. Damit erkennt mich innerhalb des Klosters keiner. Außerdem gehen die Mönche früh schlafen. Wer soll mich also sehen?"

„Es könnte funktionieren", meinte Eckbert nach kurzer Überlegung. „Als ich vorhin das Kloster verlassen habe, war schon Nachtruhe. Los, lass uns gehen."

Mit einem Mal hatte es Eckbert sehr eilig. Endlich würde er ein Abenteuer erleben.

Auch Mara war voller Neugierde. Was würden sie im Kloster herausfinden? Gemeinsam verließen sie leise die Küche.

In den Gassen der Stadt war es in dieser Nacht ruhig. Ungesehen gelangten Mara und Eckbert im Schatten der Häuser bis zu der hohen Mauer, welche das Kloster der Dominikaner von allen Seiten umgab.

Eckbert führte Mara zu der versteckten Pforte, durch welche er immer wieder heimlich das Kloster verließ. Die Tür lag gut geschützt hinter einigen Sträuchern und ließ sich nur zu einem Spalt und nicht komplett öffnen. Mara und der Novize konnten sich gerade so durchzwängen. Im Garten des Klosters ließ Eckbert sie zurück.

„Ich hole dir aus der Wäscherei im Keller einen Umhang. Einen aus dem Schlafsaal der Novizen zu holen ist zu gefährlich. Zu leicht könnte jemand wach werden. Warte hier auf mich. Ich bin so schnell ich kann zurück", flüsterte er leise.

Mara nickte und duckte sich im Schatten einer mächtigen Eiche.

Der Garten erschien ihr bei Dunkelheit unheimlich. Der Wind fegte leise durch die Blätter der Bäume und Sträucher. Es hörte sich fast wie das Wispern von Stimmen an. Zaghaft sah Mara sich um. Die vielen Schatten im Garten begannen ihr Angst zu machen. Fast bereute sie es, mitgekommen zu sein. Endlich tauchte Eckbert am Rande des Gartens auf. Unendliche Erleichterung erfasste sie.

„Hast du einen Umhang für mich gefunden?"

„Ja", meinte der Novize flüsternd. „Allerdings war nur einer in deiner Größe da und der gehört wohl dem alten Stallmeister. Jedenfalls riecht er stark nach Pferden. Versuche am besten, nicht zu tief zu atmen."

Angewidert zog sich Mara den schmutzigen Umhang über.

Eckbert hatte recht, er roch sehr intensiv. Nach einigen Minuten jedoch hatte Mara sich daran gewöhnt.

Vorsichtig betraten die beiden nächtlichen Besucher das Kloster durch die Tür zur Küche. Da dieser Raum zum ummauerten Hof und zum Gemüsegarten führte, blieb die Tür bei Nacht meist unverschlossen. Neugierig sah sich Mara in der Klosterküche um. In der Luft hing noch der abgestandene Geruch des Abendessens. Der Herd war größer, als der von Bella. Es war sogar möglich, über dem Feuer ein ganzes Schwein am Spieß zu rösten. Ansonsten unterschied sich die Klosterküche nur unwesentlich von der des Gasthauses.

Eckbert wies Mara auf eine Tür in der Nähe des Herdes hin.

„Da geht es in die Vorratskammer", erklärte er. „Aber die Tür ist immer verschlossen. Der Koch verwahrt den Schlüssel an seinem Gürtel."

Zum Beweis rüttelte er leise an der Tür. Ohne Erfolg.

„Komm, wir haben noch viel vor."

Eckbert schob Mara aus der Küche in den im Halbdunkeln liegenden Gang. Er wurde nur von wenigen Fackeln an den Wänden notdürftig erhellt. Mara blieb stehen:

„Wo müssen wir genau hin? Gib mir kurz einen Überblick über die Räume hier im Kloster. Wenn wir unverhofft getrennt werden, muss ich doch wissen, wie ich wieder zurück zur Küche komme."

Eckbert überlegte kurz. Dann erklärte er:

„Also, wir sind jetzt im Küchentrakt im Erdgeschoss. Die Türen hier auf dem Gang führen zum Weinkeller und zur Wäschekammer. Der Gang mündet direkt in den Kreuzgang. Alle wichtigen Bereiche des Klosters liegen rund um den Kreuzgang. An jeder Ecke des Kreuzganges befindet sich ein Treppenhaus. Im Erdgeschoss liegen die Bibliothek, das Refektorium, der Unterrichtsraum der Novizen und deren Schlafraum. Ebenso die Krankenstation und die Apotheke. Im Obergeschoss gibt es das Skriptorium, den Wärmeraum, die Zellen der Mönche, das heimliche Gemach und den Trakt des Abtes mit seinen Räumen und den Räumen für Gäste. Und genau dorthin wollen wir."

Eckbert wies mit der Hand auf das nächste Treppenhaus. Vorsichtig schlichen sich die beiden über die steinerne Treppe in die obere Etage. Am oberen Treppenabsatz blieben sie stehen und sahen sich um und lauschten. Vom Gang gingen mehrere Türen ab.

„Die ersten beiden Türen gehören zu den Räumen des Abtes", erklärte Eckbert leise. „Die anderen führen zu den Gästezimmern und der Badestube."

„Die Mönche haben eine eigene Badestube?", meinte Mara erstaunt. Zu gern hätte sie einen Blick hineingeworfen. Noch nie hatte sie eine Badestube gesehen.

„Ja", die Stimme des Novizen klang ungeduldig. „Die Mönche und auch wir Novizen baden jedes Jahr vor Ostern."

„In warmem Wasser?"

Der Novize sah Mara verständnislos an. Wie konnte sie

sich in diesem Moment für die Badestube interessieren? Es gab schließlich Wichtigeres.

„Wie gehen wir vor?", meinte Eckbert leise.

„Zuerst sollten wir herausfinden, ob das Gästezimmer leer ist. Vielleicht finden wir im Gepäck einen Hinweis auf den geheimnisvollen Gast?", schlug Mara vor.

Eckbert nickte zustimmend. Er hatte keine bessere Idee. Im Halbdunkeln schlichen sie vorsichtig den Gang entlang. Als sie an der Tür zum Arbeitszimmer des Abtes angelangt waren, legte der Novize sein Ohr an die Holztür.

„Ich höre Stimmen. Die eine gehört dem Abt. Wir haben Glück, er unterhält sich anscheinend mit seinem Gast.", wisperte er Mara leise ins Ohr.

Am Gästezimmer angekommen, drückte Mara vorsichtig die Klinke nieder. Die Tür öffnete sich geräuschlos. Mara ließ ihren Blick schnell durch das Zimmer gleiten. Die Einrichtung war dürftig aber zweckmäßig. Sie bestand aus einem schmalen Bett, einer Kohlepfanne, welche etwas Wärme abgab sowie einem kleinen Tisch und einem Hocker. Über dem Tisch an der Wand hing ein schlichtes Holzkreuz. Auf dem Bett lag das Gepäck des geheimnisvollen Gastes. Zuoberst lag der Umhang.

Eckbert zeigte aufgeregt darauf:

„Hier, ich hatte recht. Das sind die Farben des pästlichen Gesandten."

Mara warf einen schnellen Blick auf den Tisch. Einige Schriftstücke lagen darauf. Alle waren jedoch noch versiegelt. Sie bedeutete dem Novizen, zu ihr an den Tisch zu kommen.

„Eckbert, kennst du die Siegel?" fragend sah sie ihn an.

„Leider nur zwei." Er deutete auf die entsprechenden Schriftstücke. „Das eine gehört den Fuggern und das andere dem Papst."

Zu gern hätte Mara gewusst, um was es in den versiegelten Briefen ging.

„Hier kommen wir nicht weiter.", meinte sie enttäuscht zu Eckbert.

„Vielleicht können wir etwas von dem Gespräch zwischen deinem Abt und seinem Gast belauschen?"

Leise verließen sie den Raum. Auf dem Gang sahen sie sich vorsichtig um. Alles war ruhig, das Kloster schien in tiefem Schlaf zu liegen. Diesmal legte Mara ihr Ohr an die Holztür und versuchte, dem Gespräch auf der anderen Seite zu folgen.

Nach einigen Minuten wandte sie sich enttäuscht zu Eckbert um: „Ich kann nur einzelne Worte verstehen, die keinen Sinn ergeben. Wir müssen näher an die beiden heran. Am besten versuchen wir es im Schlafzimmer des Abtes."

Eckbert sah sie bei diesen Worten entsetzt an.

„Du kannst doch nicht wirklich in das Schlafzimmer des Abtes eindringen wollen?"

„Doch, es ist die einzige Möglichkeit", erklärte Mara bestimmt. „Du bleibst am besten vor der Tür und passt auf. Wenn jemand kommt, lenke ihn ab. Ich schleiche mich ins Schlafzimmer und versuche mehr zu erfahren."

Eckbert merkte, dass er Mara nicht umstimmen konnte. Deshalb erklärte er sich zögernd mit ihrem Plan einverstanden.

Mara drückte vorsichtig die Tür zum Schlafzimmer einen Spaltbreit auf und zwängte sich hindurch. Dann schlich sie lautlos um das massive Bett herum bis zum Durchgang zum Arbeitszimmer. Die beiden Räume wurden durch einen schweren schwarzen Samtvorhang getrennt. Mara blieb dahinter regungslos stehen. Hier waren die beiden Stimmen gut zu verstehen.

Die tiefere schleppende Stimme schien dem Abt zu gehören. Er sprach gerade über die allgemeinen wirtschaftlichen Schwierigkeiten des Klosters, welche von Jahr zu Jahr zunahmen. Die andere Stimme hörte sich deutlich jünger an.

„Gewisse Kreise werden sich nach Eurer Unterstützung bei meiner Aufgabe dem Kloster gegenüber gewiss erkenntlich zeigen", meinte der Mann gerade.

„Das hoffe ich. Auch wenn Ihr im Auftrag des Papstes diese Reise unternehmt, möchte ich damit nicht gerade offiziell in Verbindung gebracht werden. Die Eigenmächtigkeit des Papstes in dieser Angelegenheit könnte unserem König Karl sehr missfallen."

Mara hörte hinter dem Vorhang atemlos zu. Was konnte der

Papst dem Boten aufgetragen haben?

Der Mann sprach weiter:

„Der Papst kann es nicht hinnehmen, dass ihn ein einzelner Mönch im gesamten Reich lächerlich macht. Hier hilft kein Reden mehr. Luther hat ihn zu oft herausgefordert. Nun steht das Ansehen der gesamten katholischen Kirche auf dem Spiel. Ihr stimmt mir doch wohl zu, dass Luther ein Ketzer ist und keine Gnade verdient hat? Das jedenfalls ist die Meinung einflussreicher Kreise im Römischen Reich. Aus diesem Grund wird Luther Worms nicht lebend verlassen."

„Natürlich stehe ich genau wie Ihr in dieser Angelegenheit auf der Seite des Papstes", hörte Mara den Abt versichern.

„Seid uns deshalb willkommen, bis Ihr nach Worms weiter reist."

„Ich danke Euch für die Gastfreundschaft", meinte der Bote.

Noch immer stand Mara hinter dem Vorhang. Sie konnte nicht glauben, was sie eben gehört hatte. Der Bote hatte den Auftrag, Luther in Worms zu beseitigen.

Schon wollte sie vorsichtig den Rückweg antreten, als ihr ein Gedanke kam. Sie musste einen Blick auf den Boten werfen.

Geräuschlos kniete sich Mara nieder und schob langsam Zentimeter für Zentimeter den schweren Vorhang beiseite. Schweiß lief ihr vor Anspannung den Rücken hinunter. Unter der geliehenen Kutte begann ihr Kleid am Körper zu kleben. Nach einigen Minuten hatte sie es geschafft. Mara blickte durch einen schmalen Spalt. Allzu viel konnte sie jedoch nicht sehen. Die beiden Männer saßen in bequemen Sesseln vor einem wärmenden Kaminfeuer mit dem Rücken zu ihr. Zwischen ihnen, auf einem niederen Tisch, standen eine Karaffe mit schwerem rotem Wein sowie zwei halbgefüllte Gläser.

Mara versuchte mehr von dem Boten zu erkennen, doch alles was sie sah, war ein dunkler Haarschopf. Gerade als sie sich entschloss den Raum endgültig zu verlassen, griff der Mann nach seinem Weinglas. Im Licht des Kaminfeuers erkannte Mara, dass der Rücken seiner linken Hand auffällig mit einem auf dem Kopf stehenden Kreuz tätowiert war.

Nach einem letzten Blick auf die Männer vor dem Feuer

verließ sie schnell und geräuschlos das Zimmer.

Vor der Tür wartete Eckbert voller Angst auf Mara.

„Warum hat das so lange gedauert? Was hast du erfahren?", empfing er sie. Vor Aufregung gelang es ihm kaum, seine Stimme zu senken.

„Lass uns erst einmal hier verschwinden.", zischte Mara ihm zu. Die Anspannung war auch ihr anzumerken. „Bisher ging alles gut, ich will nicht noch erwischt werden."

Erst als beide wieder in der Küche waren, ging Maras Atem langsamer und sie beruhigte sich.

„Nun sag schon", forderte Eckbert sie auf.

„Du hattest recht, mit dem Gast Eures Abtes stimmt etwas nicht. Wenn ich das Gespräch eben richtig verstanden habe, hat er den Auftrag, Luther in Worms zu beseitigen."

Eckbert sah Mara mit offenem Mund an.

„Bist du dir sicher, dass du dich nicht verhört hast?"

Zweifel schwangen in seiner Stimme.

„Wer sollte so einen Auftrag erteilen?", meinte er weiter.

„Offensichtlich der Papst persönlich", kam es von Mara.

„Nicmals!", erwiderte Eckbert heftig. „Er mag zwar Luthers Ansichten nicht zustimmen, aber er ist doch kein Mörder."

„Dafür hat er seine Leute", antwortete Mara knapp „Lass uns jetzt nicht streiten. Ich muss über das, was ich gehört habe, erst einmal in Ruhe nachdenken. Wir reden morgen darüber."

Sie zog die alte Kutte des Stallmeisters aus und gab sie Eckbert zurück.

Der Novize war noch immer ziemlich aufgewühlt, brachte Mara aber trotzdem zurück zu der versteckten Pforte. Bevor er sie hinter Mara schloss, meinte er nur kurz:

„Bis morgen dann."

Mara gelangte ungehindert, trotz einiger später Zecher, durch die nächtlichen Straßen der Stadt zurück zu Bellas Gasthaus. Leise schloss sie die Küchentür hinter sich und schlich die Stiege hinauf in Liesjes Zimmer. Vorsichtig, um ihre Freundin nicht zu wecken, legte Mara sich neben sie in das schmale Bett.

Obwohl sie ziemlich müde war, ging ihr das belauschte Gespräch einfach nicht aus dem Kopf. Mara war sich nach wie vor sicher, dass ein Anschlag auf Luther geplant war. Der Auftrag der Beginen fiel ihr wieder ein. Auch dabei war es um Luther gegangen. Anscheinend waren die Ansichten des Mönches für verschiedene Menschen im Römischen Reich eine Gefahr. Oder gab es zwischen den einzelnen Gruppen eine Verbindung? Nach einigem Nachdenken fasste Mara einen Entschluss. Unmöglich konnte sie das Gehörte vergessen. Ein Menschenleben war in Gefahr. Es war ihre Pflicht zu handeln. Sie würde nach Worms gehen und versuchen, Luther zu warnen. Das war sie ihrem Gewissen schuldig. Gleich morgen wollte sie Meister Martin fragen, wie man am schnellsten nach Worms reisen konnte.

Im Kloster fand auch Eckbert in dieser Nacht keine Ruhe. Unruhig wälzte er sich auf seinem harten Lager hin und her. Mittlerweile tat es dem Novizen bereits leid, dass er beim Abschied so schroff zu Mara gewesen war. Allerdings war er nach wie vor der festen Ansicht, sie müsse das belauschte Gespräch falsch verstanden haben. Schließlich war Mara nur eine Frau und hatte von kirchlichen Belangen keine Ahnung. Deshalb wollte er Mara gleich am nächsten Tag aufsuchen und ganz in Ruhe mit ihr reden. Sie musste ihren Irrtum einfach einsehen. Auch wenn er nicht an einen Mordplan glaubte, nahm Eckbert sich vor, innerhalb des Klosters seine Augen und Ohren noch mehr als bisher offen zu halten.

Worms im April im Jahr des Herrn 1521

8. Kapitel

Endlich sah Mara die Türme des Wormser Doms in der Ferne. Die Reise von Speyer nach Worms war ihr endlos erschienen, obwohl diese nur wenige Tage gedauert hatte.

Nach der aufregenden Nacht im Kloster war Mara früh am nächsten Morgen zu Meister Martin gelaufen, um sich nach dem Weg nach Worms zu erkundigen.

Der Buchhändler war über die zeitige Störung recht ungehalten, doch als er den Grund dafür erfuhr, schnell bereit, Mara zu helfen.

Am Tag zuvor hatte er ein Paket mit Büchern für einen Kollegen in Worms verpackt. Dieses sollte am Vormittag mit einem Händler auf die Reise gehen. Meister Martin kam nach kurzer Überlegung die Idee, Mara zusammen mit den Büchern und einigen erklärenden Zeilen zu seinem Kollegen nach Worms zu schicken.

Viel Zeit blieb Mara also nicht. Schon stand der Händler vor der Tür und drängte zum Aufbruch. Meister Martin drückte ihr einen Stoffbeutel mit Brot und etwas Käse in die Hand sowie einen wärmenden Umhang. Denn die Nächte waren auch im April noch sehr kühl. Außerdem gab er ihr ein Schreiben an seinen Kollegen in Worms mit. Danach umarmte er Mara und wünschte ihr viel Glück.

Ihr blieb gerade noch soviel Zeit, Meister Martin darum zu bitten, Eckbert zu benachrichtigen, damit der Novize wusste, dass sie auf dem Weg nach Worms war. Dann begann die ungewisse Reise. Der Händler war nicht sonderlich gesprächig, aber der Buchhändler hatte ihn wohl ausreichend bezahlt, denn er kaufte bei jedem größeren Halt auch für Mara eine Portion Fleisch, Brot und Bier. So früh im Jahr waren die Straßen noch sicher und nur wenige Reisende unterwegs.

Mara genoss die Fahrt. Noch nie war sie so weit von ihrer Heimatstadt entfernt gewesen. Sie fand es aufregend nicht zu wissen, was hinter der nächsten Wegbiegung lag. Doch nach einigen Tagen verlor das Reisen seinen Reiz und Mara machte sich mehr und mehr Gedanken, wie sie vorgehen sollte, um Luther zu warnen. Vielleicht fand sie in dem Wormser Buchhändler einen Verbündeten?

Der Wagen des Händlers rumpelte durch die engen Gassen der Stadt und Mara sah sich neugierig um. Es herrschte einiges an Gedränge auf den Gassen, mehrfach gab es für den Wagen kaum ein Durchkommen. Mara hätte nie gedacht, dass ein Reichstag so viele Menschen anziehen würde. Es hatte den Anschein, als wäre hier das gesamte Römische Reich versammelt. Wie sollte sie da auch nur in die Nähe von Luther gelangen? Mutlos ließ sie den Kopf hängen, als der Wagen vor einem Haus gegenüber dem Dom endlich zum Stillstand kam.

„Wartet hier, ich werde den Herrn des Hauses über Eure Ankunft unterrichten", meinte der Händler bereitwillig.

Mara war ihm dankbar dafür. Nach kurzer Zeit kam aus der Ladentür ein junger Mann und musterte sie verdutzt.

„Ich bin Christo, der Buchhändler von Worms", stellte er sich vor. „Euer Begleiter meinte, er hätte den Auftrag, Euch zusammen mit den Bücherkisten bei mir abzuliefern."

Mara sah ihn an und was sie sah gefiel ihr. Christo war bedeutend jünger als Meister Martin und in seiner modischen Kleidung durchaus ansehnlich.

Nur, wie sollte sie ihm ihre Ankunft erklären?

„Ich bin Mara aus Speyer und soll Euch einen Brief von Meister Martin übergeben."

Sie hoffte, Meister Martin hätte im Brief das Wesentliche erklärt.

Christo nahm das Schreiben entgegen und bat Mara ins Haus. Sie betraten den Laden und Mara sah sich neugierig um. Vieles erinnerte sie an Meister Martins Laden in Speyer. Auch hier waren die Regale mit Büchern jeglicher Art gut gefüllt. Auf der Treppe, welche hinten im Laden zu den Wohnräumen führte, kam ihnen ein dunkelhaariges Mädchen, ungefähr in Maras Alter, entgegen.

„Nahel, könntest du einige Zeit auf den Laden aufpassen? Wir haben überraschend Besuch bekommen", sprach Christo das Mädchen an.

Mara betrachtete das andere Mädchen neugierig. Dieses nickte und verschwand wortlos im Laden.

Oben im Wohnraum bot Christo Mara einen Platz auf einer gepolsterten Bank in der Nähe des Kaminfeuers an und vertiefte sich dann in den Brief. Nach einiger Zeit sah er erstaunt auf und wandte sich Mara zu:

„Meister Martin meinte, du könntest mir während des Reichstages im Verkauf helfen. Er schreibt weiter, du hättest Kenntnisse im Lesen, Schreiben und sogar in Latein. Außerdem wärst du gelehrig und sehr arbeitswillig. Seiner Meinung nach würde ein Aufenthalt in Worms während des Reichstages deine Kenntnisse vertiefen. Wie siehst du das?"

„Ich möchte so gern den Reichstag miterleben", begann Mara zögernd.

„Meister Martin wollte mir dazu die Möglichkeit geben, indem er Euch bittet, mir während dieser Zeit Arbeit zu geben."

„So, den Reichstag willst du also erleben? Wenn ich dir Arbeit gebe, wirst du allerdings nicht viel Zeit für andere Erlebnisse haben. Ich kann in meinem Haus kein Mädchen brauchen, welches den Männern hinterherläuft." Christos Stimme klang schroff.

Mara sah ihn erschrocken an. Anscheinend hatten ihre Worte bei dem Buchhändler einen völlig falschen Eindruck erweckt.

„Ihr habt mich falsch verstanden", erklärte sie mit fester Stimme. „Ganz bestimmt suche ich keine Männerbekanntschaften. Bei so einer großen Veranstaltung wie dem Reichstag gibt es viel zu entdecken und auch zu lernen. Und vor allem will ich Luther mit eigenen Augen sehen."

„Luther?", entfuhr es Christo verblüfft. „Du bist wegen Luther hier? Weshalb willst du diesen Mönch aus Wittenberg sehen?"

„In meiner Heimatstadt wurde so einiges über ihn erzählt, über seine Ideen, die Kirche zu ändern. Manche meinen sogar, er wäre ein Ketzer und dem Teufel verfallen."

Mara kam ins Stocken. Sie spürte, dass Christo von ihren Argumenten nicht viel hielt. Aber sie konnte ihm unmöglich sagen, dass sie glaubte, der Papst wolle Luther ermorden.

„Ich bin einfach nur neugierig", schloss sie deshalb lahm.

Christo verstand den ganzen Wirbel um Luther nicht. Aber wenn Mara nur aus diesem Grund in Worms war, ihm sollte es recht sein. Hilfe konnte er im Buchgeschäft in den nächsten Wochen brauchen.

„Luther wird erst in einigen Tagen erwartet. Von mir aus, sieh dir den Mönch an. Solange du deine Arbeit nicht vernachlässigst. Ich werde jetzt mit Nahel sprechen, du wirst ihr in den nächsten Tagen bei allen Arbeiten helfen und auch die Kammer teilen. Warte hier auf uns."

Nach diesen Worten verließ Christo den Wohnraum, um Nahel über Maras Bleiben zu unterrichten.

In der Zwischenzeit sah sich Mara um. Reich schien der Buchhändler nicht gerade zu sein. Das Zimmer war zweckmäßig mit einem Tisch, der Bank und mehreren Stühlen eingerichtet. Auf dem Holzboden lagen saubere Binsen. Zwei Holztruhen unter den Fenstern sowie eine Kommode mit mehreren Schubladen vervollständigten die Einrichtung. Mara erkannte sofort, hier fehlte die Hand einer Frau.

Während sie noch darüber nachdachte, erklangen vor der Tür Stimmen. Christo betrat zusammen mit dem dunkelhaarigen Mädchen von vorhin den Wohnraum. Er wies mit der Hand in Maras Richtung:

„Also Nahel, das ist Mara. Ein Kollege von mir hat sie uns als Hilfe geschickt. Und stell dir vor, sie will unbedingt Luther sehen."

Christos Stimme hatte beim letzten Satz einen spöttischen Klang angenommen. Mara senkte verlegen den Kopf. So vorgestellt zu werden war ihr unangenehm.

„Hallo Mara. Es ist schön, dass du uns einige Zeit hilfst. Arbeit gibt es hier genug", Nahels Stimme klang trotz Christos Spott freundlich.

„Mein Name ist Nahel und ich werde dir alles zeigen, was du wissen musst."

Erleichtert sah Mara auf. Nahel schien nichts gegen ihre unerwartete Ankunft zu haben.

„Ich bin Mara und möchte hier viel lernen", antwortete sie deshalb erleichtert.

„Genug geredet", unterbrach Christo die Vorstellung. „Ihr könnt euch bei der Arbeit näher kennenlernen. Nahel, beginne mit dem Paket, welches Mara aus Speyer mitgebracht hat. Die Bücher müssen vorsichtig ausgepackt, katalogisiert und dann in die entsprechenden Regale einsortiert werden. Bekommt ihr das ohne mich hin?"

„Natürlich", meinte Nahel leichthin. „Komm Mara, ich erkläre dir unten im Buchgeschäft alles Weitere."

Die beiden Mädchen verließen zusammen den Raum. Christo sah ihnen nachdenklich nach.

Mara hatte die letzten Stunden zusammen mit Nahel verbracht. Gemeinsam hatten sie die Bücher von Meister Martin ausgepackt und katalogisiert. Nahel hatte ihr erklärt, dass jedes neue Buch im Bestand erfasst und nach dem Verkauf ausgestrichen wurde. So behielt Christo den Überblick über den Lagerbestand im Laden. Mara erhielt die Aufgabe, die neuen Bücher im Bestandsbuch zu erfassen. Nahel war mit Maras Schreibkünsten sehr zufrieden.

„Du kannst ja tatsächlich schreiben", meinte sie erstaunt, als sie Mara über die Schulter blickte.

„Hattest du daran Zweifel?", irritiert sah Mara von ihren Listen auf.

„Irgendwie schon. Mädchen wie du können nur selten schreiben und lesen", Nahel nahm ein Buch zur Hand und blätterte darin.

„Was meinst du damit?", jetzt wollte Mara es genau wissen.

„Vergiss es. Anscheinend lag ich falsch." Nahel hatte keine Lust, sich weiter dazu zu äußern.

Nahels Worte hatten Mara jedoch verletzt.

Die restlichen Bücher trug Mara wortlos im Bestand ein. Nahel sortierte anschließend die erfassten Bücher in die entsprechenden Regale ein. Sie spürte, dass Mara gekränkt war. Dies lag nie in ihrer Absicht. Es hatte sie einfach nur erstaunt, dass ein christliches Mädchen, ohne Nonne zu sein, schreiben konnte. Aber wie sollte sie Mara das erklären, ohne zu viel von sich preiszugeben? Denn noch immer lebte sie als Christin getarnt in Worms und hielt Abstand zur jüdischen Gemeinde und damit zu ihrem eigenen Volk.

Eines Nachmittags, nur wenige Tage nach ihrer Ankunft in Worms, traute sich Mara Christo zu bitten ihr einige Stunden frei zu geben. Sie waren gerade alleine im Buchladen. Nahel war oben in der gemeinsamen Schlafkammer damit beschäftigt, Psalter zu kopieren. Je mehr Menschen in die Stadt strömten, desto besser verkauften sich Psalter, Stundenbücher und Ähnliches.

„Meister Christo", begann Mara zögerlich ihr Anliegen. „Ich möchte heute Nachmittag im Dom ein Gebet für meine glückliche Ankunft hier in Worms sprechen. Könnt Ihr mich ein oder zwei Stunden entbehren?"

Christo sah von den Büchern auf, welche er gerade neu katalogisierte. Bisher war ihm Mara nicht besonders gläubig erschienen. Natürlich sprach sie, wie auch alle anderen im Haus, ein Dankgebet vor dem Essen. Aber sonst war ihm in dieser Richtung noch nichts aufgefallen. Er sah jedoch keinen Grund, ihr die Bitte zu verweigern.

„Wenn du das Bedürfnis hast, unserem Schöpfer zu danken, so soll es mir recht sein. In Zukunft beschränke dich aber darauf, am Sonntag die Messe zu besuchen."

„Danke Meister, Ihr seid sehr großzügig. Es wird die Ausnahme bleiben", beeilte sich Mara zu versichern.

„Nun, dann geh gleich, damit du bald zurück bist. Es gibt noch einiges zu tun."

Rasch holte sie aus der Kammer ihren Mantel und verließ die Buchhandlung, zum ersten Mal seit ihrer Ankunft in der Stadt. Vor der Tür sah sie sich neugierig nach allen Seiten um.

Schräg gegenüber stand der mächtige Dom. Sie beschloss, sich erst einmal das Gotteshaus näher anzusehen. Zwar hatte sie auch vor, dort ein Gebet zu sprechen. Der Hauptgrund jedoch, warum sie etwas Zeit für sich brauchte, war, dass sie Stadt etwas erkunden wollte. In einigen Tagen, wenn Luther in die Stadt einzog, musste sie sich in den Gassen einigermaßen auskennen. Nur so hatte sie eine Chance, zu dem Mönch durchzukommen. Dies allerdings konnte sie Christo nicht erzählen, deshalb war der Vorwand eines Dankgebetes nur eine geringfügige Notlüge. Mara beschloss später im Dom um Vergebung zu bitten.

Die Straßen und Gassen rings um den Dom waren voller Menschen. Die Stadt schien aus allen Nähten zu platzen. Mara hörte um sich herum eine Vielzahl von Sprachen, nicht nur Deutsch oder Latein. Sie erinnerte sich, dass Christo erwähnt hatte, der Reichstag würde Menschen aus dem gesamten Römischen Reich anziehen. Überall, selbst in der schmalsten Ecke, hatten Händler ihre Stände aufgebaut und hofften auf guten Umsatz. Es gab so gut wie alles zu kaufen. Stoffe, Bänder, Garne, Brot, heiße Pasteten und jede Menge Rosenkränze und gefälschte Heilsbringer. Das lebhafte Treiben auf den Straßen faszinierte Mara und sie ließ sich mit der Menge in Richtung Dom treiben. Vor dem Bauwerk hatte sich eine größere Menschenmenge um mehrere Ablassprediger versammelt, welche ihnen gegen ein entsprechendes Entgelt versprachen, die Verweildauer im Fegefeuer zu vermindern.

Mara hörte den Predigern interessiert zu. Bei den Beginen hatte sie schon einiges über das Fegefeuer gehört, allerdings konnte sie nicht wirklich daran glauben. Natürlich wusste sie, gute Menschen kamen in den Himmel und weniger gute in die Hölle. Dieses Zwischending, Fegefeuer genannt, jedoch irritierte sie.

Gerade hatte einer der Ablassprediger das Wort ergriffen. Mit lauter Stimme redete er auf die ihn umgebenden Menschen ein:

„Gute Leute, hört mir zu. Der Mensch ist von Grund auf schlecht. Deshalb straft Gott ihn mit dem Fegefeuer. Große Qualen warten dort auf ihn. Leiden wird er im Feuer, dessen Flammen unermesslich heiß werden. Jahr um Jahr wird er diese

Qualen erdulden müssen, bis endlich all seine Sünden getilgt sind. Es gibt jedoch eine Möglichkeit, diese Qualen zu mildern und sogar Sünden, welche noch nicht begangen wurden, auszulöschen."

Der Mönch sprach sich immer mehr in Rage. Seine Stimme wurde schriller und schriller. Dabei nahm sein Gesicht langsam eine rötliche Farbe an.

„Hört mir zu. Ich halte hier die Lösung für Eure Qualen in meinen Händen." Bei diesen Worten schwenkte der Mönch heftig ein Stück Papier in der Luft. Verschiedene Ausrufe wurden in der gebannten Menge laut.

„Nutzt die einmalige Gelegenheit und kauft für eine lächerlich geringe Summe einen Ablassbrief für Eure Sünden. Ihr habt heute und hier die Gelegenheit, für bereits Verstorbene Ablassbriefe zu kaufen. Stellt Euch einmal vor, Ihr könnt die Qualen Eurer lieben Mutter oder Eures seligen Vaters deutlich verringern. Welcher gute Sohn oder gute Tochter würde das nicht wollen?"

Die Menge schien kurz zu erstarren, dann kam Bewegung in sie. Die Menschen drängten sich um die Ablassverkäufer, riefen durcheinander und schubsten sich. Jeder wollte als Erster seinen Brief bekommen.

Mara konnte die Menge nicht verstehen. Da sie selbst Zweifel am Fegefeuer hatte, war ihr die Begeisterung dieser Menschen fremd.

Voller neuer Eindrücke betrat sie endlich den Dom. Im Inneren ließ sie ihre Blicke ringsum schweifen. Auch hier drängten sich die Menschen. Das Gotteshaus konnte kaum alle Gläubigen fassen. Trotzdem gelang es Mara, sich bis vor den Altar durchzukämpfen. Schnell sprach sie ein Dankgebet für ihre glückliche Ankunft in Worms. Danach betete sie vor der Marienstatue für Luther, dass ihm kein Leid geschehen möge.

Mara bedauerte, kein Geld zu haben, um eine Kerze für Luthers Wohlergehen spenden zu können. Immer stärker hatte sie das Gefühl, sein Leben hinge alleine von ihr ab. Nach den Gebeten sah sie sich noch etwas im Dom um. Das Gotteshaus in Worms erschien ihr nicht so erhaben und majestätisch, wie das in Speyer. Allerdings gab es auch hier die verschiedensten Händler. Ob Kopisten, Pergamenthändler oder Schreiber, hier war alles an den Seitenwänden des Gotteshauses vertreten. In der Nähe des Eingangs hatte sich ein Reliquienhändler niedergelassen, welcher mit lauter Stimme seine Waren anpries. Neugierig näherte sich Mara dem Stand. Noch nie hatte sie so viele Reliquien gesehen.

„Nun, schönes Kind", versuchte der Händler, als er Maras Interesse bemerkte, sie sofort in ein Gespräch zu verwickeln.

„Wie wäre es mit einer Reliquie für Euer Seelenheil? Ich habe ganz seltene Waren in meinem Angebot."

Bei diesen Worten zeigte er Mara ein kleines unscheinbares Holzkästchen.

„Hier drin, sicher aufbewahrt, ist eine Phiole mit heiligem Wasser aus dem Jordan im Heiligen Land. Wie Ihr wisst, wurde unser Herr darin getauft. Sie wird Euch vor vielen Krankheiten beschützen."

Auffordernd hielt er ihr das Kästchen unter die Nase. Heftig abwehrend schüttelte Mara den Kopf. Die Stimme des Händlers hatte weitere Neugierige an seinen Stand gelockt. Einige davon trugen teure Kleider und Mäntel. Besonders ein Mann, in einem auffallend roten Brokatmantel, weckte die Aufmerksamkeit des geübten Händlers. Er zeigte ihm eifrig mehrere Reliquien, welche das Interesse des Mannes zu fesseln schienen.

Mara beobachtete die beiden aufmerksam. Der Reliquienhändler verstand sein Geschäft. Ohne das Interesse seines noblen Kunden zu verlieren, verkaufte er einer beleibten Bürgersfrau ein kleines Amulett mit Psalmen aus der Bibel.

Der Kunde indessen konzentrierte sich auf ein gelbliches Elfenbeinkästchen mit aufwendigen Schnitzereien. Vorsichtig drehte er es in seinen Händen nach allen Seiten. Mara fiel dabei auf, dass er teure weiche Lederhandschuhe trug. Der Händler versicherte dem Kunden mit treuherzigem Augenaufschlag, dass in diesem Kästchen ein Holzsplitter vom Kreuz Christi liegen würde. Für dessen Echtheit könne er sich verbürgen.

Die Leute rings um den Stand staunten und manch einer wünschte sich, solch eine wundersame Reliquie zu besitzen.

Mara verlor die Lust, dem Gespräch weiter zu folgen. Die Beginen hatten ihr einmal erklärt, dass echte Reliquien sehr schwer zu bekommen und auch meist unerschwinglich teuer wären. Nur die reichsten Klöster oder mächtige Städte könnten sich so etwas leisten.

Sie warf einen letzten Blick auf den Mann im edlen Mantel. Irgendetwas kam ihr an ihm bekannt vor. Sein Gesicht, da war sie sich jedoch ganz sicher, hatte sie noch nie zuvor gesehen und trotzdem weckte er in ihr vage Erinnerungen. Sie hoffte, es würde ihr wieder einfallen, woher sie ihn kannte.

Vor dem Dom waren die Ablassverkäufer mittlerweile verschwunden. Langsam begann sich die Dämmerung über der Stadt auszubreiten.

Die Menschen fingen an, sich auf die Nacht vorzubereiten. Viel Zeit für Erkundungen blieb Mara deshalb nicht mehr. Gleich angrenzend an den Dom lag der Bischofshof. Hier hatte Kaiser Karl V. mit seinen Beratern bereits Quartier bezogen. Bei verschiedenen Gesprächen mit Kunden im Buchladen hatte Mara mitbekommen, dass hier auch Luther nach seiner Ankunft angehört würde. Allerdings nur in Gegenwart des Kaisers, der Reichsstände, hohen Bischöfen und anderen geladenen Gästen. Das gemeine Volk war dazu nicht zugelassen. Man befürchtete wohl Sympathiekundgebungen.

Kurz überlegte Mara, ob es ihr möglich wäre, ungesehen den Bischofshof zu betreten. Beim Näherkommen verwarf sie allerdings diesen Gedanken sofort. Jeder Eingang und jede noch so kleine Tür wurde von Soldaten schwer bewacht. Personen, welche das Gebäude betreten wollten, mussten eine strenge Kontrolle über sich ergehen lassen. Keine Maus fand da ungesehen Zugang.

Entmutigt umrundete Mara den Hof. Die Rückseite des Hauses bot das gleiche Bild. Auch hier überall Wachen und strenge Kontrollen. Es musste einen anderen Weg geben. Wenn Luther den Bischofshof betrat, um dem Kaiser Rede und Antwort zu stehen, war es für eine Warnung ohnehin zu spät. Sie musste vor der Anhörung zu ihm gelangen. Das war am einfachsten, wenn er sein Quartier bezogen hatte.

Mara überlegte weiter. Bestimmt hatten viele Leute ein Anliegen an den berühmten Mönch und wollten mit ihm sprechen. In der richtigen Verkleidung könnte es ihr gelingen, zu ihm durchzukommen. Um ihren Plan umzusetzen, musste sie allerdings in Erfahrung bringen, wo Luther nach seiner Ankunft absteigen würde. Voller Hoffnung kehrte Mara zur Buchhandlung zurück.

Am nächsten Tag rief Christo Nahel und Mara zu sich in die Wohnstube, wo er gerade seine Bücher kontrollierte.

„Wie euch bestimmt schon aufgefallen ist, strömen Tag für Tag immer mehr Menschen in die Stadt. Das Buchgeschäft profitiert natürlich davon. So gute Umsätze werde ich in den nächsten Jahren nie wieder machen. Manche Menschen übersehen jedoch den Buchladen und kaufen minderwertiges Pergament oder auch schlecht kopierte Bücher bei den Händlern im Dom. Das soll sich ändern."

Die Mädchen sahen sich überrascht an. Auf was wollte Christo hinaus?

„Ich habe mir das so gedacht", fuhr der Buchhändler mit seiner Erklärung fort. „Ihr seid beide ganz ansehnlich und das kann nur gut für den Umsatz sein. Ich werde vor dem Geschäft einen Buchstand mit einigen Büchern aufbauen, an welchem ihr abwechselnd steht und die Kunden bedient. Bestimmt werden sich viele Männer für den Stand interessieren. Die schickt Ihr dann zu mir in den Laden. Alles ganz einfach."

Mara fühlte sich bei Christos neuer Geschäftsidee nicht gerade wohl. Sie wollte nicht als Lockvogel vor dem Geschäft stehen und damit Christos Umsatz vermehren. Auf der anderen Seite hatte sie vor dem Geschäft den besten Überblick über die Straße bis hin zum Dom. Luthers Einzug würde ihr auf keinen Fall entgehen.

Mara warf einen Seitenblick auf Nahel. Sie spürte, auch das dunkelhaarige Mädchen war nicht wirklich begeistert von Christos Vorschlag. Sie nahm sich vor, Nahel so bald wie möglich darauf anzusprechen.

Die Gelegenheit ergab sich bereits am Abend in der Schlafkammer, die sie miteinander teilten.

„Nahel, schläfst du schon?", begann Mara leise das Gespräch. Sie wollte unbedingt wissen, ob die Zimmergenossin dem Ganzen genau so skeptisch gegenüberstand wie sie.

Ein leises unverständliches Brummen kam unter der Decke hervor.

„Nahel, wir sollten uns unterhalten", begann Mara erneut. „Bitte wach auf und höre mich an."

Mit einem Seufzen schlug Nahel die Decke zurück und setzte sich mit dem Rücken an die kalte Wand gelehnt aufrecht hin.

„Was gibt es denn so Wichtiges, das du unbedingt jetzt und hier mit mir besprechen musst? Kannst du damit nicht bis morgen warten? Ich bin müde und war gerade am einschlafen."

„Entschuldige. Aber es ist wirklich wichtig", bettelte Mara. „Zumindest für mich", setzte sie eine Spur leiser hinzu.

„Dann lass mich mal hören, was dir solche Sorgen macht.", meinte Nahel versöhnlich.

„Sorgen macht mir die neue Geschäftsidee von Christo. Der Buchstand vor dem Laden und seine Worte, dass wir damit vor allem männliche Kunden anlocken sollen."

„Und was genau macht dir dabei Sorgen?", hakte Nahel nach.

Mara wollte nicht so recht mit der Sprache heraus. Es war ihr peinlich. Bestimmt würde Nahel über sie und ihre Bedenken lachen. Das dunkelhaarige Mädchen war gut zwei Jahre älter als sie und Mara nahm an, Nahel hätte bereits einige Erfahrung mit Männern.

„Es ist so, ich weiß nicht, wie man mit Männern redet. Schließlich sollen die ja etwas kaufen, und wenn ich mich unbeholfen oder dumm anstelle, verliert Christo Kunden. Bisher hatte ich noch so gut wie keine Gelegenheit mit Männern zu reden. Bevor ich nach Worms kam, habe ich längere Zeit in einem Konvent der Beginen gelebt. Außerdem, was soll ich tun, wenn einer der Männer zudringlich wird?"

Jetzt musste Nahel doch etwas lächeln. Das waren also Maras große Ängste.

„Deine Sorge, dass ein Mann in diesem Gedränge vor dem

Laden zudringlich wird, ist völlig unbegründet. Aber ich werde Christo bitten, dass er, wenn du am Stand stehst, den alten Peter, den Knecht, in der Nähe beschäftigt. Zum Schutz."

Mara atmete erleichtert auf. Ein Problem war gelöst. Jetzt blieb nur noch die andere Sache. Auch da zerstreute Nahel ihre Zweifel.

„Wie ich gesehen habe, liebst du Bücher und kennst auch einige davon. Rede mit den Männern nur über die Bücher und verweise sie ziemlich schnell an Christo im Laden. Mehr musst du nicht tun. Kein großes Problem. Geht es dir jetzt besser?"

Mara nickte:

„Danke Nahel, es war sehr freundlich von dir mich anzuhören. Kannst du gleich morgen mit Christo wegen Peter sprechen?"

„Ja, das werde ich beim Frühstück erledigen und nun schlaf endlich. Morgen gibt es wieder viel für uns zu tun."

Mara wickelte sich auf dem Strohsack am Boden in ihre Decken und schlief erleichtert ein.

Nahel dagegen lag noch einige Zeit wach. Verschiedene Dinge gingen ihr durch den Kopf. Zum einen Maras Erwähnung der Beginen. Bei Gelegenheit wollte sie versuchen, von Christo Näheres zu erfahren. Zum anderen war auch Nahel von Christos Idee nicht sehr begeistert. Der Grund dafür lag weniger in den zu erwartenden männlichen Kunden, sondern in der Angst, man könne sie als Jüdin erkennen.

Bisher hatte Nahel die meiste Zeit damit verbracht, Bücher oder Schriften in ihrer Schlafkammer oder dem Wohnraum zu kopieren. Auch im Laden hatte sie geholfen. Allerdings weniger im Verkauf, sondern beim Auspacken und Katalogisieren der Bücher. Im Haus fühlte sie sich sicher, hier war sie innerhalb eines geschützten Raumes. Doch nun sollte sie diesen verlassen und sich der Öffentlichkeit zeigen.

Nahel hatte innerlich große Angst davor. Sie wusste nicht, ob sie mit Christo offen darüber sprechen sollte. Bisher hatte sie von seiner Einstellung gegenüber Juden wenig erfahren. Allerdings hatte sich bisher auch noch kein Jude in den Buchladen verirrt, sie hatten wohl ihre eigenen Bezugsmöglichkeiten. Nahel überlegte weiter. Was könnte passieren, wenn man sie als Jüdin erkennen würde? Vielleicht müsste sie lediglich ins jüdische Viertel ziehen?

Ihre Glaubensgenossen würden sie jedoch bestimmt nicht mit offenen Armen aufnehmen. Schließlich hatte sie alles, was einem Juden wichtig war, verleugnet.

Schlimmer wäre es, wenn man sie aus der Stadt weisen würde. Wo sollte sie dann hin? Nahel hatte keine Ahnung von den christlichen Gesetzen, vielleicht konnte sie auch dazu Christo fragen.

Die nächsten Stunden wälzte sie sich schlaflos im Bett von einer Seite zur anderen. Immer wieder suchten sie wirre Träume heim, in denen sie einsam und verlassen durch fremde Städte irrte.

Am nächsten Morgen besprach Nahel die von Mara geäußerten Befürchtungen mit dem Buchhändler. Überraschenderweise hielt Christo Nahels Idee, Mara bei ihrer Arbeit am Buchstand zur Sicherheit Peter mitzugeben, für sinnvoll.

Damit waren zumindest Maras Ängste aus der Welt. Nahel trug ihre weiter mit sich herum. Sie brachte es nicht über sich, offen mit Christo über ihre Herkunft zu sprechen. Zu tief saß die Angst wieder alles zu verlieren, was ihr im Moment Schutz bot, und so tat sie ihre Arbeit am Buchstand meist einsilbig und mit gesenkten Augen.

Mara dagegen hatte nach kurzer Zeit ihre Scheu verloren und schien Spaß an den Gesprächen mit den Kunden zu finden. Nicht, dass sie den Männern schöne Augen machte, aber sie hatte Freude an Gesprächen über die ausgelegten Bücher und mancher Kunde konnte sich nur schwer von ihrem Anblick trennen. Nachdem Nahel erkannte, dass Mara Freude am Verkauf gefunden hatte, versuchte sie sich mit allerlei Vorwänden davor zu drücken. Nach einigen Tagen bot ihr Mara an, alleine den Buchverkauf vor dem Laden zu machen. Sie spürte, irgendetwas an dieser Tätigkeit bereitete Nahel offensichtlich Sorgen. Mit ihrem Angebot wollte sich Mara dafür erkenntlich zeigen, dass

Nahel ihr geholfen hatte und das dunkelhaarige Mädchen nahm ohne Widerstreben dankend an. Ab diesem Zeitpunkt änderte sich das Verhalten der Mädchen untereinander. Langsam stellte sich ein vorsichtiges gegenseitiges Vertrauen ein.

An einem windigen Nachmittag stand Mara wieder hinter dem Bücherstand und versuchte, einen anspruchsvollen Kunden zu einem Besuch im Buchladen zu überreden.

„Mein Herr, ich bin mir ganz sicher, Meister Christo kann Euch mit dem gesuchten Buch dienen. In seinem Laden gibt es fast jedes Buch. Ich bin des Griechischen nicht mächtig und kann Euch deshalb leider nicht weiterhelfen. Begebt Euch doch bitte die wenigen Schritte in den Buchladen hinter mir und sprecht mit Meister Christo über Euer Ansinnen."

Mara versuchte freundlich zu bleiben, obwohl der Mann die gesamte Auslage der Bücher am Stand durcheinander gebracht hatte.

Der Kunde sah ein, dass Mara ihm wirklich nicht weiterhelfen konnte und murmelte einige unfreundliche Worte über „Frauen und Bücher passen nicht zusammen" vor sich hin, bevor er den Buchladen aufsuchte.

Mara wandte sich mit einem leicht wütenden Kopfschütteln ab und begann die Bücher am Stand neu zu ordnen, als ein Mann sie von der Seite her ansprach.

„Sind das alle Bücher, die Ihr zu verkaufen habt?"

Mara blickte erstaunt auf. Die Stimme des Mannes kam ihr seltsam vertraut vor. Zwei grau-blaue Augen musterten sie ohne einen Hauch von Wärme. Vor Mara stand der Mann aus dem Dom, welcher ihr damals am Stand des Reliquienhändlers aufgefallen war. Der Mann trug die gleiche teure Kleidung und dieselben Handschuhe.

Wieder überkam Mara das Gefühl, ihn irgendwann schon einmal in einer anderen Umgebung und anderer Kleidung gesehen zu haben. Es fiel ihr jedoch immer noch nicht ein, so sehr sie sich auch zu erinnern versuchte.

„Nein, mein Herr. Die Bücher hier sind nur eine geringe Auswahl des gesamten Bestandes. Im Buchladen, gleich hinter mir, könnt Ihr Bücher zu fast allen Themen finden."

Der Mann musterte Mara kurz abschätzend und wandte sich dann grußlos ab.

Mara ordnete die Bücher am Stand weiter und sah, wenn gerade keine Kunden in der Nähe waren, begeistert dem bunten Treiben auf der Straße zu. So viele unterschiedliche Menschen wie der Reichstag anzog hatte Mara bisher noch nie gesehen. Gerade zogen am Stand Spielleute und Akrobaten vorbei, welche wundersame Kunststückchen vorführten, um den Menschen ihre Münzen zu entlocken.

Auch eine zahnlose Alte in zerschlissenem schmutzigem Rock, welche den Leuten aus der Hand las, gehörte zu dem bunten Trupp. Als die Frau dicht an Mara vorüberging, griff sie plötzlich nach deren Hand und warf einen Blick darauf.

„Nein", meinte Mara abwehrend. „Lass mich, ich will das nicht." Sie versuchte, der Alten ihre Hand zu entziehen.

„Stell dich nicht so an", krächzte die Alte und zeigte ein zahnloses Lächeln. „Jeder ist neugierig, was die Zukunft bringt."

Die Frau hielt mit der einen schmutzigen Hand Maras Handgelenk fest, während sie mit dem Zeigefinger der anderen Hand die verschiedenen Linien in Maras Handinnenfläche nachzeichnete. Dabei murmelte sie unverständliche Worte in einer fremden Sprache. Als der dreckige Zeigefinger die Reise über ihre Innenhand beendet hatte, blickte die Alte sie aufmerksam an. Der Ausdruck in ihren Augen hatte etwas Lauerndes.

„Vor dir liegt eine Aufgabe, welche du zu erfüllen hast. Das Leben eines Menschen liegt in deiner Hand. Doch das Böse kommt immer näher und es hat viel Macht. Deshalb zaudere nicht. Du hast nicht mehr viel Zeit. Frage deine Schwester um Rat, sie wird dir helfen."

Abrupt ließ die Alte Maras Hand los und war binnen weniger Sekunden im Gewühl verschwunden.

Verblüfft sah Mara ihr nach. Was hatte die Alte damit gemeint, ihre Schwester würde ihr helfen?

Den restlichen Tag war Mara ziemlich unaufmerksam. Immer wieder gingen ihr die merkwürdigen Worte der Alten durch den

Kopf. Schließlich entschloss sie sich, es als leeres Geschwätz abzutun. Die Alte konnte unmöglich an den Linien ihrer Hand erkannt haben, warum sie in Worms war. Außerdem hatte fast jeder eine Schwester. Trotzdem, so ganz vergessen konnte Mara die Worte der alten Zigeunerin nicht.

Endlich war der ersehnte Augenblick gekommen, welchem die Stadt nun schon seit Wochen mit steigender Ungeduld entgegenfieberte – Luther zog mit seinen Begleitern ein.

Auch Mara hatte aufgeregt am Buchstand seit dem Morgen ausgeharrt, um diesen wichtigen Moment nicht zu verpassen. Im Laufe des Tages wurden die Menschen immer ungeduldiger. Die Meinung der Wartenden über Luther jedoch war geteilt. Während die einen sich von ihm eine neue Art des christlichen Glaubens erhofften, war er für andere nur ein verräterischer Ketzer, den man so schnell wie möglich vernichten musste.

Zu Luthers Unterstützung war vor einigen Tagen sein Landesherr, Kurfürst Friedrich der Weise, samt Gefolge angereist und hatte sich, genau wie Kaiser Karl V., im Bischofshof neben dem Dom einquartiert.

Die Jubelrufe wurden lauter und kamen immer näher. Luther hatte die Stadt durch die Pforte am Judenviertel betreten. Unzählige Menschen in den Straßen säumten seinen Weg zum Dom und jubelten ihm begeistert zu.

Mara konnte es kaum erwarten, den Mönch aus Wittenberg zu sehen. In wenigen Minuten konnte sie sich selbst ein Bild von ihm machen. Auch Nahel und Christo hatten, als der Jubel immer lauter wurde, den Buchladen verlassen und stellten sich neben Mara an den Straßenrand. Dann kam endlich der Karren mit Luther und seinen Begleitern in Sicht. Mara schaffte es kaum stillzustehen. Der Anblick des Mannes, welcher der Anlass für ihre Reise nach Worms gewesen war, enttäuschte sie.

Luther sah in seinem schwarzen Talar abgezehrt und irgendwie verloren aus. Nicht wie ein starker Mann mit Visionen, sondern wie jemand, der von enormen Zweifeln geplagt wurde.

Luther hob den Kopf, und seine Blicke streiften die Menge am Rand der Straße. In seinen Augen jedoch erkannte Mara das

Feuer, welches ihn antrieb und jeden Zweifel an ihn auslöschte.

Begleitet wurde er nur von wenigen Getreuen. Ein Mann fiel Mara besonders auf. Auch in seinen Augen erkannte man die gleiche Begeisterung für Luthers Visionen. Hochgewachsen stand er fest neben Luther und schien ihn zu stützen.

Mara nahm sich vor, Näheres über diesen Mann zu erfahren. Hinter dem Karren trotteten zwei störrische Maultiere, beladen mit allerlei Gepäck. Ein Junge in verschmutzter Reisekleidung versuchte mit Mühe, die Tiere im Gewühl der Menge ruhig zu halten.

Als er näher kam, glaubte Mara ihren Augen nicht zu trauen, der Junge war Eckbert. Der Novize hatte tatsächlich das Kloster verlassen und es irgendwie geschafft, in Luthers Gefolge aufgenommen zu werden.

Als er Mara in der Menge erkannte, winkte er ihr kurz grinsend zu. Zu mehr war jedoch keine Gelegenheit, da Eckbert den Anschluss an Luther und seine Begleiter nicht verlieren durfte.

Als der Mönch aus Wittenberg mit seinen Gefährten vorbeigezogen war, begann sich die Menge zu zerstreuen. Für übermorgen war die Anhörung Luthers vor dem Kaiser sowie dem Gesandten des Papstes geplant. Jeder in Worms war gespannt auf die Entscheidung des Kaisers.

Der Abend begann sich über die Stadt zu senken und Mara räumte die Bücher am Stand zusammen. Sie wusste, es blieb ihr nur noch wenig Zeit, um Luther vor der drohenden Gefahr zu warnen.

Sie beschloss deshalb, nach dem Abendessen Eckbert zu suchen. Vielleicht konnte er ihr helfen, Zugang zu Luther zu bekommen

Worms vor Luthers Anhörung im April im Jahr des Herrn 1521

9. Kapitel

Während Mara durch die überfüllten nächtlichen Gassen, auf der Suche nach Eckbert, eilte, nuzten zwei Männer in einer anderen Ecke der Stadt den Schutz der Dunkelheit für ein geheimes Treffen.

Hier, weit ab vom Trubel rund um den Dom, lebten die weniger begüterten Bewohner der Stadt meist in Armut und Elend. Trotzdem waren auch hier die Gassen und Quartiere überfüllt. Die Gasthäuser im Viertel waren übel beleumdet und wer über etwas Geld verfügte, suchte sie im eigenen Interesse nicht auf.

Der Wirt hatte dem finster dreinblickenden Dominikanermönch gegen eine großzügig bemessene Summe seine eigene karge Schlafkammer, ohne weitere Fragen zu stellen, überlassen. Der alte Mönch lief in der engen Kammer ungeduldig hin und her. Von diesem Treffen hing zum Großteil der Erfolg seines Auftrages ab.

Monatelange Vorbereitungen waren dafür nötig gewesen. Er hatte lange Gespräche mit Cajatan, dem Gesandten des Papstes, geführt. Am Ende stand ihr Entschluss fest. Die Ideen des Mönchs aus Wittenberg gefährdeten die katholische Kirche, und damit den Fortbestand des Römischen Reiches in seiner jetzigen Form. Dem musste unbedingt Einhalt geboten werden und dafür gab es nur einen Weg, die Vernichtung Luthers.

Nachdem dies feststand, hatte er sich von Rom aus auf den beschwerlichen Weg nach Augsburg gemacht, um die Angelegenheit diskret dem Hause Fugger zu unterbreiten.

Wie erwartet stieß er dort auf offene Ohren. Auch für das Handelshaus ging es beim Ablasshandel um viel Geld, auf das man nicht so einfach verzichten wollte. Mithilfe Jakob

Fuggers wurde in einem nahe gelegenen Dominikanerkloster ein geeigneter Mönch für den vorgesehenen Auftrag gefunden.

Pater Sebastian war ein äußerst ehrgeiziger und eifriger Mönch, der sich nach Erfüllung dieses Auftrages den Aufstieg in Rom erhoffte. Die Vernichtung jeglicher Art von Ketzerei lag ihm sehr am Herzen.

Wieder durchmaß der alte Mönch ungeduldig den Raum. Endlich ertönte an der Tür das verabredete Klopfzeichen. Schnell streifte der Mönch sich seine Kapuze über, denn es war nicht nötig, dass er erkannt wurde.

„Herein", rief er mit tiefer Stimme.

Die Tür öffnete sich und der Mann mit dem Brokatmantel trat ein. Diesmal jedoch unauffällig in einen Mönchshabit gekleidet. Unterwürfig verneigte er sich vor dem Mönch.

„Ich grüße Euch, mein Vater. Wie verabredet bin ich rechtzeitig zur Stelle, um weitere Anweisungen entgegenzunehmen."

„Auch du seihest gegrüßt, mein Sohn. Verlief die Reise wie besprochen?"

Der jüngere Mönch versuchte das Gesicht seines Gegenübers zu erkennen, dies war jedoch im Licht der wenigen Kerzen, welche die Kammer nur notdürftig erhellten, unmöglich.

„Ich habe den Anweisungen der Fugger gemäß meine Reiseroute gewählt und in den Dominikanerklöstern am Weg Verbündete für die Sache geworben. Allzu schwer war dies nicht, die meisten Äbte sehen genau wie wir in Luther eine ernst zu nehmende Gefahr und stehen hinter uns."

Die Stimme von Pater Sebastian klang selbstzufrieden.

„Niemand wird es wagen uns aufzuhalten. Keiner will sich den Zorn des Papstes zuziehen. Es war schon immer die Aufgabe der katholischen Kirche und vor allem der Dominikaner, jegliche Art von Ketzerei zu verfolgen und auszumerzen."

Der ältere Mönch erkannte, dass sich hinter den Worten des Jüngeren mehr als nur religiöser Eifer verbarg. Für ihr Vorhaben war dies im Moment dienlich. Nach Erfüllung des Auftrages würde er sich über die weitere Verwendung von Pater Sebastian allerdings Gedanken machen müssen.

„Du hast bisher unseren Anweisungen gemäß gehandelt.

Doch nun kommt der schwierigste Teil", sagte er eindringlich „Vor wenigen Stunden ist der Ketzer Luther mit seinen Begleitern in der Stadt eingezogen. Begeistert empfangen vom unwissenden Volk. Übermorgen ist die Anhörung Luthers im Bischofshof vor Kaiser Karl V. und den Reichsständen angesetzt. Es bleibt dir deshalb nur wenig Zeit. Luther darf auf keinen Fall bei dieser Anhörung erscheinen."

Pater Sebastian atmete tief ein. Endlich kam der Moment, auf den er sich in den letzten Wochen mit Gebeten und Fasten vorbereitet hatte. Endlich konnte er seiner Kirche einen wichtigen Dienst erweisen. Pater Sebastian war sich sicher, Gott selbst hatte ihn dafür auserwählt.

„Ihr könnt Euch auf mich verlassen, Luther wird dem Papst keinen Ärger mehr machen."

Pater Sebastians Stimme klang fest. In Gedanken sah er sich schon in Rom.

„Gut, mein Sohn. Ich verlasse mich auf dich. Nimm nun die Phiole mit dem Gift an dich", bei diesen Worten zog der ältere Mönch ein kleines blaues Glasfläschchen, versehen mit sonderbaren Symbolen, aus der Tasche seines Gewandes und übergab es Pater Sebastian.

„Was sind das für merkwürdige Zeichen auf dem Fläschchen? Es sieht nach einem heidnischen Zauber aus."

Vorsichtig drehte er das Glas nach allen Seiten.

„Es mag auf den ersten Blick wie Zauber erscheinen, ist es aber nicht. Die Zeichen sind lediglich Symbole aus der Astrologie", versuchte der Ältere ihn schnell zu beruhigen. Auf keinen Fall durfte der Plan jetzt noch gefährdet werden.

„Was ist der Grund für diese Verzierung?", so schnell war Pater Sebastian nicht zu beruhigen.

Der Ältere seufzte. Jakob Fugger hatte ihm in seinen Briefen Pater Sebastian als fanatischen, religiösen Eiferer beschrieben. Jedoch auch anklingen lassen, der Mönch neige nicht dazu, Anordnungen in Frage zu stellen.

„Der Grund für die Symbole ist, dass dieses Fläschchen, wenn es in unbefugte Hände gelänge, die Spur zuerst ins jüdische Viertel führen würde. Denn jeder weiß, die Juden beschäftigen sich häufig mit Astrologie. Deshalb auch meine Anweisung an dich: Sollte jemand das Fläschchen bei dir sehen oder dich danach fragen, wirst du sagen, ein alter Jude hätte es dir gegeben. Hast du das verstanden?"

„Natürlich. Euer Plan ist gut. Es ist doch bekannt, dass die Juden von jeher darauf aus sind, Zwietracht zwischen den Christen zu schüren. Warum also sollten sie es nicht auch auf dem Reichstag versuchen. Der Tod Luthers würde dazu beitragen. Deshalb hätten sie einen Grund, ihn zu beseitigen."

Der ältere Mönch nickte bei den Ausführungen von Pater Sebastian. Seine wahren Ansichten behielt er jedoch für sich.

„Noch eines. Wenn die Beseitigung Luthers nicht gelingt, trink das Gift, denn du hast von niemandem Hilfe zu erwarten."

Damit war das Gespräch für den Älteren beendet.

Pater Sebastian allerdings kniete sich vor den Mönch und erbat seinen Segen. Eher unwillig erfüllte der Ältere diesen Wunsch. Er schlug das Kreuzzeichen über dem Jüngeren.

Danach verließ Pater Sebastian schnell den Gasthof. Niemand erkannte in dem unauffällig gekleideten Mann den wohlhabenden Kaufmann vom Vortag wieder.

Pater Sebastian war es gelungen, im gleichen Haus wie Luther ein Quartier zu finden. Zwar war der Johanniterhof restlos überfüllt, er hatte es jedoch geschafft, nach Zahlung einer beträchtlichen Summe, einen Schlafplatz in einer Kammer, in der Etage über Luther, zu bekommen. Allerdings musste er sich den Raum mit einem weiteren Schläfer teilen, doch die erste Hürde war geschafft. Er war in der Nähe von Luther.

Während Pater Sebastian zurück zum Johanniterhof eilte, suchte Mara noch immer nach Eckbert. Zuerst hatte sie es rund um den Bischofshof versucht. Auch dort übernachteten jede Menge Leute in notdürftigen Zelten oder mit Decken auf dem blanken Boden, Eckbert jedoch hatte sie nicht gefunden. Als sie nach Luther fragte, hatte man sie zum Johanniterhof gewiesen.

Hier stand Mara nun und war sich unschlüssig, was sie

tun sollte. Die Idee, nach Eckbert zu suchen, war ihr beim Abendessen gekommen und ohne Christo oder Nahel ein Wort zu sagen, war sie leise davongeschlichen.

Im Johanniterhof hatten genau wie beim Bischofshof und in der gesamten übrigen Stadt, Pilger und Neugierige auf jedem Stückchen freier Erde notdürftige Unterkünfte aufgebaut. Unzählige Feuerstellen erleuchteten die Nacht. Es wurde auf offenem Feuer gekocht und die unterschiedlichsten Gerüche lagen in der Luft. Die Menschen versuchten das Beste aus der Lage zu machen. Aus mehreren Zelten ertönte schon lautes Schnarchen.

Mara sah vorsichtig in einige Zelte, doch von Eckbert fand sich keine Spur. Sie würde wohl im Inneren des Johanniterhofes nach ihm suchen müssen. Langsam näherte sie sich dem Eingang. Dieser war anders als beim Bischofshof nicht bewacht und es herrschte ein reges Kommen und Gehen.

Ungehindert gelangte Mara, trotz der späten Stunde, ins Innere des Gebäudes. Auch in der großen Eingangshalle herrschte Lärm und Gedränge. An den Wänden standen Tische und Bänke, die noch fast alle besetzt waren. Ein leichter Geruch nach gebratenem Fleisch hing im Raum. Lautes Stimmengewirr erfüllte die Halle.

Plötzlich hielt Mara inne. Am Tisch neben der breiten Holztreppe zum Obergeschoss saß Luther mit seinen Gefährten. Mehrere Becher mit rotem schwerem Wein standen vor ihnen. Während seine Begleiter lautstark einen Disput austrugen, wirkte der Mönch nachdenklich. Mara beobachtete, dass immer wieder Männer an den Tisch kamen, um einige Worte mit ihm zu wechseln. Seine Antworten erschienen ihr freundlich, wenn auch der eine oder andere den Tisch mit ratlosem Blick verließ.

Sollte sie auch einfach hingehen und ihn ansprechen? Mara war sich unsicher. Unsicher näherte sie sich dem Tisch. Im Raum waren außer ihr so gut wie keine Frauen zu sehen. Noch war ihr kein passender Anfang für ihr Anliegen eingefallen, da stand sie schon vor dem Mönch aus Wittenberg.

Luther musterte Mara durchdringend. Seine Augen schienen auf den Grund ihrer Seele blicken zu wollen.

Mara war wie gelähmt, ihr fielen einfach keine passenden Worte ein.

Luther spürte ihre Befangenheit und begann das Gespräch.

„Kann ich Euch helfen?", fragte er freundlich.

Ermutigt fand Mara ihre Sprache wieder und sprudelte hervor:

„Mein Name ist Mara und ich bin wegen Euch von Speyer nach Worms gereist. Ich habe in Speyer durch Zufall ein Gespräch belauscht. Darin war von Euch die Rede. Ihr schwebt in großer Gefahr. Jemand will Euch töten."

Aufgeregt hielt sie inne. Der Mönch verriet mit seinem Blick, dass er dies nicht glaubte. Bei den letzten Worten waren seine Begleiter mitten im Gespräch verstummt und sahen Mara ungläubig an.

Sie spürte, wie sie langsam errötete.

Luther begann zu lächeln.

„Es ehrt mich, dass Ihr wegen mir solch einen weiten Weg auf Euch genommen habt. Aber Ihr habt da wohl etwas missverstanden. Natürlich habe ich Feinde, aber keiner von denen würde mich ernsthaft mit dem Tod bedrohen. Zudem hat mir Kaiser Karl V. während und nach dem Reichstag freies Geleit zugesichert. Ihr seht also, es besteht keine unmittelbare Gefahr. Natürlich hat es seinen Reiz, eine solch zauberhafte Retterin wie Ihr es seid, zu haben. Doch so gern ich noch weiter mit Euch plaudern würde, meine Begleiter und ich haben noch Vieles zu besprechen."

Nach diesen Worten wandte sich Luther wieder seiner Tischrunde zu. Mara sah den ein oder anderen anzüglichen Blick der Männer am Tisch und fühlte sich gedemütigt. Nur ein Mann mit markanten Gesichtszügen und wachem Blick sah sie nachdenklich an.

Gedankenversunken bahnte sich Mara den Weg durch die Halle zurück zur Tür, als jemand sie am Ärmel zog. Verdutzt drehte sie sich um und blickte in das strahlende Gesicht von Eckbert.

„Mara, was tust du hier?", fragte er überrascht.

„Das könnte ich dich genauso fragen", gab Mara zurück. „Warum bist du nicht im Kloster und wo ist deine Novizentracht?

Wie hast du es überhaupt nach Worms geschafft?"

„Ziemlich viele Fragen auf einmal, meinst du nicht?", der ehemalige Novize sah Mara verschmitzt an. „Warte einen Moment, ich bringe nur schnell diesen Krug Wein an Luthers Tisch. Dann erkläre ich dir alles in Ruhe."

Nachdem Eckbert seinen Auftrag ausgeführt hatte, suchten sich die beiden im Hof einen einigermaßen ruhigen Platz und Eckbert berichtete Mara von seinen Abenteuern.

„Du wolltest mich ja nicht mitnehmen", maulte der Junge. „Ich war ganz schön enttäuscht, als Meister Martin mir erzählte, er habe dich mit einer Bücherlieferung nach Worms geschickt. Warum solltest du alleine was erleben? Einige Tage später habe ich mich in der Nacht davongemacht. Zuerst in Novizenkleidung. Hungern musste ich auf diese Weise nicht. Die Bauern geben gern etwas, wenn es gut für ihr Seelenheil ist. Ein Stück vor Worms habe ich den Habit gegen die Sachen getauscht, welche ich jetzt trage."

Mara staunte, als sie Eckbert so reden hörte. Er hatte sich seit Speyer verändert. Er war erwachsener und selbstständiger geworden.

„Und wie ging es dann weiter?", fragte sie gespannt. „Wie ist es dir gelungen, im Gefolge von Luther aufgenommen zu werden?"

Eckbert lies sich Zeit mit seiner Antwort. Er genoss sichtlich Maras Neugierde.

„Einige Kilometer vor der Stadt habe ich am Weg auf Luther und seine Gefährten gewartet. Als der Mönch kam, fragte ich einen seiner Begleiter, ob sie nicht einen Jungen für Botengänge und Hilfsdienste brauchen könnten. Als Gegenleistung wollte ich nur etwas Essen und ein Bett. Zuerst war Luther wenig angetan von dieser Idee, aber sein enger Freund Justus Jonas hat ihn dann überzeugt, dass ich ganz nützlich sein könnte."

Mara war sprachlos, soviel Frechheit hätte sie Eckbert nicht zugetraut. Etwas lag ihr noch auf der Seele.

„Hast du Luther vom Kloster in Speyer, dem geheimnisvollen Mann und dem Gespräch erzählt?" Erwartungsvoll sah sie Eckbert an.

„Nein", meinte er etwas verlegen. „Mit Luther selbst habe ich bisher kaum gesprochen. Er ist oft abwesend oder vertieft sich in die Bibel. Ich glaube, die Anhörung vor dem Kaiser macht ihm ziemlich zu schaffen. Aber ich habe mich mit seinem engen Freund Justus Jonas unterhalten. Alles habe ich ihm nicht erzählt, es muss ja nicht gleich jeder wissen, dass ich aus einem Kloster geflohen bin. Nur, dass ich auf dem Weg nach Worms durch Zufall ein Gespräch belauscht hätte, in dem es um einen Anschlag auf Luther ging."

Beifall heischend sah Eckbert Mara an.

„Und?", meinte sie. „Hat dir sein Freund geglaubt?"

„Irgendwie schon. Aber er wies mich darauf hin, dass Luther viele Feinde habe, eine unmittelbare Gefahr gehe jedoch seiner Meinung nach von keinem aus. Er wird aber die Augen offenhalten. Und das werde ich auch tun", schloss Eckbert seinen Bericht.

Nachdem der Junge ihr seine Abenteuer geschildert hatte, berichtete Mara ihm von ihrem Versuch Luther zu warnen.

„Es wird wohl nicht einfach werden, ihn von der drohenden Gefahr zu überzeugen", meinte sie abschließend.

„Meinem Gefühl nach kommt die Gefahr immer näher und es bleibt uns nicht mehr viel Zeit. Halte in der Nähe von Luther die Augen offen. Ich denke über eine Möglichkeit nach, ihn zu überzeugen. Übrigens, ich wohne beim Buchhändler Christo, schräg gegenüber dem Dom. Komm morgen nach dem Frühstück vorbei, vielleicht ist mir bis dahin eine Lösung eingefallen."

„Ich werde alles versuchen und Luther nach Möglichkeit nicht von der Seite weichen. Zum Glück habe ich nicht weit von seiner Schlafkammer die meine. Leider muss ich sie mit einem reichen Kaufmann teilen, aber der ist fast nie da. Ein merkwürdiger Mensch, redet kaum ein Wort und hat einen Blick, dass man beinahe Angst bekommt. Also bis morgen."

Eckbert eilte zurück in die Halle, um nachzusehen, ob Luthers Tischgesellschaft noch etwas brauchte. Mara blieb noch einige Minuten im Hof sitzen und dachte über das Gehörte nach. Dann machte sie sich auf den Weg zurück zur Buchhandlung.

Als Nahel die Schlafkammer betrat, fand sie es seltsam, dass Mara nicht auf ihrem Strohsack lag. Zuerst dachte sie, Mara wäre zum Abtritt gegangen. Doch nach einer Weile begann sie, sich Sorgen zu machen. Sie beschloss im Hof nachzusehen. Nahel verließ die Kammer und schlich leise den Flur entlang.

Unter der Tür von Christos Schlafkammer neben der Treppe zeigte sich ein schwacher Lichtschein. Der Buchhändler war also noch wach. Nahel stieg die Holztreppe hinunter und öffnete geräuschlos die Hintertür. Der Hof mit dem Abtritt lag nur spärlich vom Mondlicht erhellt vor ihr.

„Mara", rief sie leise. „Mara, bist du im Hof?"

Keine Antwort, nur ein Hund im Nachbarhof begann laut zu bellen. Nahel begann sich ernste Sorgen zu machen. Wo konnte Mara um diese Uhrzeit nur sein? Bisher hatte sie immer gesagt, wo sie hinwollte, wenn sie das Haus verlassen hatte. Was war geschehen? Durch die vielen Menschen war die Stadt bei Nacht gefährlich, besonders für ein junges Mädchen.

Nahel entschied sich, mit Christo zu reden. Schnell ging sie zurück ins Haus und klopfte leise an Christos Kammertür.

„Ich bin es, Nahel. Entschuldige bitte die Störung, aber Mara ist verschwunden."

In der Aufregung bemerkte sie nicht, dass sie den Buchhändler duzte. Verdutzt öffnete Christo nur halb bekleidet die Tür. In der Hand hielt er ein Buch, anscheinend hatte er gerade gelesen.

„Verschwunden, wie meinst du das?"

„Mara ist weder in unserer Kammer, noch im Haus oder im Hof. Ich habe überall nachgesehen."

Christo sah bei diesen Worten Nahel irritiert an, dann meinte er:

„Geh du schon mal in den Wohnraum und heize den Kamin an. Ich ziehe mich an und komme gleich nach, dann besprechen wir die Angelegenheit. Ich bin mir sicher, Mara wird jeden Moment wieder auftauchen."

Nahel tat wie ihr geheißen und zündete in der Wohnstube den Kamin neu an. Während die Flammen anfingen, eine wohlige Wärme zu verbreiten, lief sie unruhig im Raum auf und ab. Wo war Mara nur? Vielleicht war sie verletzt und brauchte Hilfe?

Erstaunt bemerkte Nahel, wie sehr sie sich in den letzten Tagen an das jüngere Mädchen gewöhnt hatte. Der Gedanke, Mara könnte etwas zugestoßen sein, war ihr unerträglich.

Endlich betrat Christo den Wohnraum. In der einen Hand hielt er einen Weinkrug, zwei Becher in der anderen.

„Nun beruhige dich erst einmal", meinte der Buchhändler gelassen.

„Wir trinken jetzt einen Becher Wein und überlegen in Ruhe, was wir tun können."

Er stellte den Krug und die Becher auf dem Tisch ab. Dann goss er einen Becher voll mit rotem Wein und reichte ihn Nahel.

„Wie kannst du so gelassen sein?", meinte sie aufgebracht. „Mara ist irgendwo da draußen und braucht uns vielleicht, während wir hier untätig rumsitzen." Ihre Stimme wurde mit jedem Wort lauter.

„Ganz so dramatisch wie du sehe ich die Situation nicht", versuchte Christo Nahel zu beschwichtigen. „Mara ist schließlich kein Kind mehr und wir sind weder ihre Eltern noch bin ich ihr Vormund. Also haben wir ihr gegenüber keinerlei Verantwortung. Sie kann gehen wohin und wann sie will, vorausgesetzt, sie hat ihre Arbeit ordentlich erledigt", entgegnete der Buchhändler gelassen.

Nahel schnaubte empört durch die Nase. Wütend sprang sie auf. „Solange jemand für dich arbeitet, solltest du etwas mehr Verantwortungsgefühl ihm gegenüber zeigen!"

„Wo genau willst du denn um diese Zeit nach ihr suchen? In den Zelten, in den Gassen, in den Wirtshäusern?", kam es aufgebracht von Christo zurück. So langsam begann er seine Ruhe zu verlieren. „Im Moment können wir nur warten."

„Vielleicht hast du ja recht", gab Nahel kleinlaut zu.

Auch ihr war es nicht ganz wohl bei dem Gedanken, um diese Zeit in der überfüllten Stadt nach Mara zu suchen.

„Kann ich dich etwas fragen?", versuchte sie sich abzulenken.

„Woher kam Mara eigentlich?"

Der Buchhändler sah erstaunt von seinem Becher auf. Bisher hatte er nicht den Eindruck, dass Nahel an Maras Vergangenheit interessiert war.

„Ein befreundeter Buchhändler aus Speyer hat sie zusammen mit einer Lieferung Bücher zu mir geschickt. Er meinte, der Reichstag wäre für Mara gut, um bei mir einiges Neues zu lernen. Warum fragst du?"

„Speyer", hauchte Nahel überrascht. Plötzlich wurde ihr übel. Sie musste sich setzen.

„Was ist mit dir?", kam es besorgt von Christo.

„Erinnerst du dich, als ich mich von meiner Krankheit erholt hatte, gabst du mir einen Brief meines Vaters. Ich habe über den Inhalt noch mit niemandem außer dir gesprochen. In dem Brief berichtet er mir von einer Halbschwester und ich solle nach ihr suchen. Es war ihm ein großes Bedürfnis. Sie würde Mara heißen und in Speyer leben. Er hat sie auch beschrieben. Es passt alles auf unsere Mara. Verstehst du nun, warum ich sie unbedingt suchen muss?"

Christo konnte es kaum glauben, waren Nahel und Mara Halbschwestern? Die Mädchen waren äußerlich sehr unterschiedlich, doch je länger er darüber nachdachte, desto mehr Gemeinsamkeiten fielen ihm ein. Vor allem die Begeisterung beider für Bücher und Wissen.

„Es muss ja nicht unbedingt unsere Mara deine Halbschwester sein", versuchte er Nahel zu beschwichtigen. „Denke noch einmal in Ruhe darüber nach. Sicher gibt es in Speyer noch mehr Mädchen, die Mara heißen."

Doch Nahel wollte sich nicht so einfach davon abbringen lassen. In den letzten Tagen hatte sie immer öfter festgestellt, dass Mara und sie über Vieles die gleichen Ansichten hatten. Aber vielleicht hatte Christo recht und sie sollte alles noch einmal in Ruhe überdenken und vorsichtig mit Mara sprechen.

Zuvor musste sie jedoch gefunden werden.

Der Wein tat endlich seine Wirkung und Nahel wurde ruhiger und etwas schläfrig. Christo goss ihr gerade noch etwas Wein nach, als im Flur vor der Stubentür leise Geräusche zu hören waren. Der Buchhändler eilte mit schnellen Schritten zur Tür und riss sie mit Schwung auf. Auf dem Flur stand eine völlig überraschte Mara.

„Na so was", meinte er spöttisch. „Hast du endlich den Weg wieder hierher gefunden?"

Nahel sah Mara wütend an.

„Wo kommst du um diese Zeit her? Als ich dein Bett leer fand, bin ich vor Sorge fast krank geworden. Auf der Stelle wäre ich losgerannt, um dich zu suchen, hätte Christo mich nicht aufgehalten."

Mara konnte Nahels heftigen Ausbruch nicht verstehen. Erstaunt sah sie Nahel an. Bisher hatte sich noch nie jemand Sorgen um sie gemacht. Sie war überhaupt nicht auf die Idee gekommen, Nahel und Christo könnten sich sorgen.

„Es tut mir leid", meinte Mara zerknirscht. „Ich habe nicht nachgedacht. In Zukunft werde ich euch nach Möglichkeit sagen, wo ich hingehe. Bitte seid mir nicht böse."

Christo winkte großzügig ab.

„Du bist wieder da. Was du da draußen in der Nacht gemacht hast geht mich nichts an, solange du morgen pünktlich bei der Arbeit erscheinst."

Nach diesen Worten verließ der Buchhändler den Wohnraum. Er war froh, endlich in sein Bett zu kommen. Er hatte doch gleich gesagt, die Kleine würde unversehrt wieder auftauchen. Im Grunde war es ihm gleich, wo Mara sich in der Nacht herumtrieb. Dass Frauen um alles immer so einen Wind machen mussten. Aber dass Nahel ihn plötzlich duzte, fand er angenehm. Hoffentlich behielt sie es bei. Schon länger wünschte er sich einen näheren Kontakt zu dem dunkelhaarigen Mädchen, von dem seiner Meinung nach etwas Geheimnisvolles ausging.

Nahel und Mara blieben alleine in der Wohnstube zurück. Nahel schob Mara ihren Weinbecher hin. Die nahm einen großen Schluck und sah Nahel verlegen an.

„Ich habe mir wirklich nichts dabei gedacht, als ich nach dem Abendessen ohne ein Wort das Haus verlassen habe", meinte Mara leise. „Bisher hat sich nie jemand wirklich darum gekümmert, was ich mache."

Nahels Blick war vorwurfsvoll. „Mich kümmert es schon, wohin du gehst. Ich möchte nicht, dass dir etwas passiert."

Innerlich rang Nahel mit sich. Sollte sie Mara von dem Brief und ihrer Vermutung erzählen oder lieber alles noch einmal überdenken? Zur Sicherheit entschloss sie sich, Mara einige Fragen zu stellen.

„Wie hast du eigentlich in Speyer gelebt? Christo hat mir vorhin erzählt, dass du aus dieser Stadt kommst."

„Wie alle armen Leute dort, mit viel Arbeit und wenig Essen", kam etwas unwillig als Antwort.

„Und deine Mutter, wie war die so? Lebt sie noch?", Nahel ließ nicht locker, obwohl sie merkte, dass Mara über ihre Zeit in Speyer nicht sprechen wollte.

„Wir haben uns nie gut verstanden und manchmal hatte ich den Verdacht, sie wäre gar nicht meine richtige Mutter," kam es widerstrebend von Mara.

Nahel horchte gespannt auf. „Wieso? Hat sie dir gegenüber etwas gesagt oder getan, was dich auf diese Idee gebracht hat?"

„Sie war immer nur kalt und abweisend zu mir. Nie konnte ich ihr irgendetwas recht machen. Für sie war ich immer nur eine Last", meinte Mara traurig.

Jetzt war für Nahel der richtige Moment da, um Mara von dem Brief zu erzählen.

„Sagt dir der Name Hermann von Regensburg etwas?", wollte sie von Mara wissen.

Die schüttelte nur verständnislos den Kopf. Allmählich hatte sie genug von Nahels Fragen. Sie war müde und wollte ins Bett.

„Er war mein Vater, musst du wissen. Ursprünglich komme ich aus Regensburg. Doch von dort musste ich plötzlich fliehen und habe mich zu Christo, welcher ein Freund meines Vaters war, durchgeschlagen. Bei ihm hatte mein Vater einen Brief für mich hinterlegt. Sein Vermächtnis sozusagen." Nahel hielt inne. Gespannt wartete sie auf Maras Reaktion.

„Warum erzählst du mir das alles?", fragend sah Mara zu Nahel hinüber.

„Weil ich glaube, der Brief hat auch für dich eine Bedeutung", kam es leise.

„Für mich? Aber ich habe deinen Vater doch überhaupt nicht gekannt." Maras Verwirrung stieg immer mehr.

„So wie es aussieht, hat mein Vater vor mehr als fünfzehn Jahren eine längere Zeit in Speyer verbracht und sich dort in die Tochter eines reichen Patriziers verliebt. Die Liebe blieb nicht ohne Folgen und ein Kind wurde geboren, ein Mädchen. Es wurde auf den Namen Mara getauft. Nach der Beschreibung meines Vaters hatte das Mädchen auffällige smaragdgrüne Augen und bernsteinfarbige Locken. Die Beschreibung passt auf dich."

Mara fehlten erst einmal die Worte. Plötzlich sollte die Frau, welche sie so lange für ihre Mutter gehalten hatte, nicht ihre Mutter sein, und Mara selbst einem Patriziergeschlecht entstammen? Das war zu schön, um wahr zu sein. Es konnte einfach nicht stimmen.

„Wenn du dich nun aber irrst?", Maras Stimme klang ganz leise.

„Ich denke nicht, dass ich mich irre. In den letzten Tagen habe ich dich beobachtet. Wir sind uns zwar nicht äußerlich, im Denken und Handeln jedoch ziemlich ähnlich", sagte Nahel mit fester Stimme.

„Außerdem, wie viele Mädchen mit dem Namen Mara in Speyer hatten deine Augen und die gleichen bernsteinfarbigen Locken?"

„Ich kenne keine", kam es etwas zuversichtlicher von Mara. „Aber warum hat mich unser Vater nie besucht? Wollte er mich nicht kennenlernen?"

„Er war ja mit meiner Mutter verheiratet und wahrscheinlich wollte er keine Schwierigkeiten. Aber er hat die Frau, bei der du gelebt hast, längere Zeit mit Geld unterstützt. Für mich ist das alles auch noch ziemlich neu", erklärte Nahel. „Plötzlich habe ich eine jüngere Schwester. Daran muss ich mich auch erst gewöhnen. Morgen gebe ich dir den Brief, dann kannst du selbst lesen, was mein Vater geschrieben hat. Übrigens, er hat dir auch etwas hinterlassen."

„Mir?", ungläubig riss Mara die Augen auf.

„Ja, einen Ring. Er hat einmal deiner Mutter gehört. Ich werde ihn dir morgen mit dem Brief geben. Jetzt sollten wir aber schleunigst schlafen gehen. Morgen ist wieder ein langer Tag."

Die beiden Mädchen gingen in ihre Kammer und jede wickelte sich in Gedanken versunken in ihre Decke.

Während Nahel froh war, endlich mit Mara über den Brief gesprochen zu haben, fand Mara keinen Schlaf. Zuviel war heute passiert. Luther fiel ihr wieder ein. Warum hatte er ihr nur nicht geglaubt? Lag es daran, dass er, wie fast alle Männer der Kirche, die Meinung von Frauen gering schätze oder glaubte er durch die Zusicherung des freien Geleits von Kaiser Karl V. grundsätzlich nicht an eine Gefahr?

Sie musste am nächsten Morgen zusammen mit Eckbert eine Möglichkeit finden, Luther zu überzeugen. Vielleicht konnte ihnen Luthers enger Vertrauter, Justus Jonas, helfen? Auch das Gespräch mit Nahel ging ihr noch einmal durch den Kopf. Der Gedanke, nicht mehr alleine auf der Welt zu sein, erfüllte sie mit leiser Freude. Aber in ihrem bisherigen Leben hatte sie gelernt, dass es besser war, vorsichtig zu sein. Allerdings kannte auch sie kein weiteres Mädchen mit Namen Mara in Speyer, auf das die Beschreibung des Briefes passen würde. Mara nahm sich vor, so bald wie möglich den Brief eingehend zu studieren. Vielleicht gab es ja verborgene Hinweise, welche Nahel nicht aufgefallen waren. Solange hatte sie von ihrer Vergangenheit nichts gewusst, da kam es auf einige Tage nicht an. Der Morgen dämmerte schon, als sie endlich einschlief.

Als Mara einige Stunden später erwachte, war Nahels Bett bereits leer. Sie beeilte sich mit dem Waschen und Anziehen und betrat die Wohnstube.

„Guten Morgen. Es tut mir leid, dass ich heute etwas später wach wurde", begrüßte Mara die anderen, bevor sie sich an den Tisch setzte und nach einer Scheibe Brot griff.

„Das macht nichts. Nach unserem Gespräch von gestern dachte ich, etwas Schlaf würde dir guttun. Christo war der gleichen Ansicht. Deshalb habe ich dich nicht geweckt", meinte Nahel lächelnd.

Auch Christo war Mara wegen der vergangenen Nacht anscheinend nicht mehr böse. „Das sind doch wundervolle Neuigkeiten. Nahel und du Schwestern – wer hätte das gedacht?", der Buchhändler schien sich über die Entwicklung sogar aufrichtig zu freuen.

„Wundervoll ist es schon, nur so ganz überzeugt bin ich noch nicht", schränkte Mara sogleich ein.

„Zuerst will ich den Brief sehen und mir ein eigenes Bild machen. Nicht, dass ich etwas gegen Nahel als Schwester hätte. Ich will mich nur nicht zu früh freuen." Entschuldigend blickte sie Nahel an. Die schien Mara zu verstehen. Für beide war die Situation noch neu und ungewohnt.

Ich kann den Brief holen", meinte Nahel bereitwillig. „Dann kannst du ihn gleich lesen." Sie sprang auf und wollte aus dem Zimmer eilen, um das Schreiben aus der Kammer zu holen.

Mara wand sich, so sehr sie auch darauf brannte, den Inhalt des Briefes zu lesen. Luther ging vor.

„Natürlich möchte ich die Zeilen unseres Vaters lesen, doch zuerst muss ich noch etwas Wichtiges erledigen." Mara hoffte inständig, Nahel würde Verständnis für den unerwarteten Aufschub haben.

„Was kann denn wichtiger sein, als deine eigene Herkunft?" fragte Nahel sichtlich gekränkt. Endlich hatte sie es geschafft, Mara von dem Brief zu erzählen und nun war der Jüngeren etwas anderes wichtiger. Traurig sah sie Mara an und Tränen standen in ihren Augen.

„Es geht um das Leben eines Menschen und vielleicht auch um die Zukunft von uns allen", gab Mara heftiger als beabsichtigt zurück.

Nach diesen Worten verließ sie schnell die Wohnstube, um weiteren Fragen aus dem Weg zu gehen. Nahel und Christo blieben verdutzt am Tisch zurück. Einen solchen Ausbruch hatten sie bei Mara bisher noch nicht erlebt. Nahel sah ihr fassungslos nach.

„Anscheinend ist sie nicht so erfreut wie ich es bin."

Traurig griff sie nach einer Scheibe Brot.

Der Buchhändler nahm tröstend ihre Hand und meinte besänftigend:

„Nun sei nicht ungerecht. Ich bin mir sicher, Mara hat die Wahrheit gesagt und es geht in dieser Angelegenheit wirklich um Leben und Tod. Es wäre allerdings besser gewesen, sie hätte uns mehr darüber berichtet. Außerdem ist es noch immer möglich, dass Mara nicht deine Schwester ist. Wirklich sicher kannst du nur sein, wenn ihr gemeinsam nach Speyer reist und dort Nachforschungen anstellt."

Nahel sah Christo erstaunt an. Er hatte recht, sie konnte sich nur sicher sein, wenn sie mit Mara nach Speyer reiste. Und genau das würde sie in den nächsten Tagen auch tun. Jetzt musste sie nur noch Mara von ihrem Vorhaben überzeugen.

Während Nahel noch über eine Reise nach Speyer nachdachte, rannte Mara durch die überfüllten Gassen in Richtung des Johanniterhofs. Sie wollte Eckbert abpassen, bevor der Junge sich zum Buchgeschäft aufmachte.

Obwohl es noch früh am Tag war, hatten am Rande der Gassen bereits unzählige Garküchen geöffnet. Der Geruch von gebratenem Fleisch und süßen Pasteten wehte durch die Luft. Auch vereinzelte Händler warteten an ihren Ständen bereits auf Kundschaft. An jedem anderen Tag hätte sich Mara gern die Auslagen der Stoffverkäufer angesehen, heute jedoch fehlte ihr dafür die Zeit und die Muse. Im Johanniterhof herrschte das gleiche Gewühl wie am Abend zuvor. Mara konnte kaum glauben, wie viele Menschen hier auf engstem Raum übernachtet hatten. In der Eingangshalle des großen Gebäudes war es dagegen vergleichsweise ruhig. Nur wenige Tische waren bereits besetzt.

Von Luther und seinem Gefolge war noch nichts zu sehen. Aus der Küche drang der der übliche Lärm. Dort war man gerade dabei, das Frühstück für die wohlhabenden Übernachtungsgäste zu bereiten. Mara betrat die großräumige Küche und sah sich um. Die Küchenhilfen waren schon damit beschäftigt, große Berge von Gemüse für das Mittagessen zu schneiden. Es roch nach frisch gebackenem Brot und die ersten Spieße mit Fleisch begannen sich über den Feuerstellen zu drehen.

Ein beleibter Mann in einem fettverspritzten Kittel rührte über dem offenen Feuer in einem hohen gusseisernen Topf mit Hafergrütze. Als er Mara sah, musterte er sie mit zusammengekniffenen Augen und schnauzte:

„Was willst du hier? Gegessen wird, wenn das Frühstück fertig ist, draußen in der Halle. Wenn du hier herumschleichst, geht es auch nicht schneller."

Mara versuchte trotz des abweisenden Tons freundlich zu bleiben.

„Verzeiht mein Herr", antwortete sie und versuchte ihrer Stimme einen unterwürfigen Klang zu geben. „Ich wollte auf keinen Fall stören, doch ich bin auf der Suche nach dem Jungen aus Luthers Gefolge. Habt Ihr ihn heute schon gesehen?"

„Ich kann nicht auf jeden Bengel, der durch die Küche läuft, achten. Vielleicht war er hier, vielleicht auch nicht. Und jetzt mach, dass du aus meiner Küche kommst, wir haben hier keine Zeit, um unnütz zu schwatzen."

Mara bedankte sich trotz des abweisenden Tons so freundlich wie möglich für die Auskunft und verließ dann eilig die Küche.

Erneut sah sie sich aufmerksam in der Halle um, doch von Eckbert war wieder nichts zu sehen. Sie würde sich wohl in der oberen Etage auf die Suche machen müssen. Sie stieg die breite Holztreppe hinauf.

Oben angekommen lag ein weiter Korridor mit vielen Türen vor ihr. Einige standen offen und lebhaftes Stimmengewirr drang hinaus auf den Gang. Mara begann an ihrem Vorhaben zu zweifeln. Wie sollte sie Eckbert hier finden?

Gerade als sie entschied, sich die offenen Räume im Vorbeigehen anzusehen, öffnete sich eine Tür, ziemlich am Ende des Ganges. Ein Mann trat heraus und kam gemächlich auf Mara zu. Sie ging langsam weiter und warf einen Blick in den ersten offenen Raum. Zwei Männer in Reisekleidung saßen an einem Tisch und waren angeregt in ein Gespräch vertieft. Sie schenkten Mara keine Beachtung. Mittlerweile war der Mann auf dem Gang bei Mara angekommen und blieb stehen. Irritiert sah Mara ihn an. Plötzlich erkannte sie ihn, es war Justus Jonas, der enge Vertraute Luthers, der Mann, welcher ihr am Tisch aufmerksam zugehört hatte.

Auch er erkannte Mara und meinte leicht spöttisch:

„Seid Ihr wieder unterwegs, um Luther vor Gefahren zu warnen?"

„Auch wenn Ihr es mir nicht glaubt, die Gefahr steht unmittelbar bevor", meinte sie ernst. Mit verzweifeltem Blick sah sie Justus Jonas an. Etwas in ihren Augen rührte ihn.

„Ihr seid also tatsächlich von Speyer nach Worms gereist, um Luther zu warnen? Warum, er ist Euch doch fremd?"

Mara zog Jonas in eine Nische, denn mittlerweile begann sich der Gang mit Menschen zu füllen. Türen wurden geöffnet und geschlossen. Das ungleiche Paar begann Aufmerksamkeit zu erregen. Schnell gab Mara dem Gefährten Luthers einen Überblick darüber, was sie gehört hatte. Da sie Eckbert nicht hineinziehen wollte erzählte sie, sie hätte das Gespräch durch Zufall im Hof von Bellas Gasthaus belauscht. Justus Jonas Gesichtsausdruck wurde im Laufe des Gespräches immer ernster. Er spürte, dass Mara ihm die Wahrheit sagte. Anscheinend war tatsächlich eine Verschwörung höchster Kreise gegen Luther geplant.

Atemlos schloss Mara leise ihren Bericht: „Man muss doch etwas tun, wenn ein Mensch in Gefahr ist. Oder meint Ihr nicht?"

Justus Jonas nickte zustimmend.

„Habt Ihr den geheimnisvollen Mann hier in Worms schon gesehen?"

Mara schüttelte verneinend den Kopf. Aber in der Stadt waren Tausende unterwegs, die den Reichstag erleben wollten, wie sollte man da einen Einzelnen finden?

Luthers Gefährte war sichtlich erleichtert. Vielleicht gelangte der Angreifer überhaupt nicht bis nach Worms. Die Zeiten waren unruhig und das Reisen barg viele Gefahren. Justus Jonas überlegte, dann meinte er:

„Morgen ist die Anhörung vor Kaiser Karl V. und den Reichsständen. Bis dahin werde ich immer in Luthers Nähe bleiben. Allerdings werde ich ihm nichts von der Bedrohung sagen. Er ist wegen der Anhörung schon nervös genug. Luther muss sich seine Verteidigung genau überlegen und braucht dazu Ruhe. Ich werde ihn nach Möglichkeit davon überzeugen, dass er bis zur Anhörung sein Zimmer nicht verlässt und werde das Essen dorthin bringen lassen."

Mara fiel ein Stein vom Herzen. Solange immer jemand in Luthers Nähe war, konnte eigentlich nichts geschehen.

„Wo genau liegt eigentlich Luthers Kammer?", wagte sie zu fragen.

„Die Tür am Ende des Korridors, aus der ich vorhin kam, führt zu Luther", antwortete der Vertraute des Mönchs.

„Und wer bewohnt die Kammern neben Luther und die in seiner Nähe?", wollte Mara noch wissen.

„Genau neben Luthers Kammer liegt die meine. Ich teile den Raum mit einem Kameraden. Auch gegenüber von Luther wohnen Männer aus seinem Gefolge. Wir teilen uns immer zu zweit oder zu dritt einen Raum. Ihr seht also, Luther ist von Freunden umgeben."

Mara war erleichtert. Die Gefahr schien vorerst gebannt. Jetzt musste sie nur noch Eckbert finden und ihn von der neuesten Entwicklung in Kenntnis setzen.

„Eine letzte Frage hätte ich noch. Wo hat der Junge aus Eurem Gefolge seinen Schlafplatz? Auch hier auf diesem Gang? Ich kenne ihn aus Speyer und soll ihm Grüße überbringen."

Mara kam die Notlüge einigermaßen flüssig von den Lippen. Justus Jonas musste nichts davon wissen, dass Eckbert ebenso wie er Bescheid wusste. Außerdem sahen vier Augen eindeutig mehr als zwei und Eckbert konnte sich unauffälliger als Luthers Gefährte im gesamten Haus bewegen.

„Ihr meint Eckbert. Der Junge hat seine Kammer in der obersten Etage. Hier auf diesem Gang war nur Platz für Luthers Gefolge, einige Kirchenmänner und wichtige Kaufleute. Dienerschaft und weniger begüterte Reisende wurden eine Etage höher oder im Anbau untergebracht. Eckberts Zimmer ist das erste nach der Treppe, er teilt es sich mit einem Kaufmann aus Nürnberg. Wenn Ihr mit dem Jungen gesprochen habt, schickt ihn zu mir in die Halle. Ich habe einige Aufträge für ihn."

Mara war froh, ihr Wissen endlich mit jemandem teilen zu können, der Zugang zu Luther hatte. Trotzdem beschloss sie am Abend wiederzukommen, um sich umzusehen. Nach wie vor glaubte sie, die Gefahr fast körperlich zu spüren.

Die Treppe zum Obergeschoss war nicht ganz so breit und prächtig wie die in der Halle. Manche der Stufen waren schon recht abgenutzt und knarrten beim Betreten vernehmlich. Während die untere Etage mit ihren kunstvoll verzierten Holztüren einen gewissen Wohlstand ausstrahlte, war hier alles einfacher. Da Mara wusste, dass der Junge die Kammer mit einem Kaufmann teilte, klopfte sie an.

„Herein", ertönte eine Stimme von drinnen.

Mara öffnete die Tür und betrat den Raum. Das Zimmer war karg, aber zweckmäßig mit zwei Betten, auf denen Strohsäcke und einige Decken lagen, sowie einem Tisch und zwei Stühlen ausgestattet. Über dem Tisch an der Wand hing ein schlichtes Holzkreuz. In einer Wandnische brannte ein Talglicht.

Ein Mann stand mit dem Rücken zur Tür und suchte in dem auf seinem Bett verstreuten Reisegepäck offensichtlich etwas. Bei Maras Eintritt wandte er sich um und musterte sie überrascht. Auch Mara sah ihn erstaunt an, als sie den Mann erkannte. Es war der wohlhabende Kaufmann, welcher vor einigen Tagen an ihrem Bücherstand nach einem bestimmten Buch gefragt hatte.

„Nanu, was führt Euch denn hierher? Hat Euer Meister endlich das von mir gewünschte Buch besorgen können?", meinte er nicht unfreundlich.

„Leider habe ich keine Nachricht für Euch, sondern für den Jungen aus Luthers Gefolge. Man hat mir gesagt, er würde hier schlafen."

Schlagartig änderte sich die freundliche Miene des Kaufmanns.

„Was wollt Ihr von dem Bengel?", meinte er lauernd. „Es ist schon richtig, dass er hier wohnt. Doch meistens treibt er sich irgendwo herum. Als ich aufgewacht bin, war er bereits weg. Keine Ahnung wohin. Ihr könnt mir ja die Nachricht mitteilen, ich werde sie ihm dann ausrichten."

Bei diesen Worten sah er sie verschlagen an. Mara fühlte sich plötzlich äußerst unwohl in seiner Gegenwart. Der Mann machte ihr Angst. Mara ließ ihren Blick über die auf dem Bett des Kaufmanns liegenden Gegenstände schweifen. Es war das an sich normale Gepäck eines Reisenden. Etwas Kleidung, einige Papiere, versiegelte Umschläge und ein Messer, welches wohl zum Schutz gedacht war. Auffällig war jedoch ein kleines blaues Fläschchen mit ansprechender goldener Verzierung. Maras Blick blieb daran hängen, so etwas hatte sie noch nie gesehen.

Als der Kaufmann bemerkte, was Maras Blick so magisch anzog, ließ er die kleine Glasflasche unter einigen Schriftstücken verschwinden. Bei dieser Bewegung konnte Mara seine Hände zum ersten Mal ohne die Handschuhe, welche er im Dom und auch am Bücherstand getragen hatte, sehen und erstarrte. Der linke Handrücken wies die gleiche Tätowierung auf, die sie bei dem Unbekannten in der Nacht, damals im Dominikanerkloster, gesehen hatte. Mara versuchte, sich ihre Angst nicht anmerken zu lassen. Betont freundlich sah sie den Kaufmann an.

„Ich möchte Euch nicht unnötig bemühen. Bestimmt werde ich den Jungen hier im Haus bald finden. Einen angenehmen Tag wünsche ich Euch."

Während sie sprach hatte sie sich unauffällig nach hinten durch die geöffnete Tür bewegt. Der Kaufmann nickte ihr kurz zu und durchsuchte dann weiter sein Gepäck. Mara schloss schnell die Tür hinter sich. Ihr war übel vor Angst und sie lehnte sich einen Moment mit dem Rücken an die Wand. Zwei Männer, welche aus dem Nebenzimmer traten und zur Treppe eilten, musterten sie mit einigem Interesse. Mara riss sich zusammen. Hier konnte sie nicht bleiben, jeden Moment konnte auch der Kaufmann sein Zimmer verlassen.

Während sie eilig die Treppen hinunterlief, um nach Eckbert zu suchen, rief sie sich noch einmal die Tätowierung des Mannes, den sie im Kloster belauscht hatte, in ihr Gedächtnis zurück. Es gab keinen Zweifel, die beiden Tätowierungen waren identisch.

Das Böse hatte Gestalt angenommen.

Zur gleichen Zeit im Bischofspalast und Johanniterhof
10. Kapitel

Nicht nur Mara kämpfte in diesem Augenblick gegen die Unsicherheit der kommenden Tage an.

Im Bischofssitz, gleich neben dem Dom, erging es Kaiser Karl V. ähnlich. Auch den Herrscher plagten Zweifel, wenn er an die nächste Zeit dachte. Der Gesandte des Papstes hatte ihm schon vor Längerem deutlich zu verstehen gegeben, wie dringend der Papst die Anhörung Luthers vor den Reichsständen wünschte. Den Anspielungen Cajatans glaubte der Kaiser entnehmen zu können, dass die römische Kirche eine Verurteilung Luthers als Ketzer anstrebte.

Doch der Kaiser hatte Zweifel. In seinem riesigen Reich, in dem die Sonne niemals unterging, gärte und brodelte es an vielen Ecken. Die Menschen wollten Veränderungen, in technischer wie auch geistiger Hinsicht. Karl V. war sich im Klaren darüber, dass er Luther vernichten musste, sollte er tatsächlich ein Ketzer sein. Doch war er einer? Darüber galt es sich Gewissheit zu verschaffen.

Aus diesem Grund hatte er Luthers Landesfürsten, Friedrich den Weisen, zu einer geheimen Unterredung in seine Gemächer gebeten. Sein Oheim war gestern am späten Abend aus Wittenberg angereist, um der Anhörung Luthers vor dem Reichstag beizuwohnen. Er hatte ebenfalls im Bischofshof Quartier bezogen.

Karl V. erhoffte sich, in diesem Gespräch Klarheit über Luthers Motive zu gewinnen. Der Kaiser erwartete den Kurfürsten jeden Moment. Karl V. sah sich in seinem Schlafraum um. Der Raum wirkte zwar mit den vielen Teppichen und wertvollen Wandbehängen gemütlich und luxuriös. Jedoch war er in keinerlei Weise mit der Pracht, mit der sich der Kaiser sonst umgab, zu vergleichen. Doch für diese kurze Unterredung würde es gehen.

Der Kaiser ließ sich in einem schweren mit dunklem Samt überzogenen Sessel vor dem Kamin nieder und starrte nachdenklich in die Flammen.

Ein Diener trat leise ein und servierte auf einem goldenen Tablett zwei silberne Pokale mit schwerem Rotwein aus dem Burgund.

„Kurfürst Friedrich wartet in Eurem Schreibzimmer und bittet um eine Audienz", meldete der Diener nach dem Servieren.

„Schicke ihn herein. Ich habe den Kurfürsten bereits erwartet", gab der Kaiser zur Antwort.

Der Diener verließ wie befohlen den Raum und Friedrich trat, schwer auf einen kostbaren Gehstock gestützt, ein. Der Kurfürst wirkte würdevoll. Was zum einen an seinem Alter liegen mochte, zum anderen zeigte sich in seinem Gesichtsausdruck Güte. Gekleidet war er dem Anlass entsprechend prachtvoll in Brokat. Nach seinem Eintritt verneigte Friedrich sich ergeben vor dem Kaiser.

„Mein lieber Oheim, es ist mir eine Freude Euch zu sehen. Schön, dass Ihr meiner Einladung zu diesem Gespräch nachgekommen seid", begann Karl V. die Begrüßung. „Sind die Euch zugewiesenen Gemächer zu Eurer Zufriedenheit?"

„Es ist alles bestens, mein lieber Neffe. Doch sagt mir, wie komme ich zu dieser Ehre einer privaten Audienz?"

Friedrich war sich sehr wohl über den Grund des Gespräches im Klaren, wollte ihn jedoch direkt aus dem Mund des Kaisers hören.

„Setzt Euch doch erst einmal, Oheim, und genießt einen Schluck des guten Rotweins und erzählt mir dann, welche Fortschritte Eure Universität in Wittenberg macht."

Bei diesen Worten wies der Kaiser auf den zweiten Stuhl vor dem Kamin. Der Kurfürst ließ sich schwerfällig darauf nieder und nahm einen Schluck Wein.

„Ein vorzüglicher Tropfen", gab er nach dessen Genuss neidvoll zu. „Woher bezieht Ihr ihn? Oder ist das ein Geheimnis?"

„Aus dem Burgund, direkt von einem Kloster. Die Mönche dort keltern den Wein selbst. Ich lasse Euch einige Fässer zukommen. Doch nun genug über den Wein. Ich möchte mit Euch über die Universität in Wittenberg und vor allem über Doktor Luther sprechen. Vor der Anhörung will ich von mehreren Seiten Meinungen über ihn einholen. Die des Papstes und seines Gesandten kenne ich bereits zur Genüge. Doch was meint Ihr Oheim, als sein Landesfürst, über ihn und seine Ideen?"

Friedrich drehte den silbernen Weinpokal nachdenklich zwischen den Händen. Die Flammen spiegelten sich im Silber. Was sollte er seinem Kaiser antworten? Diplomatie war jetzt gefragt. Karl V. war zwar sein Neffe, stand aber als Kaiser weit über ihm und des Kaisers Wort war Gesetz.

„Nun, " begann er vorsichtig. „Die Universität zieht Schüler und Lehrer aus dem gesamten Reich an. Viele Magister an den Universitäten haben oftmals etwas ungewöhnliche Ideen. Nicht nur Luther. Aber das liegt wohl am Geist der Zeit. Die Studenten besuchen gerne die Vorlesungen in Wittenberg. Luther ist ein guter Redner und zieht die Studenten in seinen Bann."

Der Kurfürst machte eine Pause.

„Warum gerade die Vorlesungen von Luther?", hakte der Kaiser sogleich nach.

„Wahrscheinlich, weil er das anspricht und auch in der Messe von der Kanzel predigt, was die Menschen beschäftigt. Er zeigt die Missstände unserer Zeit auf. Vor allem die innerhalb der Kirche. Er spricht über das, was er in Rom mit eigenen Augen gesehen hat. Die Prunkbauten der Päpste und die Verschwendung des Geldes, welches mit dem Ablasshandel gemacht wird."

Der Kaiser sprang bei diesen Worten erregt von seinem Stuhl auf und begann mit großen Schritten im Raum umherzugehen.

„Was denkt sich dieser Mönch? Kritisiert die Politik des Papstes und wagt es, das Seelenheil der einfachen Menschen zu gefährden, mit seinen Reden gegen den Ablass."

Der Kaiser war aufgebracht. Friedrich versuchte ihn zu beschwichtigen.

„Ihr seid doch sicher darüber im Bilde, was mit dem Geld des Ablasses geschieht. Es werden zwar Kirchen gebaut, aber es kommt auch den Privatschatullen des Papstes und auch denen der Fugger zugute."

„Und wenn schon", kam es gleichgültig von Karl V. „Das war schon immer so. Die Menschen müssen für ihr Seelenheil zahlen. Daran wird sich nichts ändern. Kommen wir nun zu einer weiteren Überzeugung von Luther, seinen Schriften, dieser Ansammlung von Unsinnigkeiten gegen die Kirche sowie die Reichen des Landes. Habt Ihr, werter Oheim, seine Bücher gelesen?" Erwartungsvoll sah der Kaiser den Landesfürsten an.

Friedrich wand sich innerlich. Unmöglich konnte er zugeben, dass ihm Luthers Schriften geläufig waren und dass er den einen oder anderen Gedanken nachvollziehen konnte.

„Nur ganz flüchtig", versuchte er diplomatisch zu antworten. „Allerdings fiel mir dabei keinerlei ketzerisches Gedankengut auf."

Karl V. sah ihn bei diesen Worten eindringlich an.

„Ihr seht wohl nur das Gute in dem Menschen", meinte er. „Hättet Ihr Luthers Bücher aufmerksamer gelesen, so wären Euch sehr wohl ketzerische Ideen aufgefallen. Sollten die Menschen in meinem Reich diese Ideen aufgreifen, wären Unruhen die Folge. Soweit darf es auf keinen Fall kommen."

Kurfürst Friedrich spürte, der Kaiser hatte sich seine Meinung bereits gebildet. Trotzdem unternahm er einen letzten Versuch:

„Luther ist ein Idealist. Gut, seine Ideen sind neu und damit für das Volk interessant. Doch die Macht der Kirche im Reich ist groß. Sie könnte den einen oder anderen Punkt in Luthers Thesen für sich nutzen. Ich für meinen Teil sehe in Luther nur einen guten Dozenten, nicht jedoch einen Ketzer."

Der Kaiser lächelte Friedrich hintergründig an.

„Ihr seid in diesem speziellen Fall zu milde mit Eurem Urteil, lieber Oheim. Als Kaiser muss ich das Wohl meines gesamten Reiches im Auge haben, deshalb stimme ich der Meinung des Papstes zu. Dieser anmaßende Mönch muss seine Schriften vor dem Reichstag widerrufen. Andernfalls werde ich ihn zum Ketzer und damit für vogelfrei erklären."

Friedrich erschrak bei diesen harten Worten. Er konnte

nicht glauben, dass Karl V. sein Wort brach. Der Kaiser hatte Luther freies Geleit zurück nach Wittenberg zugesichert, wenn er freiwillig vor dem Reichstag erscheinen würde.

„Ihr seid der Kaiser", meinte der Kurfürst jedoch nur.

Friedrich erhob sich schwerfällig aus dem Sessel und verneigte sich vor dem Kaiser.

„Ich danke Euch für dieses Gespräch. Ihr habt mir geholfen, klar zu sehen."

Mit diesen Worten verabschiedete Karl V. den Kurfürsten. Auf dem Weg in seine Gemächer haderte Friedrich mit sich. Warum war er nicht diplomatischer gewesen? So hatte er Luther nur geschadet.

In seinem Schlafzimmer ließ sich der Kurfürst im Sessel nieder und hieß den Diener, ihm einen Becher mit heißem Würzwein zu bringen. Lange saß der Kurfürst so da, starrte auf das Muster des kostbaren Teppichs unter seinen Füßen und überdachte das Gespräch.

Plötzlich kam ihm die rettende Idee. Er würde sich weder vom Papst noch vom Kaiser seinen fähigsten Doktor rauben lassen. Die Universität in Wittenberg brauchte Luther. In merklich gehobener Stimmung rief er nach seinem Sekretär und diktierte mehrere Schreiben, auf deren Dringlichkeit er besonders hinwies.

Von all diesem ahnte Mara nichts, während sie im Johanniterhof weiter nach Eckbert suchte. Hätte sie gewusst, welch hohen Fürsprecher Luther hatte, wäre sie um einiges beruhigter gewesen.

Im Stall stieß sie endlich auf Eckbert. Der Junge spielte mit einigen Pferdeknechten Karten.

„So versiehst du also deine Aufgaben?", fuhr sie ihn aufgebracht an.

Die Knechte sahen von den Karten hoch und musterten Mara anzüglich. Einer von ihnen stand auf und spuckte vor Mara ins Stroh.

„Weiber haben hier nichts verloren. Kennst du die, Junge?"

„Meine Schwester", beeilte sich Eckbert zu sagen. „Ich habe

mich vorhin vor der Arbeit gedrückt und jetzt sucht sie mich."

„Und ich hab dich gefunden Bruder", kam es von Mara. „Jetzt kommst du mit, sonst verrate ich unserem Vater, dass du wieder Karten gespielt hast."

„Geh lieber", meinte ein hagerer Kerl mit schiefer Nase. „Deine Schwester scheint Haare auf den Zähnen zu haben."

Eckbert grinste die Männer an und folgte dann Mara aus dem Stall. Im Hof packte sie ihn an beiden Armen.

„Was hast du dir nur dabei gedacht? Spielst Karten. Was, wenn Luther gerade jetzt etwas passiert wäre? Du solltest seine Zimmertür im Auge behalten."

Mara war ziemlich wütend auf Eckbert. Sie brauchte seine Hilfe und er dachte nur an sein Vergnügen.

„Hab ich doch. Ziemlich lange sogar. Aber heute Morgen kam Justus Jonas und sagte mir, Luther würde den Tag mit ihm verbringen und ich sollte mich mal in Haus und Stall umhören. Das hab ich auch getan. Auch beim Kartenspielen kann man was erfahren", gab der Junge aufgebracht zurück.

Eckbert fand, Mara war ungerecht. Sie hätte ihn zuerst nach dem Grund für das Spiel fragen und ihn nicht so vor den Männern anfahren sollen. Er war schließlich schon dreizehn und kein Kind mehr.

„Und was hast du beim Spiel erfahren?", meinte Mara etwas versöhnlicher.

„Du hast doch den Kerl mit der schiefen Nase gesehen", begann er.

Mara nickte zur Bestätigung.

„Er ist der Knecht des Kaufmannes, welcher mit mir die Kammer teilt. Auf jeden Fall hat er beim Kartenspielen erzählt, sein Herr käme angeblich aus Italien und hätte einige Zeit in Augsburg verbracht, bei den Fuggern. Dort ist auch der Knecht angestellt. Er soll ihn lediglich bis nach dem Reichstag begleiten und dann nach Augsburg zurückkehren. Jedenfalls kommt der Knecht mit seinem derzeitigen Herrn nicht klar. Es gab wohl auf der Reise hierher einige Zwischenfälle. Der Knecht hat angedeutet, dass er glaubt, sein Herr wäre überhaupt kein richtiger Kaufmann und aus Italien käme er auch nicht.

Vielleicht sollte ich ihn genauer aushorchen?"
Erwartungsvoll sah Eckbert Mara an. Die schüttelte nur den Kopf und winkte ab.
„Das kannst du dir sparen. Der Knecht hat recht, sein Herr ist in einer Geheimsache unterwegs", erklärte Mara dem Jungen.
Eckbert riss die Augen auf und blickte Mara ungläubig an.
„Woher weißt du das?" In Eckberts Stimme schwangen Überraschung und Zweifel mit.
„Während du dich beim Spiel vergnügt hast, habe ich oben in der Kammer nach dir gesucht. Dort war aber nur der vermeintliche Kaufmann. Besonders freundlich war der Kerl nicht. Im Laufe des Gesprächs sind mir zwei Dinge aufgefallen. Zum einen eine blaue Glasflasche mit auffälliger goldener Verzierung. Er hat sie, als er meinen Blick bemerkte, verschwinden lassen. Und zum anderen, der Mann trägt auf dem linken Handrücken eine Tätowierung. Die gleiche, die auch der Mönch trug, den wir an jenem Abend im Kloster belauschten. Hast du die Flasche oder die Tätowierung bei dem Mann auch bemerkt?"
Mara hoffte von Eckbert eine Bestätigung zu ihren Überlegungen zu erhalten. Doch der meinte nur:
„Die Glasflasche habe ich nie gesehen. Aber der Mann hatte seine Sachen auch immer verschnürt unter dem Bett verstaut. Außerdem trug er in meiner Gegenwart stets seine Handschuhe."
Eckbert dachte weiter nach, dann erinnerte er sich: „Nur einmal konnte ich einen kurzen Blick auf seine Hände werfen. Da habe ich eine Tätowierung bemerkt, irgendetwas mit einem Kreuz, glaube ich. Bevor ich sie mir aber genauer ansehen konnte, hatte er seine Handschuhe wieder angezogen. Den Mönch im Kloster habe ich nicht gesehen, ich sollte doch damals den Gang bewachen."
Jetzt erinnerte sich auch Mara wieder genau an den Abend. Sie hatte alleine das Gespräch belauscht. Daher hatte sie für ihre Vermutungen keinerlei Zeugen. Trotzdem meinte sie zu Eckbert:
„Ich bin mir ganz sicher, der Kaufmann ist der Mönch aus dem Kloster und er ist hier um Luther zu töten."

Ihre Stimme war entschlossen. Jetzt musste sie nur noch einen Weg finden ihn zu überführen.

Eckbert sah Mara ratlos an.

„Was sollen wir jetzt tun? Es ist nicht verboten, sich zu tätowieren. Keiner wird deine Überlegungen als Beweis anerkennen. Hättest du mich damals nicht im Gang zurückgelassen, würde uns irgendwer bestimmt glauben. Wir könnten direkt zum Kaiser gehen."

Mara musste trotz ihrer Lage über die Fantasie des Jungen lächeln.

„Glaubst du im Ernst, der Kaiser würde uns anhören? Hinauswerfen würde er uns. Nein, wir müssen uns schon selber helfen."

Mara schob Eckbert energisch vor sich her, quer über den Hof, bis sie eine ruhige Ecke in dem ganzen Gewimmel von Menschen gefunden hatte. Dort setzten sie sich auf den harten Boden.

„Höre mir jetzt gut zu", eindringlich sah sie Eckbert in die Augen. „Du gehst jetzt zurück in deine Kammer und behältst den Kaufmann im Auge. Verlässt er die Kammer, gehst du ihm nach. Aber halte immer genug Abstand, er darf auf keinen Fall etwas merken. Bekommst du das hin?"

Eckbert gab sich zuversichtlich und nickte. Auf keinen Fall wollte er Mara enttäuschen. Seine Angst verschwieg er ihr deshalb lieber.

„Was machst du, während ich auf den Mann aufpasse?", wollte er von Mara wissen.

„Ich versuche, etwas über die Tätowierung zu erfahren. Irgendetwas sagt mir, dass sie eine bestimmte Bedeutung hat. Ich werde Christo danach fragen. Vielleicht weiß er etwas. Danach komme ich wieder her und versuche noch einmal mit Luther zu sprechen. Diesmal muss er mir einfach glauben."

Mara sah Eckbert bei diesen Worten aufmunternd an und schob ihn leicht in Richtung der großen Eingangstür. Nur zögerlich machte der Junge sich auf den Weg. An der Tür drehte er sich zu Mara um, doch die war bereits in der Menge verschwunden.

Pater Sebastian, der als Kaufmann getarnt die Kammer mit Eckbert teilte, hatte Maras interessierte Blicke sehr wohl bemerkt. Als sich die Tür hinter ihr geschlossen hatte, nahm er die kleine Glasflasche in die Hand. Die goldenen Verzierungen leuchteten im hellen Sonnenlicht, welches durch das kleine Fenster fiel. Nachdenklich ruhte sein Blick auf ihr. Man hatte ihm gesagt, die Flasche würde ein schnell wirkendes Gift enthalten, welches die Symptome eines plötzlichen Herztodes hervorrufen würde. Kein Medicus könne das Gift nachweisen.

Der Plan war gut. Er würde nicht versagen, nichts würde schiefgehen. Nur das Mädchen verursachte ihm Unbehagen. Von ihr ging eine spürbare Gefahr aus. Sie war zu neugierig. Der Kaufmann beschloss, sich um sie zu kümmern, sobald sein Auftrag ausgeführt war. Es hatte keine Eile, er wusste genau wo er sie finden würde.

Nachdenklich strich er über die Tätowierung auf seinem Handrücken. Ein in Flammen stehendes Kreuz zierte ihn. Es war das Symbol einer geheimen Bruderschaft innerhalb der Kirche. Ihr erklärtes Ziel war es, die katholische Kirche in ihrer jetzigen Form zu bewahren und gegen jegliche Art von Veränderungen sowie Ketzerei vorzugehen. Nur ausgewählte Männer gehörten ihr an. Pater Sebastian war erst, kurz bevor er den Auftrag erhalten hatte, beigetreten.

Luthers Tötung würde sein Einstand sein. Sollte er versagen, war sein Tod gewiss. Doch daran wollte er nicht denken.

Vor der Kammertür ertönten Schritte. Schnell streifte er die Handschuhe über. Eckbert betrat die Kammer. Der Junge vermied jeden Blickkontakt. Eilig durchschritt er nach kurzem Gruß den Raum und legte sich auf sein Bett.

Der Kaufmann warf ihm einen nachdenklichen Blick zu, dann meinte er:

„Vorhin war ein Mädchen hier und hat nach dir gesucht. Sie wollte dir Grüße aus deiner Heimat überbringen. Hat sie dich gefunden?"

Eckbert erstarrte innerlich vor Angst. Er hielt es nicht für ratsam, den Mann erkennen zu lassen, wie gut er Mara kannte. Deshalb meinte er betont desinteressiert:

„Mit mir hat kein Mädchen gesprochen. Kann mir auch nicht vorstellen, von wem die mir Grüße bestellen sollte."

„Wenn es dich doch interessiert, die Kleine arbeitet im Buchladen am Dom."

Damit war die Unterhaltung beendet.

Eckbert drehte sich mit dem Gesicht zur Wand, damit der Kaufmann seinen Gesichtsausdruck nicht sehen konnte. Verzweifelt schloss er die Augen. Am liebsten hätte er sich tief unter seiner Decke verkrochen. Der Kaufmann wusste also, wo Mara zu finden war. Wenn er merkte, dass sie von dem geplanten Anschlag auf Luther Kenntnis hatte, war ihr Leben nicht mehr viel wert. Eckbert versuchte das Zittern seiner Hände unter Kontrolle zu bringen und so zu tun, als wäre er ziemlich müde. Er gähnte ausgiebig und zog die Decke über sich. Dabei achtete er aber genau auf die Geräusche im Zimmer.

Nach einigen Minuten verließ der Kaufmann die Kammer.

Schnell schlich Eckbert zur Tür, öffnete sie einen Spalt und sah hinaus. Der Mann nahm die Treppe nach unten in die Halle.

Der Junge schlich ans obere Ende der Treppe und blickte hinab. Mittlerweile war der Verfolgte in der Halle angekommen und durchquerte sie in Richtung Ausgang. Eckbert blieb ihm auf den Fersen. Wo wollte der Kaufmann hin? Nun kam es darauf an, dass der Mann seinen Verfolger nicht bemerkte.

Mittlerweile hatte Mara den Buchladen erreicht. Nahel stand am Bücherstand vor dem Laden und versuchte gerade einer dicken Bürgersfrau einen Psalter schmackhaft zu machen.

„Meint Ihr nicht auch, dass es eine Freude ist, sich die kunstvollen Bilder anzusehen?", hörte Mara sie das Buch anpreisen, als sie an den Stand trat.

Die Frau wirkte unentschlossen. Sie nahm Nahel den Psalter aus der Hand, betrachtete die aufgeschlagene Seite und meinte dann: „Ihr mögt schon recht haben, aber ich muss mir den Kauf noch einmal überlegen."

Die Frau legte das Buch zurück und verließ den Stand. Nahel sah ihr nach.

„Bisher habe ich noch nichts verkauft. Hoffentlich steigt

nach dem Gottesdienst die Kauflust", meinte sie enttäuscht.

Mara war im Moment der Umsatz des Bücherstandes ziemlich egal. Sie plagten ganz andere Sorgen.

„Ist Christo im Laden?"

„Ja", kam es knapp von Nahel. „Warum?"

Nach dem Gespräch am Abend zuvor hatte Nahel beschlossen, es Mara zu überlassen, wann sie ihr Geheimnis preisgab. Trotzdem machte sie sich Sorgen und es verletzte sie, dass Mara so wenig Vertrauen zu ihr hatte.

„Ich wollte ihn etwas fragen, aber genauso gut kann ich zuerst dich fragen."

Nahel sah sie überrascht an, doch Mara sprach bereits weiter: „Hast du schon einmal ein in Flammen stehendes Kreuz als Tätowierung bei einem Mann gesehen?"

Nahel überlegte eine Weile, doch dann schüttelte sie verneinend den Kopf.

„Warum erscheint dir diese Tätowierung so sonderbar?"

Sie spürte, dass die Tätowierung eine wesentliche Rolle in Maras Geheimnis spielte und sie versuchte mehr zu erfahren.

Doch Mara ging nicht darauf ein.

„Ich habe sie vorhin im Johanniterhof bei einem Kaufmann gesehen und irgendwie das Gefühl, dass sie eine besondere Bedeutung hat. Kann aber auch sein, dass ich mich irre."

Nach diesen Worten eilte Mara die Stufen zur Buchhandlung hinauf. Nahel blieb verwirrt zurück. Sie überlegte, was Mara im Johanniterhof verloren hatte.

Mara fand Christo damit beschäftigt, Bücher auszusortieren. Auf dem Boden neben ihm lagen einige Bücher mit arabischen Texten, die bisher keinen Käufer gefunden hatten. Bei Maras Eintritt sah er auf.

„Schön, dass du dich auch noch sehen lässt", lautete seine kurze Begrüßung. „Hinten im Wohnraum steht eine Kiste Bücher, die müssen ausgepackt und in den Listen erfasst werden."

Mara sah den Buchhändler erstaunt an. Sie hatte angenommen, von der täglichen Arbeit vorerst befreit zu sein, schließlich versuchte sie einem Menschen das Leben zu retten.

Christo sah das anscheinend anders.

„Was ist?", meinte er etwas ungehalten. „Willst du dich nicht an die Arbeit machen? Du hast mit mir eine Vereinbarung. Kost und Logis gegen Arbeit. Allerdings warst du heute kaum hier. Nahel musste deine Arbeit zusätzlich tun."

Mara überlegte. Sie konnte jetzt unmöglich im Buchladen arbeiten. Jeden Moment konnte der Mörder zuschlagen.

„Bitte Meister, gebt mir heute frei", ihre Stimme klang eindringlich. „Es ist enorm wichtig. Ich verspreche, ab morgen Tag und Nacht für Euch zu arbeiten. Bitte, es hängt soviel davon ab."

Christo sah Mara aufmerksam an, die demütig mit gesenkten Augen vor ihm stand.

„Warum erzählst du mir nicht einfach dein großes Geheimnis? Dann wäre vieles für mich besser zu verstehen", meinte er versöhnlich.

„Weil ich nicht kann", antwortete Mara leise. „Ihr müsst verstehen, dass in dieses Geheimnis viele Menschen verwickelt sind, sehr hochgestellte Personen und je weniger Mitwisser es gibt, umso besser. Versteht, es ist nur zu Eurem und auch zu Nahels Schutz."

Wie gerne würde sie ihr Geheimnis mit Christo und Nahel teilen, doch es erschien ihr zu gefährlich. Trotzdem wollte sie Christo nach der Tätowierung fragen.

„Vielleicht könnt Ihr mir trotzdem helfen, Meister", begann sie hoffnungsvoll. „Ich habe vorhin bei einem Mann eine auffällige Tätowierung gesehen, ein in Flammen stehendes Kreuz. Habt Ihr so etwas schon einmal gesehen oder davon gehört?"

Der Buchhändler wurde bleich bei Maras Worten.

„Wo genau hast du die Tätowierung gesehen?", stieß er heftig hervor.

„Bei einem Kaufmann, im Johanniterhof", antwortete Mara verwirrt. „Wisst Ihr etwas darüber?".

Vor Anspannung schlug ihr Herz bis zum Hals.

Christo bedeutete Mara, auf einem Bücherstapel am Boden Platz zu nehmen. Er selbst lehnte sich an eine geöffnete Kiste.

„Genaues weiß ich über diese Tätowierung und ihre Träger nicht Aber vor einigen Jahren kam ein alter Mönch in meinen Laden. Er war auf der Suche nach einem bestimmten Buch über Heilkräuter. Wir kamen ins Gespräch und er erzählte mir, dass er lange in der Umgebung des Papstes gelebt hätte und nun auf der Rückreise nach Köln sei. Sein Wunsch war es, in der Heimat zu sterben. Doch die lange Reise hatte den Alten bereits stark geschwächt. Ich bot ihm oben die Kammer für einige Tage an. Bereits in der Nacht bekam er heftiges Fieber, niemand konnte ihm helfen. In seinem Wahn sprach er immer wieder von einer geheimen Bruderschaft, welche innerhalb der Kirche große Macht hätte. Ihr Erkennungszeichen wäre die Tätowierung eines in Flammen stehenden Kreuzes. Dieser Bruderschaft würden auch außerhalb der Kirche wichtige Männer angehören. Das Wissen um diesen Bund wäre für Außenstehende äußerst gefährlich. Der alte Mönch hatte wohl durch Zufall davon Kenntnis erhalten und um sein Leben gefürchtet. Deshalb hatte er überstürzt Rom verlassen. Ich konnte ihn nicht mehr genauer dazu befragen, da er kurze Zeit später verstarb."

Der Buchhändler hielt inne und sah Mara an.

„Ob die Geschichte wahr ist und dieser Geheimbund innerhalb der Kirche wirklich besteht?", meinte sie nachdenklich.

„Möglich", gab Christo ausweichend zur Antwort. „Vielleicht war es aber auch nur das Hirngespinst eines verwirrten Alten und hinter der Tätowierung steckt etwas ganz anderes. Es tut mir leid, dir nicht mehr sagen zu können. In den ganzen Jahren habe ich nie einen Menschen mit einer solchen Tätowierung gesehen."

Mara überlegte angestrengt. Was, wenn der Mönch trotz seines Fiebers die Wahrheit gesagt hatte und es gibt einen solchen Bund tatsächlich? Dafür sprach auch, dass der Kaufmann ja in Wirklichkeit ein Mönch war.

Schließlich meinte sie:

„Ich glaube, der alte Mönch wusste sehr genau, wovon er sprach."

Christo schüttelte nachsichtig den Kopf.

„Nein, ich denke nach wie vor, der Alte hat sich im Fieber

allerlei zusammengesponnen. Vielleicht ist der Kaufmann ja mal zur See gefahren. Seeleute tätowieren sich öfter. Es kann viele Gründe für eine Tätowierung geben."

Damit war für ihn das Gespräch beendet und er fing an, die Bücher weiter zu sortieren.

Mara war sich ihrer Sache jedoch sicher. Es wurde Zeit, in den Johanniterhof zurückzukehren und den Kaufmann zu beobachten. Allerdings hatte ihr der Buchhändler noch nicht erlaubt zu gehen. Sie wusste, dass Nahel und Christo viel zu tun hatten und ihre Hilfe brauchten. Doch im Moment konnte sie nicht anders handeln. Mara hoffte auf Verständnis zu stoßen, wenn sie endlich den beiden alles erzählen konnte. Leise schlich sich Mara deshalb aus dem Laden. Draußen am Bücherstand blieb sie bei Nahel stehen. Mara umarmte ihre Schwester kurz, drückte sie an sich und flüsterte ihr leise ins Ohr:

„Verzeih mir bitte, doch ich kann nicht anders handeln."

Dann lief sie los in Richtung Johanniterhof. Nahel sah ihr sichtlich irritiert nach.

Eckbert hatte diesmal seine Aufgabe gewissenhaft ausgeführt. Keine Sekunde hatte er den verdächtigen Kaufmann aus den Augen verloren. In sicherem Abstand war er ihm gefolgt. Der Mann hatte in der Stadt einige Besorgungen erledigt und war dann zum Johanniterhof zurückgekehrt. Jetzt war er auf dem Weg zum Hinterausgang der Küche. Vorsichtig lugte Eckbert um die Ecke. Vor der Tür zur Küche stand der Gesuchte und redete auf einen schmächtigen Küchenjungen ein. Eckbert war zu weit entfernt, um die Worte verstehen zu können. Anscheinend wollte er etwas von dem Küchenjungen. Der schien zwar mächtige Angst zu haben, schüttelte aber mehrfach trotzig den Kopf. Das Gesicht des Kaufmanns wurde rot vor Wut, er holte mit dem Arm aus, als wollte er den Jungen schlagen. Der duckte sich, wusste aber, es gab kein Entkommen. Im letzten Moment überlegte es sich der Mann jedoch anders. Er ahnte, dass er mit Schlägen sein Ziel nicht erreichen würde. Stattdessen packte er den Jungen grob an der Schulter und schüttelte ihn heftig. Dann zischte er ihm etwas ins Ohr. Der Junge ließ den Kopf hängen und nickte ergeben. Sein Widerstand war gebrochen. Der Kaufmann lächelte verschlagen, wieder war er seinem Ziel einen Schritt nähergekommen.

Eckbert hätte viel darum gegeben zu wissen, um was es bei der Unterhaltung ging. Er beschloss, den Küchenjungen direkt zu fragen, auch wenn er dafür die Überwachung abbrechen musste. Schon längst hätte Mara zurück sein müssen, um ihn abzulösen. Wo blieb Mara nur?

Eckbert sah erneut um die Ecke, vor der Küchentür war alles ruhig. Der Mann war verschwunden. Er hatte wohl einen anderen Weg zurück ins Haus genommen. Schnell betrat er die Küche. Wie bereits in den vergangenen Tagen herrschte im Raum emsige Geschäftigkeit. Gemüse wurde geschnitten, Fleischspieße vorbereitet, Brot gebacken, Eintöpfe abgeschmeckt und vieles mehr. Männer und Frauen liefen eilig hin und her, um den Befehlen des Kochs unverzüglich nachzukommen. Eckbert sah sich in der gesamten Küche um. In einer Ecke, an einem niederen Tisch hinter einem großen Berg Gemüse, entdeckte er den Küchenjungen. Er war in Gedanken versunken. Langsam kam Eckbert näher, bis er direkt vor dem Tisch stand.

„Mein Name ist Eckbert", stellte er sich dem Jungen vor. „Durch Zufall habe ich vorhin mitbekommen, wie ein vornehm gekleideter Mann dich bedroht hat."

„Und?", kam es ohne Interesse von dem Küchenjungen. Der Junge hielt seinen Blick weiter fest auf das Gemüse gerichtet.

„Ich wollte dir meine Hilfe anbieten", meinte Eckbert weiter.

„Du willst mir helfen?", jetzt sah er doch auf. Er musterte Eckbert von oben bis unten. In seinem Blick lag Verachtung. „Warum? Wir kennen uns nicht."

„Weil ich gesehen habe, dass der Mann dir gedroht hat. Was war der Grund?"

Der Blick des Jungen wurde noch verschlossener.

„Geht dich nichts an. Kümmere dich um deinen eigenen Kram und lass mich gefälligst in Ruhe."

Der Küchenjunge beachtete Eckbert nicht weiter. Der wollte allerdings noch einen letzten Versuch machen.

„Wenn du es dir anders überlegst, findest du mich irgendwo

auf dem Gelände des Johanniterhofs."

Mittlerweile war der Koch auf das Gespräch der beiden Jungen aufmerksam geworden. Drohend kam er auf den Tisch zu. Als er Eckbert erkannte, begann er zu brüllen:

„Du schon wieder. Was treibst du dich laufend in der Küche herum? Schon mehrfach habe ich dir gesagt, wenn dein Herr und sein Gefolge etwas brauchen, dann komm direkt zu mir und halte nicht die Bediensteten von ihrer Arbeit ab."

Eckbert schrumpfte unter dem Geschrei des Kochs zusammen.

„Ich hab ihn ja nur etwas gefragt", meinte er kleinlaut.

Doch der Koch schien sich nicht wirklich dafür zu interessieren. Ihn ärgerte nur, dass ein Fremder in seiner Küche war.

„Nun, was sollst du deinem Herrn aus der Küche bringen? Ich sag dir gleich, das Abendbrot ist noch nicht fertig. Da muss sich auch dein Herr noch einige Zeit gedulden."

„Ist gut, ich werde es ihm bestellen", beeilte sich Eckbert dem Koch zu versichern. Dann verließ er fluchtartig die Küche.

In der Halle atmete er erst einmal tief durch. Die Tische und Bänke an den Wänden des Raumes waren bereits dicht besetzt. Eckbert erkannte einige Männer aus Luthers Gefolge. Doch weder Luther noch Justus Jonas waren unter ihnen. Anscheinend hielt sich Luther noch immer in seiner Kammer auf. Eckbert beschloss nachzusehen, ob Luther etwas brauchte.

Auf der breiten Treppe ins obere Stockwerk herrschte ein geschäftiges Kommen und Gehen. Auch auf dem Gang bis hin zu Luthers Kammer standen Männer zumeist in Gruppen zusammen. Viele davon waren in edle Gewänder gehüllt. Auch einige Dominikanermönche waren zu sehen und schienen eifrig zu diskutieren. In einer Nische, nicht weit von Luthers Kammer entfernt, stand der Kaufmann und beobachtete interessiert das Treiben. Eckbert erschrak und wollte sich schnell hinter einer Gruppe Ratsherren verstecken. Doch dann besann er sich. Zum einen wusste der Kaufmann nichts von seiner Verfolgung und zum anderen gehörte er zu Luthers Gefolge und hatte somit das Recht hier zu sein. Mit erhobenem Haupt ging Eckbert den Gang entlang. Er vermied es, einen Blick in die Nische zu werfen. Gerade als er vor Luthers Kammer angelangt war, öffnete sich die Tür und Justus Jonas trat heraus.

„Was ist denn hier los", fragend blickte Eckbert den älteren Mann an. „Sollte Meister Luther nicht besser unsichtbar bleiben?"

„So war es eigentlich gedacht", meinte Jonas gelassen. „Doch die Menschen kommen und wollen mit Luther persönlich sprechen. Sieh dich doch um. Fast alle Schichten sind vertreten. Sogar einige Dominikaner haben mit Luther über seine Thesen disputiert. Was er zu sagen hat, spricht die Menschen an. Er gibt vielen Halt in dieser schweren Zeit."

„Aber ich dachte, Ihr wärt mit uns einer Meinung, dass kein Fremder zu Meister Luther dürfe. Zu seiner eigenen Sicherheit."

Eckbert durfte nicht daran denken, was Mara dazu sagen würde, wenn sie davon hörte.

„Grundsätzlich bin ich immer noch dieser Ansicht. Jedoch habe ich mit Luther wiederholt über die Möglichkeit eines Anschlages gesprochen. Er teilt meine Meinung nicht. Luther sieht sein Leben alleine in Gottes Hand sowohl heute als auch morgen bei der Anhörung vor dem Kaiser. Es war ihm ein Bedürfnis, mit diesen Menschen zu sprechen. Ich habe nicht die Macht, ihm das zu verwehren." Justus Jonas Stimme klang bei diesen Worten fest.

Eckbert erkannte, dass der Mann recht hatte. Es stand Ihnen nicht zu, Luther Vorschriften zu machen.

„Allerdings ist die vorgesehene Zeit für die Audienzen fast vorbei. Danach wird wieder Ruhe einkehren. Luther braucht den Rest des Tages zur Vorbereitung auf die morgige Anhörung", meinte Jonas abschließend.

„War der Kaufmann, dort in der Nische, auch bei Luther?"

Unauffällig deutete Eckbert in die entsprechende Richtung. Jonas warf einen Blick auf den Kaufmann und meinte dann:

„Bisher nicht. Vielleicht kommt er ja noch. Warum?"

„Nur so, er teilt mit mir die Kammer und ich traue ihm nicht. Es wäre wohl besser, ihn nicht zu Luther vorzulassen", erklärte er vage. Genaueres wollte er Jonas im Moment nicht erklären.

„Gut, ich werde ihn im Auge behalten", kam es von Jonas.

„Sieh du jetzt nach, ob einer der anderen Männer aus unserem Gefolge einen Auftrag für dich hat. Später meldest du dich dann wieder bei mir."

Eckbert nickte und beeilte sich, bei den anderen Männern aus Luthers Gefolge nachzufragen. Zwei Männer hießen ihn einige Dinge in der Stadt zu besorgen. So kehrte Eckbert erst gegen Abend in den Johanniterhof zurück.

Mara wollte so schnell wie möglich erneut mit Luther sprechen. Doch während sie so durch die Gassen der Stadt eilte, kam ihr der Gedanke, dass es unklug war, sich erneut dort sehen zu lassen. Der Kaufmann und das Gespräch mit ihm gingen ihr nicht aus dem Kopf. Vielleicht hatte er bereits Verdacht geschöpft? Dann wäre sie ernstlich in Gefahr.

Maras Schritte wurden immer langsamer. Unschlüssig streiften ihre Blicke die Auslagen der Buden in den Gassen.

Plötzlich kam ihr eine Idee. Sie würde sich verkleiden. Mit etwas Glück würde niemand sie erkennen und sie könnte sich ungehindert im Johanniterhof bewegen. Doch wo sollte sie die passenden Kleider herbekommen?

Nach kurzer Überlegung hatte sie einen rettenden Einfall. Sie würde einen Altkleiderhändler aufsuchen und den Mann bitten, ihre Kleider gegen eine passende Verkleidung zu tauschen. Eine Weile lief sie ziellos durch die Gassen. Mara ärgerte sich, dass ihr die Idee nicht früher gekommen war. Sie hätte Nahel nach der genauen Lage eines solchen Geschäftes fragen und sich von ihr auch etwas Geld leihen können.

Kostbare Zeit verrann und Mara blieb nichts anderes übrig, sie musste jemanden fragen. Sie entschloss sich, die Apotheke am Markt aufzusuchen und dort nach einem Altkleiderhändler zu fragen.

Mara hatte noch nie eine Apotheke betreten. Voller Staunen sah sie sich in diesem ungewöhnlichen Raum um. Auf den Regalen, die sich an den Wänden entlangzogen, standen unzählige Behälter. Manche aus Keramik, andere aus Glas, aber alle mit lateinischen Beschriftungen versehen. In manchem Glasbehälter schwammen merkwürdige Gebilde. Der gesamte

Raum roch intensiv nach den verschiedenen Kräutern.

Mara wurde von dem Geruch leicht schwindelig. Auf der Holztheke stand ein Glasbehälter, gefüllt mit kleinen dunklen Kugeln. Interessiert betrachtete Mara ihn von allen Seiten. Solche Kugeln hatte sie noch nie gesehen.

„Man nennt es Konfekt, es wird aus Kakao und Rosenwasser gemacht. Das Rezept dazu kommt aus dem Orient", erklang unerwartet eine hohe Stimme direkt vor ihr.

Mara sah erschrocken auf. Lautlos hatte der Apotheker, ein kleines dünnes Männlein, den Raum durch eine mit einem Vorhang verdeckte Tür betreten.

„Womit kann ich Euch behilflich sein?", fragend sah er Mara an. „Seid Ihr auf der Suche nach einem bestimmten Kraut? Ich habe fast alles hier."

„Nein, ich bin fremd in der Stadt und möchte nur eine Auskunft", antwortete Mara schnell. „Ich suche einen Altkleiderhändler. Könnt Ihr mir helfen?"

Der Alte schien sichtlich enttäuscht. Anscheinend hatte er gehofft, Mara etwas verkaufen zu können. Dementsprechend kurz fiel seine Antwort aus.

„Der Jockel handelt unter anderem mit alten Kleidern. Er hat sein Geschäft gleich neben dem Tor beim Judenviertel."

„Ihr seid sehr freundlich", bedankte sich Mara für die Auskunft. „Sollte ich irgendwelche Kräuter brauchen, werde ich sie nur bei Euch kaufen."

Der Alte winkte ab und verschwand wieder im Hinterzimmer. Nach einem letzten begehrlichen Blick auf das Glas mit dem Konfekt verließ Mara die Apotheke.

Der Laden des Altkleiderhändlers lag nahe beim jüdischen Viertel, etwas versteckt in einem Hinterhof, unweit der Stadtmauer. Das Haus wie auch die angrenzenden Häuser hatten schon weitaus bessere Tage gesehen. Von der Betriebsamkeit rund um den Dom spürte man hier so gut wie nichts, die Bewohner waren zumeist unter sich. Als Mara den Hof betrat, sahen zwei Frauen, welche in einer Ecke des Hofes auf den Stufen eines Hauses saßen und ein mageres Huhn rupften, auf.

„Was willst du hier?", meinte die eine der beiden, eine große hagere Frau in einem verblichenen Kittel. Sie sah Mara voller Misstrauen an.

„Ich suche Jockel, den Altkleiderhändler."

Mara fühlte sich äußerst unwohl. Die Frauen und die ganze Umgebung machten ihr Angst.

„Da drüben", meinte die andere Frau etwas freundlicher und zeigte mit ihrer Hand auf eine offene Tür auf der gegenüberliegenden Seite des Hofes. Langsam ging Mara in die angegebene Richtung. Vor der Tür blieb sie stehen und versuchte einen Blick in den Raum zu werfen. Viel war nicht zu erkennen. Licht fiel nur durch ein kleines mit Lumpen verhängtes Fenster und die offene Tür. Mara konnte jedoch sehen, dass sich in Säcken und auf Truhen die unterschiedlichste Kleidung stapelte. Einige bessere Stücke hingen an Haken an der Rückwand. Nachdem sie noch einmal tief durchgeatmet hatte, betrat Mara den muffigen Raum. Erst nachdem sich ihre Augen an das Dämmerlicht gewöhnt hatten, sah sie das Mädchen. Es saß in einer Ecke des Raumes auf einem Stapel schmutziger Lumpen und bohrte mit dem Zeigefinger in ihrem Nasenloch.

Die Kleine war etwa zehn Jahre alt, hatte mausfarbige dünne Haare, welche zu unordentlichen Zöpfen gebunden waren und ein spitzes Rattengesicht. Ihr magerer Körper steckte in einem viel zu weiten zerschlissenen Kittel. Bei Maras Eintreten sah sie neugierig auf. Nur selten verirrten sich Frauen in den düsteren Altkleiderladen.

„Guten Tag", versuchte Mara das Gespräch in Gang zu bringen. „Ich suche Jockel, den Altkleiderhändler."

Die Kleine musterte Mara ausgiebig, dann meinte sie:

„Der ist nicht hier."

„Wann kommt er wieder?" Mara versuchte freundlich zu bleiben, obwohl ihr die Zeit davonlief.

„Was weiß ich", meinte das Mädchen gleichgültig. „Der sitzt wie immer um diese Zeit in der Kneipe, mit den Bütteln von der Stadtwache. Der kommt erst wieder, wenn er genug gesoffen hat." Resignation machte sich auf dem Gesicht des Kindes breit.

„Nun, dann musst eben du mir helfen", meinte Mara entschlossen. „Ich brauch einigermaßen gut erhaltene Jungenkleidung."

„Welche Größe hat Euer Bruder?" Das Mädchen sprang auf und begann in den Kleiderbergen zu wühlen.

Jetzt war der Moment der Wahrheit gekommen.

„Die Sachen sind für mich."

Die Kleine sah sie erschrocken an.

„Es ist Frauen verboten, Männerkleidung zu tragen. Ich kann Euch keine Hosen geben. Mein Vater würde mich, wenn er es erfährt, schlagen."

Mara überlegte fieberhaft. Ihr musste schnell eine überzeugende Geschichte einfallen.

„Du musst mir einfach helfen", sie versuchte ihrer Stimme einen flehenden Ausdruck zu geben. „Ich bin auf der Flucht vor meiner Meisterin. Eigentlich habe ich mich verpflichtet, drei Jahre bei ihr zu lernen. Aber sie hat mich immer nur geschlagen und da bin ich weggelaufen. Jetzt suchen ihre Söhne in der ganzen Stadt nach mir. Wenn ich mich nicht verkleide, werden sie mich finden. Bitte hilf mir, damit ich die Stadt verlassen kann."

Die Kleine starrte Mara mit offenem Mund an.

„Meinem Vater wäre das ganz sicher nicht recht", meinte sie unentschlossen. Es war ihr anzusehen, dass sie innerlich mit sich kämpfte. Noch war die Angst vor dem betrunkenen Vater größer.

Mara beschloss einen weiteren Vorstoß.

„Dein Vater muss ja nichts davon erfahren. Du gibst mir die Kleider einfach im Tausch gegen meine. Dann hat dein Vater keinen Verlust", ihre Stimme klang einschmeichelnd.

Die Kleine begann auf ihren schmutzigen Nägeln zu kauen. Entschlossen zog Mara ihr blaues Haarband aus den Locken. Offen fiel die Haarpracht weit über ihre Schultern. Sie hielt es der Kleinen lockend vor die Nase.

„Das Band schenke ich dir, wenn du mir die Sachen gibst. Sieh es dir an, es ist aus Seide."

Das Kind griff gierig danach und ließ es durch seine schmutzigen Finger gleiten. Es fiel Mara schwer, sich von dem Band zu trennen. Nahel hatte es ihr erst vor einigen Tagen geschenkt.

Die Kleine war begeistert von dem Band. So etwas Schönes hatte sie noch nie besessen. Auf keinen Fall wollte sie sich wieder davon trennen.

„Ihr könnt Euch etwas aussuchen. Dort hinten auf der Truhe liegen einige Kleider, die Euch passen könnten", meinte sie deshalb und schloss die Hand fest um das Band.

Schnell waren eine einigermaßen passende Hose, ein längeres Hemd und ein Umhang gefunden. Alles aus grober Wolle und rauem Leinen. Die Sachen rochen ziemlich muffig und hatten schon weit bessere Tage gesehen. Doch wenigstens waren sie einigermaßen sauber. Mara hoffte inständig, dass die vorherigen Besitzer keine ansteckenden Krankheiten hatten.

Im Halbdunkeln des Raumes zog sie schnell ihre eigenen Sachen aus und warf sie der Kleinen zu. Dann zog sie sich rasch das Hemd über. Es reichte ihr bis über die Hüften. Die Hose ging zwar bis zu den Knöcheln, war Mara aber in der Taille zu weit. Wortlos reichte ihr die Kleine einen dünnen Strick, mit dem sie die Hose enger binden konnte.

Mara sah an sich hinunter, der Anblick war ungewohnt und fremd. Sie beschloss, ihre eigenen Schuhe zu tragen.

„Nun, was meinst du?", fragend sah Mara die Kleine an. „Sehe ich aus wie ein Junge?"

„Fast", das Mädchen musterte Mara aufmerksam. „Aber die Haare verraten Euch. Ihr könnt nicht mit solchen Locken und in Hosen durch die Stadt laufen. Warum schneidet ihr sie nicht einfach ab?" Schon begann die Kleine nach einem geeigneten Messer zu suchen.

„Auf keinen Fall", wehrte Mara entrüstet ab. Niemals würde sie sich von ihren wunderschönen Locken trennen. Es musste eine andere Lösung geben.

Die Kleine zog die Schultern hoch. „Na dann nicht. Ist Eure Entscheidung", meinte sie leicht verdrossen.

Mara sah sich im Raum um. Ihr Blick fiel auf einen der Stapel. Sie eilte auf den Kleiderberg zu und zog aus dem Haufen eine graue Gugel und eine dunkle Wolljoppe hervor. Dann meinte sie:

„Gib mir ein Stück Kordel."

Die Kleine reichte ihr das Gewünschte und Mara begann, ihre Haare zu einem straffen Zopf zu flechten. Dann zog sie die Wolljoppe und anschließend die Gugel, welche ihr bis über die Schultern reichte, über. Somit waren ihre Haare vollständig verdeckt. Die Kapuze der Gugel ließ sich weit ins Gesicht ziehen und erschwerte so einen genaueren Blick. Mara bedauerte, dass sie sich nicht im Spiegel betrachten konnte. Zu gern hätte sie gewusst, ob die Verkleidung verbarg, dass sie eine Frau war.

„Nun, wie findest du es jetzt?", erwartungsvoll sah sie die Kleine an. Die hatte staunende Augen. Nie hätte das Mädchen gedacht, dass eine Verwandlung von einer Frau in einen Mann allein mit anderer Kleidung möglich wäre.

„Ihr seht aus wie ein Junge", antwortete das Kind ungläubig.

Mara war zufrieden. Außerhalb des Ladens würde sich zeigen, wie viel ihre Verkleidung wirklich taugte.

Sie wandte sich an das Mädchen:

„Du hast mir sehr geholfen. Vielen Dank dafür. Jetzt werden mich die Söhne meiner Meisterin bestimmt nicht erkennen."

Die Kleine nickte eifrig und blickte Mara nach, als sie den Laden verließ. Das Haarband hielt sie fest in der Hand.

Mittlerweile war die Dämmerung über der Stadt hereingebrochen. Der Hinterhof lag still und verlassen, nur zwei magere Katzen stritten sich um einige Fischköpfe. Mara beeilte sich, das Viertel hinter sich zu lassen. Sie atmete merklich auf, als die Gassen wieder belebter wurden und sich die Buden der Verkäufer an den Häuserwänden aneinanderreihten. Der Duft nach gegrilltem Fleisch, frischem Brot und süßen Pasteten hing in der Luft. Mara merkte, wie hungrig sie war. Seit dem Frühstück hatte sie nichts mehr gegessen. Unvermittelt blieb sie an einer Bude stehen. Hier wurde ein ganzes Schwein über dem Feuer gegrillt und das saftige Fleisch mit frischem Brot verkauft. Mara lief das Wasser im Mund zusammen und ihr Magen knurrte vernehmlich. Gierig starrte sie auf das Fleisch. Plötzlich sprach der Verkäufer sie an.

„Was ist Junge? Willst du etwas kaufen oder siehst du dich am Fleisch satt? Wenn du nicht bezahlen kannst, dann verschwinde und mach Platz für zahlende Kunden."

Erschrocken sah Mara auf. Der Verkäufer blickte sie an und machte dann eine Handbewegung, als wollte er ein lästiges Insekt verscheuchen. Mara senkte den Kopf und drängte sich rückwärts durch die Käufer. Als sie einige Schritte entfernt war, huschte ein Lächeln über ihr Gesicht. Der Verkäufer hatte sie für einen Jungen gehalten. Ihre Verkleidung war gut gewählt. Mara war zuversichtlich, dass es ihr so gelingen würde, erneut mit Luther zu sprechen und ihn diesmal auch zu überzeugen.

Die Nacht vor Luthers Anhörung
April im Jahr des Herrn 1521
11. Kapitel

Die Dunkelheit hatte sich bereits über die Stadt gelegt, als Mara in ihrer Verkleidung am Johanniterhof ankam. Unbeachtet gelangte sie in das Innere des Hauses. Mara beschloss, zuerst nach Eckbert zu suchen, um zu erfahren, was sich während ihrer Abwesenheit ereignet hatte.

In der Halle herrschte der übliche Lärm und alle Tische an den Wänden waren mit hungrigen Gästen besetzt. Luthers Gefährten saßen am gleichen Tisch wie bereits an den vergangenen Tagen. Justus Jonas war jedoch nicht dabei und auch Eckbert konnte sie nirgends entdecken.

Gerade wurde am Tisch das Abendessen aufgetragen. Der dicke Koch schleppte mit einigen Hilfskräften Platten mit gebratenem Fleisch und Schüsseln mit dickem Gemüsebrei und frischem Brot herbei.

Mara beobachtete, wie unterwürfig der Koch gegenüber den Männern war. Von der Überheblichkeit, welche er in seinem Reich der Küche an den Tag legte, war nichts zu bemerken. Maras Blick fiel auf die Platte mit dem gebratenen Fleisch. Es hatte eine appetitliche Kruste und ein ungemein würziger Duft stieg ihr in die Nase. Sie verspürte beim Anblick des Fleisches großen Hunger und stellte sich vor, wie es wäre, in eine Scheibe des Bratens beißen zu können. Genüsslich schloss sie die Augen, leckte sich über die Lippen und trat dabei gedankenverloren einen weiteren Schritt auf den Tisch zu, als ein unsanfter Stoß sie in die Gegenwart zurückholte.

Der dicke Koch hatte sich mit einem leeren Weinkrug in der Hand umgedreht und war mit Mara, welche direkt hinter ihm stand, unsanft zusammengestoßen. Der Koch konnte gerade noch verhindern, dass ihm der Krug aus der Hand glitt.

„Du dummer Bengel", begann er laut zu schimpfen. „Was stehst du direkt hinter mir? Hast du keine Augen im Kopf?"

Mara senkte schnell ihren Blick aus Angst, der Koch könnte ihre Verkleidung durchschauen.

„Entschuldigung, ich war für einen Moment völlig in Gedanken", meinte sie besänftigend.

Der Koch schüttelte missbilligend den Kopf, zeterte aber nicht weiter, sondern eilte zurück in die Küche, um den Männern aus Luthers Gefolge den gewünschten Wein zu bringen.

Mara atmete erleichtert auf. Anscheinend hatte der Koch sie in ihrer Verkleidung nicht erkannt. Vorsichtig hob sie wieder den Blick und beschloss, sich in der oberen Etage des weitläufigen Hauses nach Eckbert umzusehen. Mara stieg die breite Holztreppe nach oben. Jeder Schritt fiel ihr schwer. In den nächsten Stunden würde es sich zeigen, ob es ihr gelingen würde, Luther zu beschützen. Soviel hatte sie dafür auf sich genommen. Sie konnte den Gedanken nicht ertragen zu scheitern.

Oben angekommen, blickte sie sich suchend um. Erleichterung machte sich in ihr breit, als sie Eckbert in einer der Fensternischen entdeckte. Er saß in der Nische auf dem Boden mit dem Rücken zur Wand und war eingedöst.

Mara trat leise zu ihm und schüttelte ihn sachte an der Schulter.

„Wie, was ...?", stammelte er verwirrt.

„Aufwachen, du Schlafmütze. Es gibt noch viel zu tun", meinte Mara mit sanften Tadel.

Eckbert rieb sich die Augen, dann sah er verwundert Mara an. Erst auf den zweiten Blick erkannte er sie.

„Wie siehst du denn aus? Was soll die Verkleidung?",wollte er sofort wissen.

„Zum einen fällt ein Mädchen viel mehr auf, zum anderen erkennt mich auf diese Weise hoffentlich der Kaufmann nicht", erklärte sie ihm.

Eckbert konnte ihr da nur zustimmen. Trotzdem fand er es nicht richtig, wenn Mädchen Hosen trugen. Seine Meinung darüber behielt er wohlweislich für sich.

Mara setzte sich neben ihn auf den Boden und fragte neugierig:

„Jetzt erzähl mir genau, was sich in den letzten Stunden hier alles ereignet hat."

Eckbert berichtete von seiner Beschattung des Kaufmanns und von den Besorgungen für die Männer aus Luthers Gefolge.

„Sonst ist nichts passiert?", meinte Mara sichtlich enttäuscht.

Eckbert grinste. Das wirklich Interessante hatte er sich bis zum Schluss aufgehoben.

„Der Kaufmann hat einen der Küchenjungen bedroht. Ich habe mit ihm gesprochen, aber er wollte mir nichts erzählen."

Mara horchte auf. Was konnte der Mann von einem Küchenjungen gewollt haben?

„Vielleicht sollte ich noch einmal mit ihm reden?", überlegte sie.

„Meinst du, der erzählt dir mehr?", Eckberts Stimme verriet Zweifel. „Ich habe alles versucht, glaube mir, der sagt auch dir nichts."

Mara zuckte mit den Schultern. Sie nahm sich vor, noch einmal in Ruhe mit dem Jungen zu reden. Vielleicht hatte er sich die Sache mittlerweile anders überlegt.

„Was war sonst noch?"

Eckbert dachte nach. Sollte er Mara von Luthers Audienz und seinem Gespräch mit Justus Jonas erzählen? Doch dann würde sie ihn für Luthers Leichtsinn verantwortlich machen. Er entschloss sich, diesen Teil der Ereignisse erst einmal für sich zu behalten.

„Nichts von Bedeutung", meinte er deshalb. Allerdings vermied er bei diesen Worten, Mara direkt anzusehen. „Was werden wir als Nächstes tun?"

Mara spielte mit dem Zipfel der Gugel. Der nächste Schritt musste genau überdacht werden, sonst war vielleicht alles umsonst gewesen.

„Lass mir einige Minuten Zeit zum Überdenken der ganzen Sache." Sie lehnte sich mit dem Rücken fester an die Wand und schloss die Augen.

Eckbert beobachtete Mara gespannt. Er konnte fast sehen, wie es hinter ihrer Stirn arbeitete. Jetzt war er doch froh, dass sie sich als Junge verkleidet hatte. So erregten sie beide keine Aufmerksamkeit. Jeder, der vorüberging, hielt sie für zwei Diener, die sich etwas ausruhen, bevor ihr Herr sie erneut zu sich rief.

Nach einer Weile schlug Mara die Augen auf.

„Wir sollten den Küchenjungen nochmals aufsuchen. Vielleicht können wir ihn ja zu zweit davon überzeugen, dass es für ihn besser ist, uns alles zu erzählen."

Eckbert hielt davon nicht viel. Eigentlich wäre er lieber hier geblieben und hätte Luthers Tür im Auge behalten. Außerdem war er müde.

„Ich glaube nicht, dass das viel bringt", meinte er deshalb abwehrend.

„Nun komm schon", versuchte Mara ihn zu begeistern. „Übrigens, wann hast du zuletzt den Kaufmann gesehen?"

Eckbert dachte kurz nach.

„Seit ein oder zwei Stunden nicht mehr. Vielleicht ist er ja in unserer Kammer. Ich sehe am besten mal nach."

Mit schnellen Schritten lief er die Treppe zum Obergeschoss hinauf. Mara wollte sich inzwischen in der Küche umsehen.

Bruder Sebastian, getarnt als Kaufmann, war in den letzten Stunden nicht untätig geblieben. Nachdem er seine Besorgungen in der Stadt erledigt hatte und das einschüchternde Gespräch mit dem Küchenjungen geführt hatte, war er in seine Kammer zurückgekehrt. Er fand sie leer vor, da Eckbert im Auftrag von Luthers Gefährten noch in der Stadt unterwegs war. Schnell hatte er seine wenigen Habseligkeiten zusammengepackt und unbemerkt den Johanniterhof verlassen.

Im Stall gab er seinem Knecht die Anweisung, das Pferd samt Gepäck zu einem Hof außerhalb der Stadt zu bringen. Dort sollte der Knecht auf ihn warten. Bruder Sebastian hatte die entsprechende Vereinbarung mit dem Bauern bereits vor einigen Tagen getroffen. Es war für ihn einfacher, nach dem Anschlag alleine in der Menschenmenge unterzutauchen, als mit Gepäck, Pferd und Knecht zu fliehen. Der Knecht murrte leise vor sich hin, als er das Pferd sattelte. Viel lieber wäre er hier in der Stadt geblieben, wo es Vergnügungen jeglicher Art gab, als auf dem abgelegenen Bauernhof auf seinen Herrn zu warten. Ein kalter Blick aus Bruder Sebastians Augen brachten ihn jedoch schnell dazu, sich seinem Stand entsprechend zu verhalten. Eilig sattelte der Knecht das Pferd, lud das Gepäck auf und verschwand. Bruder Sebastian sah ihm zufrieden nach.

Bisher verlief im alles nach Plan. Er kannte die Räumlichkeiten im Johanniterhof und die schnellsten Fluchtwege mittlerweile genau. Er wusste, wo Luthers Kammer lag und konnte sich unauffällig in deren Nähe platzieren. Wenn jetzt noch der Küchenjunge spuren würde und wie verabredet zur vereinbarten Zeit den Krug mit Wein neben der Hintertür zur Küche unbeaufsichtigt stehen ließ, um sich wie besprochen auf dem Abtritt zu erleichtern, würde alles glattgehen. In dieser Zeit würde er das Gift bis auf einen kleinen Rest unbemerkt in den Wein schütten. Der Küchenjunge würde den Wein zu Luther bringen, der ihn trinken und hoffentlich sterben. Man hatte ihm versichert, dass nur wenige Schlucke des vergifteten Weins ausreichend waren, um einen Menschen zu töten. Er würde nach Luthers Tod den Verdacht schnell auf den Küchenjungen als Täter lenken und sich in der allgemeinen Aufregung aus dem Staub machen. Es musste einfach gelingen. Er konnte es sich nicht leisten, die Bruderschaft zu enttäuschen. Sollte er versagen, so würde er den Rest des Giftes selbst trinken.

Bruder Sebastian beschloss, im Dom für das Gelingen seines Auftrages zu beten. Während der Zeit des Reichstages stand das Gotteshaus Tag und Nacht den Gläubigen offen. Einige hatten sogar ihr Nachtlager entlang den Wänden des Gotteshauses aufgeschlagen. Bruder Sebastian spürte, wie er schon nach kurzem intensivem Gebet ruhiger wurde. Sein Blick fiel auf das große Holzkreuz über dem Altar. Er war sich sicher, dass Gott ihm diese Aufgabe zugedacht hatte und sie deshalb billigte. Zwar stand in der Bibel „Du sollst nicht töten". Allerdings fanden sich genügend Stellen darin mit Hinweisen, wie mit Ketzern zu verfahren sei.

Bruder Sebastian beschloss zu bleiben und der Abendmesse beizuwohnen. Danach würde er seelisch gestärkt zum Johanniterhof zurückkehren und bei passender Gelegenheit dem Küchenjungen das verabredete Zeichen geben. Alles Weitere lag dann in Gottes Hand.

Eckbert kam etwas atemlos bei seiner Schlafkammer an. Er riss die Tür mit Schwung auf und sein Blick schweifte durch den gesamten Raum. Schnell war ihm klar, das Gepäck samt Kaufmann waren verschwunden. Trotzdem schüttelte er die Decken und Kissen auf und sah sogar unter dem Bett nach in der Hoffnung, irgendeinen Hinweis zu finden.

Vergebens. Niedergeschlagen ließ er sich auf sein eigenes Bett fallen. Der Kaufmann war weg und was nun? Zum ersten Mal, seit Eckbert das Kloster verlassen hatte, wünschte er sich dorthin zurück. So langsam hatte er genug von Abenteuern und wollte nur noch zur Ruhe kommen. Eckbert zog sich die Decke über den Kopf.

Nach einigen Minuten klopfte es leise an der Tür. Als Eckbert nicht reagierte, öffnete sich vorsichtig die Tür, Schritte näherten sich seinem Bett und die Decke wurde ihm mit einem Ruck weggezogen. Eckbert blinzelte in der plötzlichen Helligkeit.

„Was soll das?", Mara stand vor seinem Bett und sah entrüstet auf ihn nieder. „Ich warte unten an der Treppe auf dich und du liegst hier faul im Bett. Was ist der Grund?"

„Der Kaufmann ist entkommen und ich habe es nicht bemerkt", kam es tonlos von Eckbert.

„Und deshalb verkriechst du dich jetzt unter der Decke?" sagte Mara ungläubig. So langsam hatte sie genug von Eckberts Launen. Mal war er voller Eifer und durchaus brauchbar und dann wieder mutlos und überfordert. Mara verstand ihn einfach nicht, wie konnte er sich jetzt so gehen lassen? Vielleicht lag es ja daran, dass er fast noch ein Kind war? Mara beschloss, ihn nicht weiter zu schelten.

„Was ist los mit dir?", fragte sie stattdessen. „Du machst dir Vorwürfe, weil der Kaufmann weg ist? Das hätte mir auch passieren können. Wahrscheinlich hat er, während du für Luthers Gefährten in der Stadt unterwegs warst, das Haus verlassen."

Eckbert sah Mara erstaunt an. Mit diesem Verständnis hatte er nicht gerechnet.

„Hast du sonst noch etwas auf dem Herzen?", Mara versuchte ihre Stimme besorgt klingen zu lassen. Eigentlich wäre sie jetzt lieber in der Küche und würde den Küchenjungen ausfragen.

Aber sie wollte Eckbert in dieser düsteren Stimmung nicht alleine lassen.

„Es hat sich soviel verändert, seit ich aus dem Kloster weg bin. Ich habe viel Aufregendes erlebt. Trotzdem beginnt mir das Kloster und die Ruhe dort zu fehlen. Ich hätte nie gedacht, dass ich das einmal sagen würde."

Kleinlaut sah Eckbert Mara an. Es fiel ihm unendlich schwer zuzugeben, dass außerhalb der Klostermauern doch nicht alles so war, wie er es sich erhofft hatte.

Mara setzte sich neben ihn auf die Bettkante, legte den Arm um Eckberts Schulter und drückte den Jungen kurz an sich.

„Für mich ist es auch nicht immer leicht", meinte sie leise. „Aber ich habe mir geschworen, Luther zu retten und das werde ich auch tun. Ich kann mir gut vorstellen, dass du müde bist und dir im Moment alles zuviel wird. Aber ich sage dir, das Leben ist nie einfach. Man kann im Leben nicht immer den einfachen Weg wählen. Verstehst du, was ich damit sagen will?"

Mara sah Eckbert bei diesen Worten fest in die Augen.

„Ich glaube schon", antwortete er leise. Eckbert verstand nur zu gut. Wenn er jetzt aufgab, konnte er sich selbst nicht mehr in die Augen sehen. Mit einem Ruck stand er deshalb auf, straffte die Schultern und meinte mit betont fester Stimme:

„Lass uns in die Küche gehen."

Mara strahlte ihn an. Zusammen verließen sie die Kammer in Richtung Küche.

Hinter dem eingeschüchterten Küchenjungen lagen unruhige Stunden. Seit dem Gespräch mit dem Kaufmann war er nicht mehr er selbst. Er arbeitete erst seit einigen Monaten in der Küche. Die Arbeit war schwer und der Ton rau. Aber er bekam hier Essen und einen dürftigen Schlafplatz. Lohn sah er, abgesehen von wenigen Pfennigen, welche die hohen Herren bei Banketten dem Küchenpersonal spendierten, keinen. Trotzdem war er mit seinem Leben im Johanniterhof nicht unzufrieden. Aufgewachsen in einem der ärmlichen Vierteln der Stadt, zusammen mit fünf jüngeren Geschwistern, hatte er Armut und Not schon früh kennengelernt. Selten war genug Essen im

Haus gewesen. Deshalb hatte er schon früh damit begonnen zu stehlen, um seine Geschwister zu ernähren. Durch einen glücklichen Zufall hatte er dann die Möglichkeit bekommen, im Johanniterhof als Küchenjunge zu arbeiten.

Überwältigt von den gut gefüllten Speisekammern hatte er heimlich kleine Mengen an Lebensmitteln gestohlen, um sie seinen hungrigen Geschwistern zu bringen. Er wusste, dass es Unrecht war zu stehlen, doch die Not daheim war einfach zu groß. Außerdem hatte er vor einigen Tagen den Einfall, sich spät am Abend, wenn der Koch und das übrige Küchenpersonal bereits schliefen, heimlich in den Keller zu schleichen und Krüge mit Wein abzufüllen und die dann an die Männer draußen im Hof zu verkaufen. Auf diese Weise gelangten einige Pfennige in seinen Besitz, welche er zu seinen Eltern trug. Die fragten nie, woher das Geld kam. Bis heute war er der Meinung, seine kleinen Diebstähle wären unbeobachtet geblieben, doch nach dem Gespräch mit dem Kaufmann wusste er es besser. Der Mann hatte ihn in der Hand. Unmissverständlich hatte er ihm klargemacht, was passieren würde, wenn er sich ihm widersetzte.

Der Junge war verzweifelt. Kurz erwog er, sich dem dicken Koch anzuvertrauen. Doch diesen Gedanken verwarf er schnell. Sollte der Koch von seinen Diebstählen erfahren, würde er ihn im besten Fall aus der Küche hinausprügeln. Wahrscheinlicher wäre es allerdings, dass er ihn zu den Büttel schleppen und als gemeinen Dieb anzeigen würde. Dann käme er in den Turm. Die übliche Strafe bei Diebstahl war das Abhacken der rechten Hand. Nein, niemand konnte ihm helfen. Obwohl, vielleicht gab es doch eine Möglichkeit? Der Küchenjunge überlegte angestrengt. Er konnte diesen Eckbert um Hilfe bitten. Allerdings würde er die Diebstähle für sich behalten und nur erzählen, was der Kaufmann von ihm erwartete.

Seine Laune stieg wieder etwas und voller Eifer wandte er sich erneut dem Berg Gemüse zu, welcher darauf wartete, endlich geputzt zu werden.

Mara und Eckbert standen mittlerweile am Hintereingang der Küche. Flüsternd berieten sie ihr weiteres Vorgehen.

„Geh du in die Küche und sage dem Küchenjungen, er solle kurz in den Hof kommen", meinte Mara leise.

„Warum ich? Geh doch du, wenn mich der dicke Koch sieht ist das Geschrei wieder groß", maulte Eckbert.

Mara blickte ihn sichtlich genervt an.

„Du sollst gehen, weil du den Jungen bereits kennst. Der Koch wird dir schon nichts tun."

Widerstrebend fügte sich Eckbert und betrat die Küche. Er warf einen schnellen Blick ringsum. Der Küchenjunge saß am gleichen Platz wie vor einigen Stunden. Von dem dicken Koch war zum Glück nichts zu sehen. Vielleicht war er in einer der Speisekammern oder im Keller. Eckbert atmete hörbar auf. Eilig ging er, ohne weitere Blicke nach rechts und links zu werfen, zum Tisch des Jungen.

„Hallo", meinte er halblaut, um möglichst wenig Aufmerksamkeit zu erregen. „Ich möchte kurz alleine mit dir reden. Kannst du mit in den Hof kommen?"

Der Küchenjunge sah von seiner Arbeit auf. Erleichterung machte sich in seinem Gesicht breit, als er Eckbert erkannte.

„In Ordnung", antwortete er deshalb bereitwillig.

„Geh du schon vor, ich komme gleich. Es ist besser, wenn keiner sieht, dass wir zusammen die Küche verlassen."

Eckbert drehte sich ohne weitere Worte um und verließ schnell die Küche, ehe der Koch zurückkehrte und ihn entdeckte.

Draußen im Hof wartete Mara bereits ungeduldig. Als Eckbert aus der Tür trat, griff sie nach seinem Ärmel und zog den Küchenjungen beiseite, um von der Küche her nicht gesehen zu werden.

„Nun, was ist? Wo ist der Küchenjunge?", wisperte sie aufgeregt.

„Der kommt gleich", antwortete Eckbert.

Tatsächlich trat nur wenige Augenblicke später der Küchenjunge in den Hof. Suchend sah er sich um.

„Komm hierher", rief Eckbert ihm halblaut zu.

Der Junge näherte sich den beiden. Als er Mara erblickte,

wollte er sich umdrehen und zur Küche zurückgehen, doch Mara hielt ihn am Arm fest.

„Du kannst uns vertrauen", meinte sie beruhigend. „Wir wollen dir helfen. Wie heißt du eigentlich?"

„Ulf", kam es zurück. „Und wie ist dein Name? Den von deinem Freund kenne ich bereits."

Mara wollte sich auf keinen Fall als Frau zu erkennen geben, daher antwortete sie: „Nenn mich einfach Martin."

Ulf nickte. Dann setzte er sich auf den Stumpf eines Baumes, unweit der Küchentür, sah zu Mara und Eckbert hoch und meinte:

„Was wollt ihr genau wissen?"

„Was erwartet der Kaufmann von dir?", entfuhr es Mara, bevor Eckbert irgendetwas sagen konnte.

„Wenn ich es euch erzähle, wie könnt ihr mich dann vor ihm beschützen?" Angst und Zweifel klangen aus Ulfs Stimme.

„Nur keine Sorge, dir wird nichts passieren. Versprochen. Erzähl uns einfach was du weißt." Mara versuchte zuversichtlich zu klingen.

„Also gut", kam es leise von Ulf. „Ich habe ja doch keine Wahl. Der Kaufmann will, dass ich mir heute nach dem Abendessen vom Koch einen Krug mit Wein geben lassen. Ich soll dem Koch sagen, Luther habe den Wein ausdrücklich bestellt. Den Krug muss ich dann einige Minuten unbeaufsichtigt an der Hintertür stehen lassen und zum Abtritt gehen. Wenn mich später jemand fragen sollte, warum der Krug unbeaufsichtigt war soll ich erklären, ich hätte mir den Magen verdorben und dringend den Abtritt aufgesucht. Anschließend muss ich den Krug zu Luther bringen und dafür sorgen, dass er den Wein sofort probiert, da er ein Geschenk von einem Bewunderer wäre, welcher ungenannt bleiben will. Sobald Luther von dem Wein getrunken hat, hätte ich meine Aufgabe erfüllt und könne in die Küche zurückkehren."

Bei Ulfs Worten war es Mara heiß und kalt geworden. Nun endlich hatte sie Gewissheit. Der Kaufmann plante, Luther mit dem Wein zu vergiften. Wenn Luther starb, würde der Verdacht zuerst auf Ulf fallen. Der Plan war gut. Mara sah Eckbert an.

Er war ganz blass im Gesicht. Mara dachte kurz nach, dann meinte sie betont gelassen zu Ulf:

„Gut, dass du uns alles erzählt hast. Du wirst es so machen, wie der Kaufmann es von dir erwartet. Dann wird er dir nichts tun. Wir werden immer in deiner Nähe sein, auch wenn du uns nicht siehst. Sollten wir uns begegnen, dann kennen wir uns nicht. Wir haben nie ein Wort miteinander gewechselt. Nur so bist du in Sicherheit."

Ulf nickte sichtlich erleichtert. Nachdem er den beiden alles erzählt hatte, fühlte er sich schon viel besser. Eine Frage hatte er jedoch noch:

„Warum soll ich den Wein einige Zeit unbeaufsichtigt lassen?"

Mara zuckte zusammen. Auf keinen Fall wollte sie Ulf erzählen, dass der Kaufmann den Wein vergiften würde und er als Sündenbock vorgesehen war. Sie befürchtete mit Recht, der Küchenjunge würde sich dann weigern, die Anordnung des Kaufmanns auszuführen, sobald er die ganze Wahrheit kannte. Ihre Chance Luther zu schützen und den wahren Täter zu überführen würde damit schwinden.

„Vielleicht will er dem Wein ein starkes Schlafmittel zufügen, damit Luther morgen zu spät oder überhaupt nicht vor dem Kaiser erscheint und sich so den Zorn Karl V. zuzieht", log sie deshalb verzweifelt.

Ulf dachte über Maras Erklärung nach.

„Das könnte schon sein. Gut, ich werde alles so machen, wie wir es besprochen haben."

Daraufhin stand er auf und ging ohne sich noch einmal umzusehen zurück in die Küche.

Mara sah ihm mit gemischten Gefühlen nach. Zum Glück war Ulf nicht der Hellste.

Eckbert ließ sich angespannt auf den Baumstumpf fallen und zog Mara neben sich.

„Du hast ihn belogen. Wie konntest du ihm die Wahrheit vorenthalten? Du weißt, es ist eine Sünde zu lügen", sagte Eckberts entrüstet.

Mara blickte ihn nachdenklich von der Seite an. Bei ihm kam doch immer wieder der Novize durch, dachte sie mit leichter Resignation.

„Natürlich weiß ich, dass Lügen Sünde ist", meinte sie erklärend. „Doch wenn Ulf die Wahrheit erfahren hätte, wäre unser ganzer Plan gefährdet."

Eckbert sah Mara aufmerksam an und meinte spöttisch:

„Du hast also einen Plan? Wie lautet der?"

„Ganz einfach, wir behalten den Krug im Auge, um uns zu überzeugen, dass der Kaufmann tatsächlich das Gift hineinschüttet. Er wird sich danach auf dem schnellsten Weg in die Nähe von Luther begeben, um das weitere Geschehen zu beobachten. Ich werde ihm folgen und Luther warnen. Deine Aufgabe ist es, Ulf einige Minuten unter einem Vorwand aufzuhalten und mir so einen ausreichenden Vorsprung zu verschaffen. In der Zeit bis Ulf kommt, werde ich Luther von den Geschehnissen in Kenntnis setzen und die Kammer schon wieder verlassen haben, wenn Ulf mit dem vergifteten Wein die Kammer betritt. Du musst mir unbedingt genügend Zeit verschaffen. Egal wie!"

Mara versuchte ihren Plan Eckbert gegenüber leicht klingen zu lassen. Insgeheim hatte sie jedoch große Zweifel, ob er gelingen würde. Vor allem hatte sie Zweifel daran, ob die Zeit ausreichen würde, Luther von dem Anschlag zu überzeugen. Auf keinen Fall durfte der Mönch auch nur von dem Wein kosten. Mara spürte genau den Druck, welcher auf ihr lastete, doch Eckbert gegenüber wollte sie sich das auf keinen Fall anmerken lassen.

Währenddessen ließ sich Eckbert Maras Plan nochmal durch den Kopf gehen. Nach einigen Minuten antwortete er:

„Du hast recht, es könnte gelingen. Aber was ist, wenn Luther dir nicht glaubt und den Wein trinkt?"

„Dann müssen wir so schnell es geht um unser Leben laufen", gab Mara kurz zur Antwort.

Da Mara und Eckbert die genaue Zeit für die Aktion nicht kannten, blieb ihnen nichts anderes übrig, als den Hintereingang der Küche im Auge zu behalten. Stunde um Stunde verging und Mara verspürte ein immer größeres Hungergefühl. Jedoch traute sie sich weder den Beobachtungsposten zu verlassen, noch Eckbert nach etwas Essbarem zu schicken. So blieb ihr nichts anderes übrig, als im Halbdunkeln an den Baumstumpf gelehnt vor sich hinzudösen.

„Ich habe Hunger", meinte Eckbert nach einiger Zeit leise. „Können wir uns nicht etwas zu essen holen? Vielleicht hat der Kaufmann es sich ja anders überlegt und ist längst über alle Berge?"

„Glaube mir, der kommt. Ich kann seine Nähe schon spüren. Halte durch, bald kannst du soviel essen wie du willst", zischte Mara ihm leise ins Ohr.

Eckbert seufzte widerwillig. Er hatte genug davon, regungslos im Dunkeln zu lauern. Mittlerweile war er im Stillen davon überzeugt, dass der Kaufmann bereits das Weite gesucht hatte.

Eckbert hing noch seinen Gedanken nach, als Mara ihn unsanft in die Seite stieß und mit dem Kopf in Richtung der Küchentür wies. Ulf betrat mit einem Krug Wein den Hof. Wie vereinbart stellte der Küchenjunge den Krug neben der Tür auf einem Stein ab und ging dann eilig in Richtung Abtritt.

Mara hielt lautlos den Atem an. In wenigen Augenblicken müsste der Kaufmann erscheinen, um den Wein zu vergiften. Angestrengt suchten ihre Augen die Umgebung ab. Unvermittelt erstarrte Mara. Wie aus dem Nichts war der Kaufmann an der Tür aufgetaucht. Er blieb neben dem Krug stehen, sah sich kurz nach rechts und links um und goss dann den Inhalt einer kleinen Flasche in den Krug. Alles spielte sich innerhalb weniger Augenblicke ab.

So plötzlich wie der Kaufmann aufgetaucht war, so schnell war er auch wieder im Dunkeln der Nacht verschwunden. Mara rieb sich fest die Augen. Hatte sie den Kaufmann wirklich gesehen oder spielte ihr überreiztes Gehirn ihr einen Streich? Schritte näherten sich, Ulf kam zurück. Mara gab Eckbert einen unsanften Stoß. Nun kam es alleine auf ihn an. Eckbert machte einige Schritte auf Ulf zu. Mara konnte nur hoffen, dass es Eckbert gelänge, ihr den benötigten Aufschub zu verschaffen. Eilig rannte sie um das Gebäude, durch die große Halle, die breite Treppe hinauf, ohne auf die überraschten Blicke zu achten, welche sie trafen. Atemlos blieb sie vor Luthers Kammertür stehen. Nach einigen Momenten tiefen Luftholens klopfte sie energisch, mit bangem Herzen, an die Tür.

Für Luther endete der vielleicht letzte Tag als freier Mann. Unruhig ging er in seiner Kammer auf und ab. Immer wieder schweifte sein Blick zu dem schmucklosen Holzkreuz über seiner Bettstatt. Doch heute gab ihm dieser Anblick keinen Trost. Gott gab ihm keine Antwort auf seine verzweifelten Fragen, sondern blieb stumm. Luther haderte mit sich. Er spürte, es war ein Fehler gewesen, Wittenberg verlassen zu haben, um hier auf dem Reichstag seine Schriften vor Karl V. und den Reichsständen zu verteidigen. Trotz der Zusage des freien Geleits, fühlte er sich in Worms nicht wirklich sicher. In Wittenberg unterstand er Kurfürst Friedrich. Der Kurfürst schätzte ihn und seine Arbeit an der Universität. Weder Kaiser Karl V. noch der Papst konnten ihm in Wittenberg ernstlich gefährlich werden. Warum hatte er nur dieser Reise zugestimmt? Luther schlug mit der geballten Faust mehrfach voller Verzweiflung hart an die Wand.

Auch wenn er es sich nicht wirklich eingestehen wollte, er hatte vor der morgigen Anhörung große Angst. Doch seine Schriften konnte und wollte er dort nicht widerrufen. Sie spiegelten seine innerste Überzeugung wider. Nie würde er sich davon abwenden. Doch was würde man mit ihm tun? Würde er Wittenberg wiedersehen? Erneut blieb sein Blick an dem schlichten Holzkreuz hängen. Er hoffte, es würde ihm durch ein Gebet gelingen, seinen aufgewühlten und gequälten Geist zur Ruhe zu bringen.

Luther kniete sich auf den kalten, harten Steinboden. Er faltete die Hände zum Gebet und schloss die Augen. Gerade als er seine Zwiesprache mit Gott beginnen wollte, hörte er ein energisches Klopfen an der Tür. Leicht verärgert erhob Luther sich und öffnete. Ein Junge in abgetragener Kleidung drängte sich eilig in die Kammer und schloss hastig hinter sich die Tür. Luther sah den Jungen erstaunt an, er war ihm völlig unbekannt.

Erleichtert atmete Mara auf, als die Tür hinter ihr ins Schloss fiel. Schnell lehnte sie sich dagegen, um nicht von Ulf überrascht zu werden. Sie sah in Luthers Augen Verwunderung und entschloss sich, alles auf eine Karte zu setzen.

„Meister Luther, Ihr müsst mich anhören", begann sie hastig. „In wenigen Minuten wird ein Junge aus der Küche mit einem Krug Wein an Eure Tür klopfen. Der Wein ist vergiftet. Ein feiger Anschlag auf Euer Leben ist geplant."

Luther wollte nicht glauben, was er da hörte. Er musste, um Klarheit zu gewinnen, unbedingt mehr erfahren: „Woher weißt du das, Junge?"

„Für lange Erklärungen ist jetzt keine Zeit," sagte Maras beschwörend. „Ihr müsst mir einfach vertrauen. Der Junge wird Euch sagen, dass ihr den Wein kosten müsst. Tut so, als ob Ihr einige Schlucke trinkt und lasst Euch dann mit lautem Stöhnen auf Euer Bett sinken. Bleibt dort regungslos liegen, ich werde Euch dann den feigen Mörder bringen."

Luther überlegte einige Augenblicke, dann nickte er und meinte: „Zwar verstehe ich das alles im Moment nicht, doch ich werde tun, was du mir vorschlägst."

Mara war unendlich erleichtert, dass Luther ihrem Plan vertraute. Ihr war jedoch klar, wäre sie als Frau zu ihm gekommen, hätte er sie nur belächelt und nach einigen freundlichen Worten wieder weggeschickt.

Schnell verließ sie die Kammer wieder und suchte sich einen Platz in einer Fensternische in der Nähe. Zu dieser späten Stunde hatten viele Bewohner bereits ihre Schlafkammern aufgesucht. Die meisten Türen waren geschlossen und auch der Flur lag verlassen da. Nur in der großen Halle, am Fuß der Treppe, fanden noch einige Zecher kein Ende. Mara konnte die Stimme des Kaufmanns vernehmen. Er unterhielt sich mit einem anderen Mann in der Halle. Plötzlich näherten sich auf der Treppe Schritte. Maras Hände wurden eiskalt. Panik erfasste sie. Nach einigen tiefen Atemzügen hatte sie sich soweit wieder im Griff, dass sie zur Treppe blicken konnte. Als erstes sah sie Ulf, der auf einem Tablett einen bauchigen Krug mit Wein sowie einen tönernen Becher balancierte. Der Kaufmann ging neben ihm. Am Anfang des Flurs angekommen, gab der Kaufmann Ulf einen harten Stoß und Mara hörte ihn leise zischen: „Los, und wehe du versagst!"

Als Ulf an Mara vorbeiging, konnte sie sehen, dass er leichenblass war und seine Hände zitterten. Er konnte kaum das Tablett ruhig halten. Der Kaufmann blieb am Anfang des Flurs stehen und behielt Ulf fest im Blick. Anscheinend wollte er verhindern, dass der Junge es sich im letzten Moment anders überlegte und das Weite suchte. Von Mara, halb in der Nische verborgen, nahm keiner der beiden Notiz. Ihre Blicke folgten Ulf, als er sich nur langsam Luthers Kammertür näherte.

Vor der Tür blieb er einen Augenblick stehen und warf einen verzweifelten Blick zurück zu dem Kaufmann. Mara konnte sehen, wie der Mann eine eindeutige Geste mit der Hand quer über seine Kehle machte. Im nächsten Moment klopfte Ulf leise an Luthers Kammertür.

Augenblicke später wurde die Tür geöffnet. Ein kurzer leiser Wortwechsel fand zwischen Luther und Ulf statt. Anschließend betrat der Küchenjunge die Kammer und die Tür schloss sich. Mara sah zur Kammer und hielt den Atem an. Alles in ihr stand unter Anspannung. Sie sah so konzentriert zur Tür, dass sie nicht einmal bemerkte, als sich Eckbert leise neben sie stellte. Würde alles nach Plan verlaufen?

Als Mara glaubte, die Anspannung nicht mehr ertragen zu können, ertönte aus Luthers Kammer ein lauter Schrei. Gleich darauf flog die Tür der Kammer auf und Ulf stürmte völlig verängstigt heraus.

Mara, Eckbert und der Kaufmann liefen gleichzeitig in Richtung der Kammer los. Durch den Schrei alarmiert, öffneten sich auch einige der anderen Kammertüren und der Gang füllte sich rasch mit Neugierigen. Der Kaufmann war zuerst an Luthers Tür. Er warf einen befriedigten Blick auf Luther, der verkrümmt auf seinem Bett lag, anscheinend unter starken Schmerzen litt und dessen Stöhnen jedoch immer leiser wurde. Der Tod musste jeden Moment eintreten.

Mara und Eckbert zogen den verstörten Ulf ein Stück von Luthers Kammer weg. Der Junge war leichenblass und murmelte entsetzt:
„Ich weiß nicht, wie das geschehen konnte. Ich habe doch nur den Wein gebracht."
Mara versuchte, ihn so gut es ging zu beruhigen.
„Dich trifft keine Schuld. Der Wein war vergiftet. Du musst dir jedoch keine Sorgen machen, Luther wird nicht sterben. Bald wird es ihm wieder gut gehen."
Ulf sah sie verständnislos an.
„Er liegt überhaupt nicht im Sterben? Ich habe mich fast zu Tode erschrocken. Warum tut er nur so?"
Mara blieb keine Zeit für lange Erklärungen.
„Glaube es einfach. Später werden wir dir alles erklären. Gehe in die Küche zurück und verhalte dich so, als wäre nichts passiert."
Danach ließ sie Ulf stehen und zog Eckbert eilig in Richtung der Kammer. Obwohl seit dem Schrei nur wenig Zeit vergangen war, hatten sich vor der Kammertür mehrere Männer versammelt. Ratlosigkeit konnte man in den meisten Gesichtern lesen, aber auch Neugierde und bei manchen sogar Befriedigung. Als Mara und Eckbert versuchten, sich einen Weg durch die Leiber zu bahnen, konnten sie vom Inneren der Kammer die Stimme des Kaufmanns vernehmen.
„Hier liegt eindeutig eine Vergiftung vor", erläuterte er anscheinend fachkundig den Umstehenden. „Nach einem Medicus zu schicken wäre wohl vergeblich. Es ist kaum noch Leben in Luthers Körper."
Bei dem letzten Satz hatte seine Stimme einen entsetzten Tonfall angenommen. Betretenes Schweigen stellte sich unter den Umstehenden ein. Dann erklang die Stimme des Kaufmanns erneut, diesmal lauter.
„Aber dieser feige Mord wird nicht ungesühnt bleiben. Ich kenne den Täter, der Küchenjunge war es! Ich habe genau gesehen, wie er den Wein zu Luther brachte. Ich werde ihn finden und herbringen, damit er seine gerechte Strafe erhält."

Beifall wurde unter den umstehenden Männern laut. Bevor es Mara und Eckbert gelang sich zu Luther durchzukämpfen, schob sich der Kaufmann aus der Kammer hinaus und an Mara vorbei. Sie versuchte verzweifelt ihn am Arm festzuhalten, doch er riss sich mit einem Ruck los und rannte in Richtung der Treppe. Zwei Männer folgten ihm, um bei der Jagd auf den Täter zu helfen. Die anderen hielt die Neugierde zurück. Alles war binnen weniger Augenblicke geschehen. Ohne auf Eckbert zu achten, kämpfte sich Mara zurück auf den Flur und rannte ebenfalls die Treppe hinunter, dem Kaufmann hinterher.

In der Halle angekommen, sah sie sich mit einem raschen Blick um. Vom Kaufmann war keine Spur mehr zu sehen. Er war ihr entwischt. Enttäuscht kehrte Mara zu Luthers Kammer zurück. Dort bot sich ihr ein ganz anderes Bild, als noch vor wenigen Minuten. Luther saß auf seinem Bett und hielt einen Becher mit Wasser in der Hand. Justus Jonas stand neben ihm und versuchte, die Umstehenden zu beruhigen.

Als Mara die Kammer betrat hörte sie ihn sagen:

„Kein Grund zur Aufregung. Hier wurde niemand vergiftet. Luther hatte lediglich einen Schwächeanfall. Er hat es mit dem Fasten und Beten vor seinem großen Tag anscheinend etwas übertrieben. Aber jetzt geht es ihm wieder besser und ihr könnt Euch beruhigt zurück in Eure Kammern begeben."

Nach diesen Worten scheuchte Justus Jonas die Männer aus der Kammer. Auch Mara wollte er hinausschicken, doch Eckbert, der plötzlich neben ihr stand, meinte:

„Nein, ihn brauchen wir hier noch. Er kann einiges zur Aufklärung beitragen."

Justus Jonas schloss die Kammertür, setzte sich zu Luther auf das Bett und sah Mara und Eckbert erwartungsvoll an.

Luther trank einen weiteren Schluck Wasser und meinte dann zu Mara:

„Nun Junge, jetzt erkläre mir endlich, was die ganze Maskerade sollte?"

Mara holte tief Luft und begann:

„Der Kaufmann, also der Mann, der behauptet hat, der Küchenjunge hätte Euch vergiftet, hatte diesen Anschlag schon lange geplant. Der Küchenjunge war dabei nur sein unwissendes Werkzeug."

Nach und nach erzählte Mara, immer wieder von Eckbert unterbrochen, Luther die ganze Geschichte. Als sie fast am Ende angekommen war, schlug Mara die Gugel zurück und gab sich als Frau zu erkennen. Ungläubig starrten Luther und Justus Jonas sie an.

„Und deshalb musste ich mich als Junge verkleiden, denn sonst hättet Ihr mir wieder nicht geglaubt. Allerdings ist mir der Kaufmann entwischt. Euer Mörder läuft noch immer frei herum", schloss sie erschöpft ihren Bericht.

Danach war es im Raum erst einmal einige Minuten still. Luther war gerührt davon, was Mara und Eckbert seinetwegen alles auf sich genommen hatten.

„Ich weiß nicht, wie ich euch für all das, was ihr getan habt, danken soll. Ihr wisst, ich bin kein reicher Mann, deshalb kann ich euch nur anbieten, für euch zu beten, um so meine Schuld zu begleichen. Allerdings kommt mir da noch eine Idee", Luther sah bei diesen Worten Eckbert an.

„Was würdest du davon halten, Eckbert, mit Jonas und mir nach dem Reichstag zurück nach Wittenberg zu kommen? Du könntest dort die Schule besuchen und später die Universität. Allerdings müsstest du erst einmal wieder in einem Kloster leben."

Eckbert konnte sein Glück kaum fassen. Luther wollte ihn mit nach Wittenberg nehmen und er durfte in einigen Jahren dort an der Universität studieren. Vor allem aber wäre er in der Nähe von Luther. Seine Träume wurden wahr. Völlig begeistert nickte er.

In Mara machte sich bei Luthers Vorschlag Wehmut breit. Sie spürte, hier und jetzt würden sich ihre und Eckberts Wege für immer trennen. Es war unwahrscheinlich, dass sie einander wiedersehen würden. Eckbert schien es ähnlich zu gehen. Er umarmte Mara und drückte sie fest an sich.

„Danke für alles", flüsterte er ihr ins Ohr.

„Mach Luther keinen Kummer und sei nicht immer so dickköpfig", gab sie leise zurück.

Dann wandte sie sich an Luther:

„Meister Luther, ich wünsche Euch viel Glück bei der Anhörung morgen. Doch jetzt werde ich am besten gehen."

Mara war schon fast aus der Tür, als Justus Jonas sie zurückrief.

„Wartet", meinte Luthers Gefährte. „Da der vermeintliche Mörder noch frei herumläuft, ist es besser, ich begleite Euch nach Hause."

Dankend nahm Mara sein Angebot an und machte sich nach einem letzten Blick auf Eckbert zusammen mit Justus Jonas durch die mittlerweile ruhigen Gassen der Stadt auf den Heimweg.

Bruder Sebastian hatte, als er eilig durch die Halle lief, nur ein Ziel, den Johanniterhof so schnell wie möglich zu verlassen. Er war zufrieden mit sich. Anscheinend war alles nach Plan verlaufen. Jetzt musste er nur noch ungesehen bis vor die Stadt gelangen. Zu diesem Zweck hatte er schon vor einigen Tagen seine unscheinbare Mönchskutte im Stall in einer leeren Pferdebox unter einem Haufen Stroh versteckt. Schnell betrat Bruder Sebastian den Stall, niemand war zu sehen. Leise schlich er sich zur Box und wollte gerade die Tür öffnen, als er Geräusche hörte. Bruder Sebastian blieb keine Zeit zum Überlegen. Hastig stieß er die Tür auf und sah sich Ulf gegenüber. Der Junge war nicht zur Küche zurückgekehrt, sondern hatte sich aus Angst vor Ärger im Pferdestall verkrochen.

„Was tust du noch hier?" sagte Bruder Sebastians aufgebracht.

„Im ganzen Haus sucht man dich als Mörder von Luther."

Ulf blickte ihn sichtlich verwirrt an.

„Das kann nicht sein. Luther ist nicht tot, er hat den Wein doch gar nicht getrunken."

„Was redest du da für einen Unsinn?" Bruder Sebastian sah Ulf mit kalten Augen an. „Ich habe Luther doch auf dem Bett liegen gesehen. Er hatte große Schmerzen."

Ulf schüttelte energisch den Kopf. Dann meinte er erklärend:

„Eckbert und der andere Junge haben es mir gesagt, Luther tut nur so. Auf diese Weise soll sich sein Mörder sicher fühlen."

Bruder Sebastian ließ sich ins Stroh fallen. Verzweiflung machte sich in ihm breit. Er hatte versagt. Luther war am Leben. Anscheinend hatten Eckbert, sein Freund und wahrscheinlich auch das Mädchen vom Buchstand ihn ausgetrickst. Aber dafür sollten die drei büßen. Das Blut begann in seinem Kopf zu rauschen und wie aus weiter Ferne hörte er Ulf sagen:

„Ich habe zwar den vergifteten Wein zu Luther gebracht, aber Ihr gabt mir den Auftrag dazu. Ihr habt auch von mir verlangt, den Wein unbeaufsichtigt zu lassen. Alles war Eure Idee."

Langsam nahm in Ulf ein furchtbarer Gedanke Gestalt an. So fruchtbar, dass er ihn nicht zu Ende denken wollte. Voller Angst drückte er sich mit dem Rücken an die Holzwand der Box und flüsterte entsetzt:

„Ihr seid der Mörder!"

Bruder Sebastian erhob sich aus dem Stroh und baute sich vor Ulf auf und meinte mit kaltem Lächeln:

„Ja, du hast recht. Ich bin der gesuchte Mörder, nur wirst du es leider niemandem mehr erzählen können."

Er legte dem Jungen die Hände um die Kehle und drückte langsam zu. Ulf versuchte sich zu wehren, doch seine Kräfte schwanden schnell. Schon wurde ihm schwarz vor Augen. Es gab kein Entkommen für ihn. Unter Bruder Sebastians kräftigen Händen hauchte Ulf sein Leben aus. Lautlos fiel der Leichnam ins Stroh.

Ohne einen weiteren Blick auf den Toten, holte Bruder Sebastian seine Kutte aus dem Versteck und zog sich eilig um. In der Mönchskutte war er nicht wiederzuerkennen. Seine Kaufmannskleidung klemmte er sich als Bündel unter den Arm. Dafür würde er sich ein anderes Versteck suchen. Ungesehen verließ er den Stall.

Vor dem Tor zum Johanniterhof blieb er einen Moment unschlüssig stehen, dann wandte er sich in Richtung Dom.

Mara war froh, die Begleitung von Justus Jonas angenommen zu haben. Obwohl sie sich in ihrer Verkleidung als Junge relativ sicher fühlte, war es ihr doch lieber, zu solch später Stunde nicht alleine zur Buchhandlung laufen zu müssen. Weder Mara noch Justus Jonas sprachen, jeder hing seinen Gedanken nach. Mara war noch immer über den Abschied von Eckbert traurig, auch wenn sie sich für ihn freute. In der letzten Zeit war er ihr fast wie ein kleiner Bruder vorgekommen und jetzt würde sie ihn vielleicht nie wiedersehen.

Justus Jonas plagten ganz andere Gedanken. Er war erleichtert, dass Luther noch am Leben war. Allerdings machte er sich ernstliche Sorgen, weil der Mörder noch frei herumlief. Jederzeit konnte ein erneuter Anschlag folgen. Deshalb hatte er Eckbert angewiesen, nicht von Luthers Seite zu weichen. Seine Hoffnung war, schon bald Worms in Richtung Wittenberg verlassen zu können. Denn nur dort war Luther wirklich sicher.

Die Buchhandlung lag im Dunkeln, als Mara und Justus Jonas dort ankamen. Christo und Nahel schliefen bereits. Diesmal hatte keiner auf Maras Rückkehr gewartet. Etwas enttäuscht war sie darüber schon. Sie wies in Richtung des kleinen Hofes und meinte leise zu Jonas:

„Ich werde nachsehen, ob die Küchentür unverschlossen ist."

Jonas nickte und folgte Mara beinahe lautlos. Der Hof lag im Mondschein verlassen da. Gespannt drückte Mara die Klinke der Tür hinunter. Sie hatte recht, die Tür war nicht verschlossen. Erleichtert stieß Mara sie ganz auf. Dann drehte sie sich zu Justus Jonas um und schlug die Gugel zurück.

„Vielen Dank für Eure Begleitung. Grüßt bitte noch einmal Meister Luther und vor allem Eckbert von mir."

„Das werde ich tun. Euch alles Gute für die Zukunft und passt auf Euch auf", antwortete Jonas. Dann verschwand Luthers Gefährte lautlos in der Dunkelheit.

Mara verschloss hinter sich die Tür mit einem festen Riegel. Sie war erleichtert, dass der Tag vorbei war. Morgen würde sie sich den Fragen von Nahel und Christo stellen müssen. Doch jetzt wollte sie zuerst einmal schlafen.

Draußen im Hof duckte sich hinter einigen alten Fässern neben dem Abtritt eine dunkle Gestalt. Bruder Sebastian hatte Mara und Justus Jonas kommen sehen und sich schnell im Hof hinter den Fässern versteckt. Überrascht hatte er erkannt, dass der Freund von Eckbert und das Mädchen vom Buchstand ein und dieselbe Person waren. Nun war er sich ganz sicher, das Mädchen steckte hinter allem. Nur ihr war das Scheitern seines Plans zu verdanken. Aber sie würde sich nicht lange darüber freuen können, denn schon bald schlug die Stunde der Abrechnung. Er musste nur den richtigen Moment abwarten.

Der Tag der Anhörung von Luther vor dem Reichstag

12. Kapitel

Der Morgen war bereits fortgeschritten, als Mara erwachte. Nach den Ereignissen der vergangenen Nacht hatten ihr die paar Stunden Schlaf ausgesprochen gutgetan. Sie fühlte sich erfrischt und ausgeruht. Vor ihr lag das klärende Gespräch mit Nahel und Christo. Sie konnte und wollte es nun nicht länger aufschieben. Mara schlug die warme Decke zurück und begann sich eilig anzuziehen. Nachdem sie sich mit kaltem Wasser aus dem Waschkrug Gesicht und Hände gewaschen und ihre langen Locken gebürstet und zu einem straffen Zopf geflochten hatte, war sie bereit sich der Welt zu stellen.

Nahel und Christo saßen noch in der Wohnstube beim Frühstück, als Mara hereinkam. Beide hofften, endlich Maras Geheimnis zu erfahren, ließen sich allerdings ihre Neugierde nicht anmerken.

„Guten Morgen", grüßte Mara die beiden, als sie sich an den Tisch setzte und hungrig nach einer Scheibe Brot griff.

Nahel und Christo nickten ihr zwar freundlich zu, frühstückten jedoch stillschweigend weiter. Mara nahm sich ein Stück würzigen Käse und ließ es sich schmecken. Nachdem der größte Hunger gestillt war, blickte sie Nahel und Christo offen an.

„Ich denke, es ist an der Zeit, euch den wahren Grund zu nennen, warum ich nach Worms gekommen bin."

„Endlich", entfuhr es Christo erleichtert. „Nahel hat mich die letzten Tage mit ihren Vermutungen fast in den Wahnsinn getrieben. Warum müssen Frauen nur so neugierig sein?"

„Ich bin nicht neugierig", gab Nahel zurück. „Ich habe mir nur Sorgen gemacht. Schließlich ist Mara meine Schwester."

Bei diesen Worten griff sie nach Maras Hand und drückte diese ganz fest.

Mara sah Nahel an, und war zum ersten Mal richtig froh, zu ihr zu gehören. Dann holte sie tief Luft und begann mit ihrer Geschichte. Sie erzählte von ihrem Leben in Speyer, der Nacht im Kloster, ihrem Weg nach Worms und dem Versuch, Luther zu warnen, der ihr allerdings nicht hatte glauben wollen, weil sie nur ein Mädchen war.

Nahel und Christo hörten ihr sprachlos und voller Erstaunen zu. Mara schloss ihren Bericht mit den Ereignissen der vergangenen Nacht, dem missglückten Anschlag auf Luther und der Flucht des wahren Mörders. Nachdem sie geendet hatte, blieb es einige Minuten still im Raum.

„Meinst du, dass der Mörder dich erkannt hat?", fragte Christo.

Mara schüttelte heftig den Kopf und antwortete:

„Wie sollte er? Ich war doch verkleidet."

Christo allerdings war nicht so leicht zu überzeugen.

„Jemand, der versucht, einen Mann wie Luther zu beseitigen, der ist nicht dumm, sondern ziemlich gerissen. Vielleicht lauert er bereits hier irgendwo in der Nähe des Hauses und wartet auf einen geeigneten Moment, um dich zu töten?"

Mara wurde bei Christos Worten blass. Die Angst kroch wieder in ihr hoch.

„Nun setze ihr doch nicht solche Gedanken in den Kopf", schalt Nahel den Buchhändler. „Du machst ihr nur unnötig Angst damit. Der Mörder hat bestimmt schon die Stadt verlassen."

Christo zog entschuldigend die Schultern hoch und meinte beruhigend zu Mara:

„Ich wollte dir keine Angst machen. Ich meine nur, wir müssen in den nächsten Tage die Augen offen halten und vorsichtig sein."

Die Mädchen nickten. Nahel machte den Vorschlag, dass Mara und sie vorläufig zusammenarbeiten würden. Das gab ihnen zum einen Sicherheit, zum anderen hoffte Nahel, mit Mara dabei über die angedachte Reise nach Speyer sprechen zu können, ohne dass Christo es gleich erfuhr. Mara und Christo waren mit dem Vorschlag sogleich einverstanden.

Der Buchhändler entschied, dass er heute den Bücherstand beaufsichtigen würde und die Mädchen zur Sicherheit im Laden blieben.

Nachdem alles besprochen war, stellte sich Christo draußen an den Bücherstand. Mara und Nahel blieben im Verkaufsraum zurück. Viel war an diesem Morgen nicht zu tun. Die meisten Menschen hatten sich schon vor Stunden beim Bischofshof versammelt, denn dort sollte um die Mittagszeit Luther dem Kaiser Rede und Antwort stehen. Noch war der Mönch aus Wittenberg nicht erschienen und das Volk wurde zunehmend unruhig. Verschiedene Mutmaßungen wurden da und dort in der Menge laut. Manche meinten, Luther hätte in der vergangenen Nacht heimlich Worms in Richtung Wittenberg verlassen, um dem Zorn des Kaisers zu entgehen. Andere waren der Ansicht, der Kaiser hätte ihn bereits verhaften lassen. Doch wirklich Genaues wusste niemand, und so harrte die Menge Stunde um Stunde weiter aus.

Luther hatte in dieser Nacht keinen erholsamen Schlaf gefunden. Nachdem sein Gefährte Jonas ihn verlassen hatte, um Mara sicher nach Hause zu begleiten, war ihm die Tragweite des vereitelten Anschlags erst so richtig zu Bewusstsein gekommen. Bis zu diesem Moment hatte er noch auf sein vom Kaiser zugesichertes geschütztes Geleit vertraut. Nun aber war er sich sicher, Wittenberg nie wieder lebend zu sehen. Ein Grund mehr für ihn, seine Schriften nicht zu verleugnen. Unruhig lief Luther in der Kammer auf und ab. Längst war er übermüdet und benötigte wenigstens einige Stunden Schlaf vor der Anhörung.

Eckbert beobachtete ihn ängstlich. Justus Jonas hatte ihm den Auftrag gegeben, Luther nicht aus den Augen zu lassen, bis er zurückkam. Dem kam Eckbert getreulich nach. Er saß in Luthers Kammer auf einem unbequemen Stuhl am Tisch und wünschte sich ins warme Bett. Allerdings konnte er dorthin nicht zurück. Eckbert hatte viel zu viel Angst, der Kaufmann könnte dahin zurückkehren und ihn im Schlaf überraschen. Also blieb ihm nur der unbequeme Stuhl.

Nachdem er einige Zeit Luther beobachtet hatte, wagte es Eckbert, ihn anzusprechen.

„Meister Luther, bitte verzeiht", begann er vorsichtig. „Aber wäre es nicht besser, Ihr würdet Euch nach all der Aufregung etwas hinlegen und ausruhen?"

Luther hielt in seiner Wanderung inne und blickte Eckbert irritiert an. Er war so in seinen Gedanken versunken gewesen, dass er den Jungen glatt vergessen hatte. Allerdings musste er ihm recht geben. Es war besser morgen ausgeruht zu sein. Luther legte sich auf das schmale Bett und war nach kurzer Zeit, trotz seiner trüben Gedanken, fest eingeschlafen. Auch Eckbert gähnte herzhaft und versuchte krampfhaft die Augen offen zu halten. Wobei die Aufregung der vergangenen Stunden zu viel für ihn gewesen war. Er legte die Arme auf die Tischplatte, bettete seinen Kopf darauf und war nach kurzer Zeit im Reich der Träume.

So fand Justus Jonas die beiden, als er wenig später die Kammer betrat. Obwohl er die Müdigkeit des Jungen verstehen konnte, war er sichtlich enttäuscht von ihm. Er hatte ihn mit einem wichtigen Auftrag betraut und Eckbert hatte seine Erwartung nicht erfüllt. Er ging zu ihm und rüttelte ihn unsanft.

Eckbert kam nur langsam zu sich. Er sah sich verwundert in der Kammer um, doch dann fiel ihm alles wieder ein und er erkannte Justus Jonas, der aufgebracht vor ihm stand.

„Bin ich eingeschlafen?", fragte er mit leiser Stimme.

„Ja, als ich hereinkam hast du tief und fest geschlafen. Junge, was denkst du dir? Wenn nun nicht ich hereingekommen wäre, sondern der Mörder? Er hätte leichtes Spiel mit Luther gehabt."

Man hörte Justus Jonas' Stimme die Enttäuschung an. Eckbert war völlig zerknirscht. Er wollte Luther und Jonas auf keinen Fall enttäuschen, schließlich sollten sie ihn mit nach Wittenberg nehmen. Zu seiner Verteidigung fiel ihm jedoch nur wenig ein:

„Sicher waren es nicht mehr als ein oder zwei Minuten, in denen ich geschlafen habe. Bitte glaubt mir, die ganze Zeit vorher habe ich Meister Luther keine Sekunde aus den Augen gelassen."

Justus Jonas beschloss, ein letztes Mal Gnade walten zu lassen. Schließlich war ja nichts passiert. Allerdings konnte eine strenge Belehrung Eckbert nicht schaden.

„Nun gut, ich werde es diesmal dabei belassen. Solltest du jedoch in Zukunft einen Auftrag nicht zu meiner Zufriedenheit ausführen, dann werde ich dich dafür entsprechend bestrafen. Wenn man sich zu etwas bereit erklärt, dann muss man auch durchhalten, bis es erledigt ist. Da spielt es keine Rolle, wie hungrig oder müde man sich fühlt. Stimmst du mir da zu?"

Eckbert gab ihm recht. Er war jedoch der Meinung, Jonas beurteilte ihn zu hart. Schließlich hatte er Luthers Leben gerettet, da konnten doch ein paar Minuten Schlaf nicht so schlimm sein. Doch er wollte Jonas nicht noch mehr gegen sich aufbringen. So nickte er und wagte dann kleinlaut zu fragen:

„Darf ich trotzdem mit nach Wittenberg? Bitte, ich werde Euch auch nie wieder enttäuschen. Das verspreche ich ganz fest."

„Wenn du bis zu unserer Abreise alles Aufgetragene gewissenhaft erledigst, kannst du meinetwegen mitkommen. Sollte es jedoch Beanstandungen geben, werden wir dich hier in Worms zurücklassen", bekam er zur Antwort.

Eckbert nahm sich ganz fest vor, keinen erneuten Anlass zur Klage zu geben. Auf keinen Fall wollte er in Worms zurückbleiben.

Jonas sah die Angst in den Augen des Jungen und war sich sicher, Eckbert würde sich in den nächsten Tagen vor Eifer überschlagen.

„Ich werde den Rest der Nacht Wache halten", meinte er abschließend. „Du kannst dich dort an der Wand auf den Boden legen und schlafen."

Wie befohlen legte sich Eckbert auf den harten Boden und rollte sich in seinen Umhang ein. Trotz der unbequemen Lage war er nach kurzer Zeit fest eingeschlafen. Justus Jonas blieb am Tisch sitzen und blätterte in der aufgeschlagenen Bibel. Nachdenklich betrachtete er den schlafenden Luther. Jonas Meinung nach hatte bei dem Anschlag eindeutig die katholische Kirche ihre Hände im Spiel. Es bestand die Möglichkeit, dass der Mordauftrag direkt vom Papst kam oder zumindest aus seiner unmittelbaren Umgebung. Aber auch der Kaiser konnte daran beteiligt sein. Luther hatte sich durch seine Thesen und mit den veröffentlichten Schriften nicht nur Feinde in den Reihen der Kirche, sondern auch unter dem Adel geschaffen. Theoretisch konnte jeder der bei der Anhörung Anwesenden den Mörder gedungen haben. Resigniert erkannte Jonas, dass er niemanden um Hilfe bitten konnte. Er musste alleine für Luthers Sicherheit sorgen.

Am nächsten Morgen fühlte sich Eckbert steif von der Nacht auf dem harten Boden. Er setzte sich auf und rieb sich den Schlaf aus den Augen. Jonas saß am Tisch und wünschte ihm freundlich einen guten Morgen. Eckbert war erleichtert, dass der Zwischenfall der vorherigen Nacht anscheinend vergessen war. Luther schlief noch immer. Eckbert streckte seine steifen Glieder und stand dann schnell auf. Er trat zu Jonas an den Tisch und fragte halblaut:

„Guten Morgen. Soll ich Euch und Meister Luther aus der Küche ein kräftiges Frühstück holen?"

Jonas musste innerlich über Eckberts Eifer schmunzeln. Seine Worte von vergangener Nacht schienen den erhofften Erfolg zu haben.

„Das ist eine gute Idee. Bring uns Bier, frisches Brot und Käse. Hol genügend, du kannst dann mit uns essen. Inzwischen werde ich Meister Luther wecken. Und hol auch Wasser zum Waschen".

Froh darüber, seine Nützlichkeit beweisen zu können, eilte Eckbert davon.

Jonas trat an Luthers Bett und wollte ihn gerade aufwecken als Luther die Augen aufschlug.

„Bemüht Euch nicht, alter Freund. Ich bin schon wach."

„Guten Morgen Meister Luther. Ich hoffe Euer Schlaf war angenehm und erholsam?" antwortete Jonas.

Luther streckte sich ausgiebig im Bett, dann warf er die Decke ab, stand auf und ging zum Fenster, öffnete es und warf einen Blick hinaus. Noch war es recht früh am Morgen und der Lärm auf der Straße hielt sich in Grenzen. Er trat an den

Tisch, nahm die Bibel zur Hand und sah Justus Jonas fest in die Augen.

„Ihr müsst mir auf die Bibel versprechen, sollte ich nicht nach Wittenberg zurückkehren, dort mein Werk fortzuführen."

Jonas war tief ergriffen und wollte gerade zu einer Erwiderung ansetzen, als die Kammertür geöffnet wurde und Eckbert mit dem Frühstück hereinkam. Der Junge stellte das große Tablett mitten auf dem Tisch ab. Nachdem er die Teller und Becher verteilt hatte, konnte er nicht länger schweigen. Zu ungeheuerlich war die Neuigkeit, welche er gerade in der Küche erfahren hatte. So platzte er auch gleich damit heraus:

„Meister Luther, in der Küche habe ich gehört, dass der Küchenjunge Ulf tot ist. Ein Pferdeknecht hat ihn leblos vor einigen Stunden im Stall in einer leeren Box gefunden."

Aufgeregt sah Eckbert die beiden Männer bei diesen Worten an.

„Gott sei seiner Seele gnädig." Luther war sichtlich ergriffen.

Justus Jonas erkannte allerdings schnell, was Ulfs Tod bedeutete. Der Mörder hatte einen Mitwisser beseitigt. Nun war nicht nur Luther weiterhin in Gefahr, sondern auch Eckbert und Mara. Er wollte Eckbert keine Angst machen. Allerdings fand er, Mara sollte über Ulfs Tod umgehend Bescheid wissen. Deshalb meinte er beiläufig zu Eckbert, während er nach einem Stück hartem Käse griff:

„Wie wäre es, wenn du Mara in der Buchhandlung besuchen würdest?"

„Warum?", fragte Eckbert irritiert. „Ihr braucht mich doch hier, um die Augen offen zu halten."

Ihm kam kurz der Gedanke, Jonas wollte ihn für einige Stunden aus dem Weg haben. Er konnte sich jedoch nicht erklären aus welchem Grund.

„Heute ist wahrscheinlich die letzte Gelegenheit, Mara noch einmal zu sehen. Sobald Meister Luther angehört wurde, werden wir Worms so schnell wie möglich verlassen."

Eckbert hatte eigentlich nichts dagegen Mara zu besuchen. Dann konnte er ihr auch gleich die Neuigkeit von Ulfs Tod erzählen. Versonnen kaute er an seinem Brot und dachte über die bevorstehende Reise nach Wittenberg nach. Luther unterhielt sich halblaut mit Jonas.

„Für wann ist Eure Anhörung heute angesetzt?", wollte Jonas von Luther wissen.

„Am späten Nachmittag soll ich in der Hofstube der bischöflichen Residenz erscheinen", antwortete Luther und goss sich noch etwas Bier in seinen Becher. „Mir wurde gesagt, dass der Reichsmarschall Ulrich von Pappenheim sowie der Reichsherold Kaspar Sturm mich zur rechten Zeit hier abholen und sicher durch das Gedränge auf den Straßen zum Bischofssitz geleiten würden. So bleibt mir nach dem Frühstück genügend Zeit zum Beten und Meditieren. Ich bitte Euch, lieber Freund, mich in diesen Stunden ungestört zu lassen."

Justus Jonas hätte die Zeit bis zur Abholung lieber gemeinsam mit Luther verbracht, doch respektierte er dessen Wunsch.

„Ich werde es mir in dieser Zeit mit einem Stuhl auf dem Flur vor Eurer Kammer bequem machen."

Luther war erneut gerührt von der Hingabe seines Freundes, welcher alles tat, um sein Leben zu schützen. Es war ihm klar, dass eine solche Freundschaft nicht selbstverständlich war und er wusste nicht, wie er sich dafür jemals erkenntlich erweisen sollte. Mit den anderen Männern seines Gefolges verband ihn allein der Glaube an eine Veränderung innerhalb der Kirche und des Reiches, jedoch keinerlei persönliche Beziehung.

Nach dem Frühstück verließen Jonas und Eckbert Luthers Kammer. Jonas nahm einen der Stühle mit und setzte sich damit neben die Kammertür auf den Flur, wo ihn mancher erstaunte Blick traf. Für Eckbert hatte er noch einige Aufträge. Zum einen sollte er das gebrauchte Geschirr zurück in die Küche bringen und danach seine Habseligkeiten zusammenpacken und in Jonas Kammer bringen. Anschließend hatte er einige Stunden frei.

Eckbert ging nur ungern zurück in seine Schlafkammer. Während er eilig die wenigen persönlichen Dinge zusammenpackte, warf er immer wieder einen ängstlichen Blick durch die geöffnete Tür auf den Flur. Bei jedem Geräusch zuckte er zusammen und erwartete, den Kaufmann in der offenen Tür zu sehen. Innerlich schalt er sich für seine Angst, denn eigentlich war er sich sicher, dass der Mann bereits weit weg von Worms war. Andererseits bot die Stadt viele Verstecke. So fühlte Eckbert sich hin- und hergerissen. Er beschloss, später mit Mara über seine Vermutungen zu sprechen.

Mit einem Aufatmen verließ er den Raum. Er brachte seine Habe in die Kammer von Justus Jonas und ging dann zurück um ihn zu fragen, ob er noch einen Auftrag für ihn hätte.

„Gut, dass du kommst Junge", meinte Jonas.

„Ich müsste dringend zum Abtritt. Solange ich weg bin, bleibst du hier sitzen und passt auf."

Er entfernte sich mit schnellen Schritten. Kurze Zeit später kam er sichtlich erleichtert zurück. Er trug Eckbert noch Grüße an Mara auf, dann entließ er ihn. Fröhlich sprang Eckbert die Treppe hinunter, voller Vorfreude auf einige freie Stunden.

Bruder Sebastian hatte keine angenehme Nacht hinter sich. Er hatte sich im Hof der Buchhandlung versteckt, weil er gehofft hatte, durch Mara an Eckbert heranzukommen. Als er jedoch erkannte, dass Mara und Eckberts Freund die gleiche Person waren, richtete sich all sein Hass auf sie. Er machte Mara für sein Scheitern verantwortlich. Aus diesem Grund hatte er die Nacht zusammengekauert hinter den Fässern verbracht und gehofft, sie würde irgendwann den Abtritt aufsuchen. Doch sein Plan schlug fehl. Nun wurde es bereits hell und ihm war klar, hier konnte er nicht bleiben. So beschloss er, sich in einem der zahllosen Klöster der Stadt etwas zu essen zu besorgen. Zwar hatte Bruder Sebastian noch etwas Geld, doch das wollte er nicht für Essen verschwenden. Außerdem fiel ein Mönch unter Mönchen am wenigsten auf.

Danach würde er im Dom beten und sich anschließend auf den Stufen des Gotteshauses niederlassen. Von dort aus hatte er den Buchladen genau im Blick. Er erhob sich und verließ eilig den Hof. Auf den Gassen hatten bereits die ersten Garküchen geöffnet, doch Bruder Sebastian würdigte sie keines Blickes. Er musste ein geeignetes Kloster finden. Zwar unterhielt sein eigener Orden, die Dominikaner, in der Stadt ein Kloster. Er hielt es jedoch nicht für ratsam, dort vorzusprechen. Außerdem trug er zur Tarnung die braune Kutte eines Franziskaners.

Nach einigem Überlegen entschied er sich, es bei den Karmeliterinnen zu versuchen. Die frommen Schwestern wären bestimmt leichter zu täuschen als die Mönche.

Die Nonnen hatten vor dem Eingang zum Kloster eine Suppenküche aufgebaut. Eine dicke Nonne mit verschmitztem Blick rührte in einem großen Kessel mit würzigem Gemüseeintopf. Eine andere Nonne verteilte Holznäpfe und dicke Scheiben mit dunklem Brot. Vor der Essensausgabe hatte sich bereits eine lange Schlange hungriger Menschen gebildet. Die meisten waren Bettler, welche der Reichstag in die Stadt gelockt hatte. Aber es waren auch einige Pilger darunter.

Bruder Sebastian stellte sich in die Schlange und wartete geduldig, bis er an die Reihe kam. Als die dicke Nonne seinen Napf füllte, warf sie ihm einen prüfenden Blick zu.

Normalerweise suchten Mönche in einer fremden Stadt ein Kloster ihres eigenen Ordens auf. Oder zumindest jedoch ein Männerkloster. Einen Mönch unter der Schlange der Bittenden zu sehen, erschien ihr ausgesprochen seltsam. Aus diesem Grund sprach die Nonne Bruder Sebastian neugierig an, als sie ihm die Suppe reichte:

„Gott zum Gruß, Bruder. Was hat Euch in unsere Stadt gebracht? Seid Ihr wegen des Reichstages hier?"

Bruder Sebastian sah die Nonne über den Rand seiner vollen Suppenschale an und verfluchte innerlich die Neugierde der Weiber, selbst wenn es sich um Nonnen handelt. Doch er wollte kein Misstrauen aufkommen lassen und so bemühte er sich um eine freundliche Antwortet:

„Nein, mit dem Reichstag habe ich nichts zu schaffen. Ich befinde mich aufgrund eines Gelübdes auf einer Wallfahrt zum Schrein der Heiligen Drei Könige in Köln."

Die Nonne betrachtete ihn interessiert und hakte nach:

„Dann habt ihr wohl eine große Schuld auf Euch geladen, Bruder?"

Nun hatte Bruder Sebastian endgültig genug von ihrer Neugierde und erklärte ziemlich unfreundlich:

„Ich wüsste nicht, was Euch das angeht Schwester."

Er wandte sich abrupt ab und suchte sich mit seiner Suppenschale einen möglichst weit entfernten Platz. Die Nonne sah ihm irritiert nach.

Trotz seiner schlechten Stimmung schmeckte Bruder Sebastian der Eintopf. Auch das Brot war einigermaßen frisch und so fühlte er sich nach diesem Frühstück gestärkt für sein weiteres Vorgehen. Nachdem er seinen Napf einer hageren Nonne zurückgegeben hatte, führte sein Weg ihn direkt in den Dom.

Genau wie bei seinem letzten Besuch spürte er, wie ihn im Inneren des Gotteshauses eine tiefe Ruhe überkam. Lange kniete er in der Nähe des großen Altars und führte Zwiesprache mit Gott. Noch immer war er davon überzeugt, mit seinen Handlungen Gottes Willen zu erfüllen. Auch erschien ihm der Mord an Ulf als unvermeidlich. Trotzdem sprach er für den Küchenjungen ein kurzes Gebet.

Als Bruder Sebastian den Dom verließ war die Mittagszeit bereits überschritten. Er warf einen Blick hinüber zum Buchladen und sah den Buchhändler an seinem Stand stehen. Von Mara konnte er keine Spur entdecken. Dafür fiel ihm auf, dass sich im Hof des Bischofssitzes eine größere Menschenmenge versammelt hatte und auch vor dem Hof herrschte ein ziemliches Gedränge. Anscheinend wollte jeder einen Blick auf den Mönch aus Wittenberg werfen, der heute dem Kaiser Rede und Antwort stehen würde. Doch der ließ sich Zeit.

Bruder Sebastian betrachtete das Treiben missmutig. Er hatte indes die Hoffnung, dass sich vor Luthers Abreise doch noch eine Gelegenheit ergeben würde, ihn zu beseitigen. Jetzt allerdings würde er sich erst einmal um das Mädchen kümmern.

Im Buchladen herrschte noch immer eine ungewohnte Ruhe. Seit der Mittagszeit waren schon einige Stunden vergangen und außer einem alten Mann, der ein Tintenfass mit schwarzer Tinte gekauft hatte, war in den letzten Stunden kein Kunde gekommen. Mara und Nahel nuzten die Zeit, um zu schwatzen.

„Ich kann es einfach nicht glauben, was du für einen

Unbekannten alles gewagt hast", meinte Nahel zum wiederholten Mal.

Mara, die auf einer alten Bücherkiste saß, winkte ab.

„Es hat sich eben so ergeben. Ich konnte einfach nicht anders, die Ereignisse haben mich mitgerissen. Außerdem war es auch eine Möglichkeit, meiner Heimatstadt zu entkommen. Du kannst dir nicht vorstellen, wie mein Leben dort war."

Nahel sah sie aufmerksam an und überlegte, wie sie Mara zu einer Reise nach Speyer überreden konnte.

„Aber jetzt ist doch alles anders. Du bist nicht mehr namenlos und irgendwer, sondern die Tochter von Hermann von Regensburg und einer reichen Patriziertochter aus Speyer", erklärte ihr Nahel noch einmal mit Nachdruck.

„Das mag wohl sein. So wirklich überzeugt davon bin ich allerdings noch nicht."

Mara hatte immer noch ihre Zweifel, was Nahels Geschichte und die Rolle, welche sie darin angeblich spielte, betraf.

„Ich weiß, wie ich dich überzeugen kann", kam es plötzlich von Nahel. „Warte einen Moment, ich hole den Brief meines Vaters und den Ring. Dann musst du mir einfach glauben."

Schnell eilte sie in die gemeinsame Schlafkammer und kam einige Minuten später mit dem Brief und dem Ring zurück. Sie reichte das Schreiben Mara, die es mit zitternden Fingern entgegennahm.

Während sie die Zeilen las, füllten sich ihre Augen mit Tränen. Als sie mit Lesen fertig war, weinte Mara hemmungslos. Nahel setzte sich neben sie auf die Kiste und nahm Mara fest in den Arm. Nach einer Weile ging das Weinen in leises Schluchzen über. Nahel drückte ihre Schwester.

„Siehst du, die Beschreibung passt nur auf dich. Glaub es endlich, du bist meine Schwester und deshalb gehört der Ring dir. Der Stein hat die gleiche Farbe wie deine Locken."

Bei diesen Worten drückte Nahel Mara den schmalen, mit einem Bernstein besetzten Goldring in die Hand. Mara betrachtete den Reif mit ehrfürchtigem Staunen. So etwas Schöneres hatte sie zuvor noch nie gesehen. Behutsam streifte sie ihn über den Mittelfinger der rechten Hand. Er passte genau.

„Wieder ein Beweis", kam es lachend von Nahel. Dann wurde sie wieder ganz ernst.

„Wie wäre es, wenn wir, um ganz sicher zu gehen, nach Speyer reisen würden? Dort könnten wir die Geschichte meines Vaters überprüfen und herausfinden, wer deine Mutter war."

Mara sah bei diesen Worten erschrocken auf. Hatte Nahel doch Zweifel daran, dass sie ihre Schwester war oder warum wollte sie so plötzlich nach Speyer?

Mara war noch am Überlegen, was sie Nahel darauf antworten sollte, als die Ladentür aufgerissen wurde und Eckbert hereinstürmte.

„Seid gegrüßt", rief er den beiden zu. „Der Buchhändler hat mir gesagt, dass ihr hier seid."

Beide sprangen auf und Mara wunderte sich:

„Was tust du hier? Warum bist du nicht bei Meister Luther?"

„Weil Justus Jonas auf ihn aufpasst. Später muss der Meister sowieso in den Bischofspalast, da darf keiner von uns mit. Deshalb hat mir Meister Jonas freigegeben, damit ich dich noch einmal besuchen kann. Wahrscheinlich reisen wir morgen bereits ab."

Eckbert strahlte Mara an. Er hatte beschlossen, ihr nichts von seinem Missgeschick der vergangenen Nacht zu erzählen, sonst bekäme er von ihr auch noch einen Rüffel.

„Wie fühlt sich Meister Luther heute?", wollte Mara sofort wissen.

„Ich denke ganz gut, allerdings scheint er ziemliche Angst vor der Anhörung zu haben", bekam sie zur Antwort.

Nahel mischte sich in das Gespräch ein:

„Das ist doch nur verständlich. Er wird den Kaiser treffen. Wer hätte da keine Angst. Sollte der Kaiser in ihm einen Ketzer sehen, kann er ihn sofort für vogelfrei erklären lassen. Damit wäre Luther der bisher gewährte Schutz entzogen."

Eckbert riss bestürzt die Augen auf. Bisher war ihm noch nie der Gedanke gekommen, dass für Luther bei dieser Anhörung sein Leben auf dem Spiel stand. Auch Mara horchte auf. Trotz aller Gefahr hatte sie Luthers Leben gerettet. Sollte der Kaiser in ihm einen Ketzer sehen, wäre alles umsonst gewesen.

„Aber der Kaiser ist doch gütig und gerecht. Da kann er doch nicht einfach jemandem das Leben nehmen. Oder?"

Mara erhoffte sich von Nahel eine Zustimmung, doch die hatte ihre eigene Ansicht.

„Warum nicht, wenn Karl V. in Luther eine Bedrohung für den Frieden im Reich sieht? Außerdem ist da noch der Gesandte des Papstes und der sieht in Luther auf jeden Fall eine Gefahr, habe ich zumindest gehört. Glaubt ihr, die Kirche nimmt das alles einfach so hin?", versuchte sie zu erklären.

„Was kann Luther dagegen tun?", wollte Mara daraufhin wissen.

„Er kann den Papst und auch den Kaiser gnädig stimmen, wenn er das tut, was sie von ihm verlangen. Dann haben sie keinen Grund mehr, in ihm eine Gefahr zu sehen."

Mara hoffte, dass Luther sich mit dem Kaiser und dem Papst einigen konnte. Allerdings glaubte sie nicht so recht daran.

Eckbert, der das Gespräch der beiden schweigend verfolgt hatte, meldete sich zu Wort:

„Glaubt mir, Meister Luther weiß, was er tut. Ihr macht euch nur unnötige Gedanken. Außerdem verstehen Frauen von diesen Dingen ohnehin nichts."

Mara und Nahel sahen bei diesen Worten Eckbert erbost an. Um sie abzulenken meinte er schnell:

„Übrigens ist letzte Nacht noch etwas passiert."

„Was denn?" Mara wurde neugierig. Sie konnte sich nicht vorstellen, auf was er hinauswollte. Vielleicht hatte eines der Pferde im Stall ein Fohlen bekommen?

„Ulf ist tot. Er wurde im Stall ermordet. Ich habe es vorhin in der Küche gehört."

Eckbert sah Mara erwartungsvoll an. Wie würde sie auf diese Neuigkeit reagieren? Mara wurde ganz blass und musste sich setzen.

„Weißt du, was das bedeutet?", antwortete sie erschrocken.

Eckbert zuckte ahnungslos mit den Schultern.

„Der Kaufmann hat einen Mitwisser beseitigt. Er weiß bestimmt auch, dass Ulf mit uns Kontakt hatte. Vielleicht wird er versuchen, auch uns zum Schweigen zu bringen."

Nun wurde auch Eckbert blass. Bisher war ihm noch nicht der Gedanke gekommen, dass Ulf dem Kaufmann zum Opfer gefallen war.

„Was können wir tun, um uns zu schützen?", fragte er ängstlich.

„Nicht viel, nur die Augen offen halten. Außerdem, wenn ihr morgen bereits abreist, bist du bald in Sicherheit. Halte dich bis dahin in der Nähe von Luther und Justus Jonas auf. Dann wird dir bestimmt nichts passieren. Außerdem glaube ich nicht, dass der Kaufmann in den Johanniterhof zurückkehren wird. Zu viele Menschen würden ihn dort wiedererkennen."

Eckbert atmete erleichtert auf. Zustimmend nickte er. Mara hatte recht, im Johanniterhof war er sicher. Am besten war es, schnell dorthin zurückzukehren. Eckbert umarmte Mara, wünschte ihr alles Gute und versprach zu schreiben, sobald er heil in Wittenberg angekommen war. Nachdem er auch Nahel kurz umarmt hatte, verließ er eilig die Buchhandlung.

Draußen auf der Straße rief er Christo noch einen schnellen Gruß zu und eilte dann, sich immer wieder ängstlich umsehend, die Straße in Richtung Johanniterhof entlang.

„Den sehen wir wohl nicht wieder", kam es spöttisch von Nahel.

„Vielleicht wäre es ganz gut, wenn wir doch nach Speyer reisen würden", nahm Mara das Gespräch an dem Punkt wieder auf, wo es durch Eckbert unterbrochen wurde.

„Dann wäre ich vor dem Mörder sicher."

Nahel nahm ihre Hand.

„Du bist auch hier sicher. Ich werde dich nicht aus den Augen lassen und Christo bestimmt auch nicht. Wenn der Mörder dir etwas tun will, muss er zuerst mich töten."

Mara war ihrer Schwester für den Trost dankbar und nach einigem Nachdenken kam sie zu dem Schluss:

„Ich gebe dir recht, im Haus bin ich sicher. Der Kaufmann wird es bestimmt nicht wagen hier einzudringen."

Die restlichen Stunden bis zum Abendessen zogen sich. Für die Mädchen war das Eingesperrtsein im Haus ungewohnt und da kein Kunde sich in den Laden verirrte, langweilten sie sich bald. Von dem bunten Treiben auf den Straßen und am Bischofspalast bekamen sie so gut wie nichts mit. Nur ab und zu hörten sie gedämpftes Geschrei.

Einmal öffnete Mara die Ladentür, um frische Luft in den staubigen, halbdunklen Verkaufsraum zu lassen. Gleichzeitig nutzte sie die Gelegenheit einen Blick auf die Geschehnisse draußen auf der Straße zu werfen. Christo bemerkte Mara an der Tür und scheuchte sie mit einer zornigen Handbewegung zurück in den Laden. Sofort bedeutete er ihr, die Tür zu schließen. Mara gehorchte mit einem innerlichen Seufzen. Dieser kurze Moment hatte jedoch einem aufmerksamen Beobachter, welcher seit Stunden regungslos auf den Stufen des Doms saß, gezeigt, wo sich die von ihm Gesuchte aufhielt. Ein teuflisches Grinsen umspielte Bruder Sebastians Lippen. Er wusste, bald würde seine Stunde kommen.

Gleich nach seiner Rückkehr im Johanniterhof am Nachmittag suchte Eckbert Justus Jonas auf, um ihm von den Vermutungen der Mädchen zu erzählen. Jonas war zu dem gleichen Schluss gekommen, glaubte aber auch, dass Eckbert im Johanniterhof völlig sicher sei. Eckbert beschloss daraufhin, sich bis zur Abreise nach Wittenberg stets in der Nähe von Jonas aufzuhalten.

Kurze Zeit später wurde Luther wie vereinbart vom Reichsmarschall Ullrich von Pappenheim sowie vom Reichsherold Kaspar Sturm abgeholt und in die bischöfliche Residenz eskortiert. Jonas und Eckbert blieben voller Ungeduld im Johanniterhof zurück und lauschten auf das Geschrei der Menge, welches sich erhob, als Luther ins Freie trat. Zu diesem Anlass hatte er wieder seine Mönchskutte angelegt.

Angesichts der Begeisterung der Menschen am Johanniterhof wählte die Eskorte den Weg durch den Garten und einige weniger belebte Gassen zu einem Seiteneingang des Bischofsbereichs. Luther war den gesamten Weg über tief in Gedanken versunken.

Das Verhör an diesem Tag fand in einem niedrigen kleinen Raum, welcher die Menge der Anwesenden kaum fassen konnte, statt. An der Tür hielt ein Landsknechtführer in prächtiger Uniform Wache. Als Luther an ihm vorüberging meinte er halblaut:

„Mönchlein, du gehst einen schweren Gang."

Die Männer der Eskorte bedachten den Landsknechtführer mit strengem Blick. Dann führten sie Luther in den vorderen Teil des Raumes zu einer dunklen schweren Holzbank, auf welcher sich etliche Bücher stapelten.

Nachdem sie Luther ermahnt hatten, nur auf Fragen zu antworten, zogen sie sich an die Rückseite des Raumes zurück. Langsam hob Luther den Blick und sah sich Kaiser Karl V. gegenüber. Der Kaiser saß leicht erhöht auf einem Podest in einem massiven Holzstuhl mit mehreren bequemen Kissen. Karl V. war prächtig gekleidet, an seiner Hand funkelten mehrere schwere Goldringe. Sein Blick ruhte nachdenklich auf Luther. Zu seiner Rechten saß etwas tiefer der Gesandte des Papstes Cajatan. Dieser funkelte Luther zornig an. Für ihn stand dessen Schuld bereits einwandfrei fest. Auf der linken Seite des päpstlichen Gesandten hatte Kurfürst Friedrich seinen Platz. Sein Blick versuchte Luther Zuversicht zu vermitteln. Innerlich war der Kurfürst von Zuversicht jedoch weit entfernt und er hoffte, bei einem negativen Ausgang des Verhörs genügend zu Luthers Schutz in die Wege geleitet zu haben.

Nach einigen Minuten breitete sich eine tiefe Stille im Raum aus und der Offizial des Erzbischofs von Trier ergriff im kaiserlichen Auftrag das Wort. Er wandte sich an Luther, wies auf die Bücher auf der Bank und meinte:

„Habt Ihr diese Texte verfasst und seid Ihr hier und jetzt bereit, diese ganz oder teilweise zu widerrufen?"

Luther schluckte heftig, ihm versagte vor Aufregung die Stimme. Aus den Reihen der Anwesenden kam der Zwischenruf, die entsprechenden Titel sollten genannt werden. Daraufhin wurde die Frage ein weiteres Mal gestellt, diesmal unter Nennung der entsprechenden Titel.

Nun hatte Luther das Wort. Er wählte seine Antwort mit Bedacht.

„Eure kaiserliche Hoheit", begann er und blickte den Kaiser fest an. „Ich will und kann es nicht leugnen, alle diese Bücher sind von mir. Jedoch kann ich nicht sofort entscheiden, ob ich sie widerrufen will. Es geht hier um den Glauben und das Seelenheil der Menschen. Daher bitte ich um einen Tag Bedenkzeit."

Karl V. sah Luther überrascht an, gewährte jedoch den Aufschub, nachdem er sich kurz mit dem päpstlichen Gesandten und Kurfürsten Friedrich beraten hatte. Zur weiteren Klärung wurde als neuer Termin der folgende Tag festgesetzt. Durch die Anwesenden ging ein überraschtes Raunen. Was mochte Luther zu diesem Aufschub bewogen haben? Furcht? Oder hatte der Mönch einen gelehrten Disput erwartet und nicht nur ein Widerrufsverlangen?

Die Eskorte geleitete Luther zum Johanniterhof zurück. Dort wurde er von Justus Jonas und Eckbert bereits voller Anspannung erwartet. Doch sehr gesprächig war Luther nicht. Er teilte kurz mit, dass die Anhörung verschoben sei und zog sich sogleich in seine Kammer zurück. Nach einem kargen Abendessen aus Brot und Käse wollte Luther nicht mehr gestört werden. Jonas und Eckbert bezogen erneut ihren Posten vor der Tür.

Im Haus des Buchhändlers erloschen die Lampen an diesem Abend nicht so schnell. Beim Abendessen hatten Mara und Nahel dem Buchhändler von Eckberts Besuch sowie Ulfs Tod erzählt. Christo ermahnte sie daraufhin, in den nächsten Tagen das Haus nicht zu verlassen und sich weder an der Tür noch an einem Fenster zu zeigen. Bei diesen Worten bedachte er vor allem Mara mit einem bedeutungsvollen Blick. Beide versprachen es. Dann erzählte er ihnen, was er über Luthers Anhörung von den Menschen auf der Straße erfahren hatte, und von dem Aufschub, den der Mönch sich erbeten hatte.

Mara kaute nachdenklich an einem Stück Brot.

„Ich glaube nicht, dass er widerrufen wird. So wie ich ihn kennengelernt habe, wird er lieber die Strafe des Kaisers riskieren, als seine Worte zu widerrufen."

Sie dachte daran, wie Luther trotz der Gefahr für sein Leben keinen besonderen Schutz wollte, sondern immer wieder betonte, alles liege in Gottes Hand.

Christo schüttelte den Kopf, nahm einen Schluck Wein und entgegnete:

„Worte sind nur Worte. Man kann sie jederzeit berichtigen. Ich verstehe ohnehin nicht, warum dieser Luther unbedingt die Kirche verändern will. Seit Jahrhunderten gibt es unsere katholische Kirche schon und bisher hat noch keiner solche umfangreiche Änderungen für nötig befunden."

Mara blickte Christo zornig an und antwortete gereizt:

„Du findest also den Ablasshandel und die Verfolgung anders denkender Menschen gut?"

Der Buchhändler nahm sich eine Scheibe Brot und winkte gelassen ab:

„Ich will mich nicht mit dir streiten. Lass mir meine Meinung und behalte du die deine."

Nahel hatte die Unterhaltung der beiden still verfolgt. Bisher hatte sie noch keine Gelegenheit gehabt, Christo direkt zu sagen, dass sie Jüdin war. Sie war sich nicht sicher, wie er darauf reagieren würde. Zwar war sie sich mittlerweile seiner Zuneigung bewusst, jedoch schien er stärker im katholischen Glauben verwurzelt zu sein, als sie bisher angenommen hatte. Nahel beschloss, mit Mara über ihre Befürchtungen zu reden.

Nach dem Abendessen zogen sich die beiden bald in ihre Kammer zurück. Mara zündete eine Kerze an und setzte sich auf Nahels Bett.

„Du warst beim Essen so still, bedrückt dich etwas?", wollte sie wissen.

Nahel war froh, dass ihre Schwester von sich aus fragte.

„Ich weiß nicht, wie ich Christos Einstellung zur Kirche sehen soll. Anscheinend will er keine Veränderungen innerhalb seiner Kirche. Vielleicht sieht er ja auch in Luther und in Menschen, die an etwas anderes glauben, Ketzer?"

Ratlos blickte sie Mara an.

„Wen meinst du damit? Die Moslems und die Juden? Für mich sind das keine Ketzer, die glauben genauso an einen Gott wie wir."

Nahel atmete erleichtert auf. Trotzdem beschloss sie, Mara

die ganze Wahrheit über sich erst in Speyer zu erzählen.

Das Reden und die Langeweile des Tages hatten die beiden ziemlich ermüdet und so wickelten sie sich bald in ihre Decken und schliefen ein. Im Haus kehrte Ruhe ein.

Mitten in der Nacht erwachte Mara. Irgendetwas hatte sie geweckt. Auf ihrem Schlafsack sitzend lauschte sie in die Nacht. Da war es wieder, ein leises Geräusch. Es schien aus der Küche zu kommen. Vorsichtig stand sie auf, um Nahel nicht zu wecken und schlich sich aus der Schlafkammer. Oben an der Treppe horchte sie erneut. Nun war sie sich ganz sicher, das Geräusch kam von unten aus der Küche. Leise stieg sie die Stufen hinunter. Vor der Küchentür blieb Mara kurz stehen, dann öffnete sie langsam die Tür.

Bruder Sebastian hatte sich die Zeit am Nachmittag vor dem Dom vertrieben, indem er den Pilgern seine Dienste als Schreiber anbot. Für einige Münzen hatte er sich Pergament und Tinte gekauft. Das Geschäft war nicht schlecht gelaufen. Da viele Menschen nicht lesen und schreiben konnten, gab es immer Bedarf an kundigen Schreibern. Nachdem er Mara in der Tür gesehen hatte, konnte er sich jedoch nicht mehr konzentrieren und verlor das Interesse an dieser Tätigkeit.

Den Rest des Tages verbrachte er im Inneren des Doms mit Beten. Bruder Sebastian war sich sicher, in wenigen Stunden würde es eine Mitwisserin weniger geben.

Nachdem der Abend angebrochen war, verließ er das Gotteshaus, um sich bei einem der vielen Händler rings um den Dom eine heiße Pastete zu kaufen. Während er sie gierig verschlang, behielt er das Haus des Buchhändlers immer im Blick. Bruder Sebastian hatte gesehen, wie Christo den Büchertisch abräumte und die Bücher in den Laden trug. Gleich darauf wurde die Ladentür verriegelt. Einige Minuten später wurde in einem Raum im oberen Stockwerk Licht entzündet. Die Schatten von mehreren Gestalten, welche im erleuchteten Raum hin- und herliefen, waren deutlich zu erkennen. Dann kehrte Ruhe ein.

Anscheinend hatten sich die Bewohner zum Essen niedergelassen. Längere Zeit verging, dann wurde ein zweites Licht entzündet. Diesmal in einer der Dachkammern. Kurze Zeit später erlosch das Licht in der Stube. Bruder Sebastian verspürte eine fast unbezähmbare Ungeduld. Beinahe wollte er seinen Plan verschieben, da erlosch das Licht. Endlich lag das Haus des Buchhändlers im Dunkeln.

Vorsorglich ließ er noch einige Stunden verstreichen, ehe er sich langsam in den verlassenen Hof schlich. Auch hier war alles dunkel und ruhig. Leise näherte er sich der Küchentür und drückte die Klinke nieder. Mit leisem Quietschen öffnete sich die Tür. Bruder Sebastian konnte sein Glück kaum fassen. Dies war eindeutig ein Zeichen, Gott war mit ihm. Er öffnete die Tür vorsichtig und betrat die Küche. Der Raum wurde durch das hereinfallende Mondlicht nur schwach erleuchtet. Bruder Sebastian erkannte im Halbdunkeln an der einen Wand einen großen gemauerten Herd. Ein gusseiserner Topf hing über dem mittlerweile fast erloschenen Feuer. Davor standen ein Tisch und zwei Bänke. An der gegenüberliegenden Wand hingen verschiedene Küchengeräte. Auf dem Regal stapelten sich Teller und Schüsseln.

Gerade als Bruder Sebastian leise die Tür zum Flur öffnen wollte, hörte er von der anderen Seite ein fast unmerkliches Geräusch. Er sah, wie sich die Türklinke langsam senkte. Schnell zog er sich in den tiefen Schatten der gegenüberliegenden Wand zurück und blickte gebannt zur Tür. Diese wurde leise geöffnet und eine schmale Gestalt mit langen Locken betrat die Küche.

Mara sah sich schnell im Raum um, konnte jedoch nichts Ungewöhnliches entdecken. Allerdings stand die Küchentür offen. Normalerweise wurde die Tür am Abend verschlossen. Diesmal hatte es Christo anscheinend vergessen. Mara ging zur Tür und schloss sie leise. Gerade als sie den schweren Riegel vorschieben wollte, wurde sie grob von hinten gepackt. Zwei kräftige Hände schlossen sich um ihren schmalen Hals und drückten ihr die Luft ab.

Durch den unerwarteten Angriff war Mara völlig überrumpelt. Doch blitzartig wurde ihr klar, dass sie um ihr Leben kämpfen musste. Sie begann wild um sich zu schlagen – ohne Erfolg. Die Hände hielten ihren schmalen Hals wie Eisenklammern fest. Schon begann die Luft zum Atmen knapp zu werden. Maras Blick suchte verzweifelt den Raum ab. Auf dem Tisch lag neben dem abgespülten Geschirr ein scharfes Messer, welches die Köchin zum Ausbeinen des Fleisches verwendet hatte. Mara gelang es danach zu greifen. Unter Aufbietung ihrer letzten Kräfte packte sie das Messer und stach damit fest in den Oberschenkel des Angreifers. Schmerzerfüllt schrie der Mann auf und ließ Maras Hals los. Schwer keuchend rang sie nach Luft. Der Angreifer hatte einige Schritte rückwärts gemacht. Helles Blut tropfte aus der tiefen Wunde am Oberschenkel. In diesem Augenblick erhellte das Mondlicht den Raum und Mara erkannte mit Entsetzen, wer der Angreifer war.

„Ihr!", stieß sie panisch hervor und hielt dabei das Messer weiter fest umklammert. „Warum wollt Ihr mich töten?"

Sie hoffte, durch das Gespräch Zeit zu gewinnen. Vielleicht würden ja Christo oder Nahel die Geräusche hören und ihr zu Hilfe eilen.

Von Bruder Sebastian erhielt sie jedoch keine Antwort. Hasserfüllt starrte er sie an und machte einen Schritt nach vorne.

„Bleibt wo Ihr seid", schrie Mara mit angstvoll geweiteten Augen. „Noch einen Schritt und ich werde erneut zustechen."

Das Messer in ihrer Hand zitterte bei diesen Worten merklich. Bruder Sebastian blickte sie mit höhnischem Grinsen an. Langsam kam er auf Mara zu. Die wich voller Panik zurück und spürte die raue Wand im Rücken. Angstvoll hielt sie das Messer mit beiden Händen umfasst. Bruder Sebastian blieb vor ihr stehen und packte sie grob an den Schultern. Sein Blick war siegessicher. Voller Todesangst stach Mara das Messer mit Schwung tief in seinen Bauch. Augenblicklich sackte der Mönch zusammen. Überrascht blickte er Mara an. Ein gewaltiger Blutstrahl schoss aus seinem Bauch. Er fiel zusammen und krümmte sich röchelnd auf dem Boden. Mara ließ angewidert das blutverschmierte Messer fallen und begann laut zu schreien.

Nahel und Christo erreichten, durch die Schreie aus dem Schlaf gerissen, fast zeitgleich die Küche. Ihnen bot sich ein grauenvoller Anblick.

Auf dem bereits mit Blut getränkten Küchenboden lag ein Mönch in den letzten Zügen. Christo warf einen Blick auf den Schwerverletzten und schüttelte bedauernd den Kopf. Hier konnte keiner mehr etwas tun.

Mara schrie noch immer. Um sie zu beruhigen, schlug Nahel ihr heftig mit der flachen Hand ins Gesicht. Augenblicklich verstummte das Schreien und machte einem heftigen Schluchzen Platz. Nahel kniete sich neben Mara auf den kalten Boden und nahm sie beruhigend in den Arm.

„Schwester, was ist passiert?", versuchte sie behutsam Auskunft zu erhalten.

„Er hat versucht mich umzubringen", wimmerte Mara.

Fassungslos blickte Nahel zu dem Verletzten. Der gab keinen Laut mehr von sich, seine Augen blickten bereits starr zur Decke.

„Er ist tot", meinte Christo entsetzt. „Was genau ist passiert? Warum wollte dich dieser Mönch umbringen?"

Plötzlich erkannte er die Zusammenhänge.

„Ist das der Kaufmann?"

Mara nickte unter Tränen.

„Ja, und ich habe ihn umgebracht. Ich habe einen Menschen auf dem Gewissen."

Nahel wollte sie beruhigen.

„Du hattest keine andere Wahl, sonst hätte er dich getötet." Dann blickte sie Christo unsicher an.

„Was machen wir mit der Leiche? Die Büttel werden unliebsame Fragen stellen."

„Keine Sorge, ich werde die Schuld auf mich nehmen und ihnen erzählen, dass ich den Mönch beim Diebstahl in meiner Küche überrascht hätte. Er griff nach dem Messer, es gab ein Handgemenge und er rammte sich dabei das Messer selbst in den Bauch. Ein Unglück eben. Am besten hole ich gleich die Büttel, damit die Leiche hier verschwindet. Ihr geht nach oben und lasst euch nicht blicken. Verstanden?"

Die Mädchen nickten. Nahel half Mara beim Aufstehen, dann verließen sie eng umschlungen die Küche. Nahel nahm noch einen Becher Wein für Mara mit. Oben in der Schlafkammer mischte sie den Wein mit einer Prise Bilsenkraut und gab ihn Mara zu trinken. Danach legten sich die beiden eng umschlungen in Nahels Bett. Der Wein tat seine Wirkung und Mara wurde merklich ruhiger. Das Zittern und Schluchzen hörte auf und sie schlief endlich ein. Bald fiel auch Nahel in einen unruhigen Schlummer.

Am nächsten Morgen konnten sich Mara und Nahel kaum überwinden die Küche zu betreten. Erleichtert sahen sie, dass die Leiche weg war. Nur ein blasser Blutfleck am Boden erinnerte noch an die Ereignisse der vergangenen Nacht.

Beim anschließenden Frühstück erzählte ihnen Christo, dass die Büttel seine Geschichte geglaubt und die Leiche ohne weitere Fragen mitgenommen hätten. Sie würden den Toten wohl an den örtlichen Henker verkaufen und sich so einige Münzen verdienen. Dieser konnte mit den Leichenteilen den Aberglauben der Menschen befriedigen. Mara musste bei Christos Worten würgen.

Nach der vergangenen Nacht fühlte sie sich noch immer ziemlich angeschlagen. Ihre Stimme war rau, der Hals tat ihr weh und am ganzen Körper hatte sie zahllose blaue Flecke. Beim Anblick von Brot und Käse wurde ihr übel und sie hatte nur einen Wunsch, sich in ihrem Bett zu verkriechen. Nach kurzer Zeit entschuldigte sie sich deshalb bei Nahel und Christo und zog sich zurück.

Die beiden besprachen die Ereignisse der Nacht ausführlich und kamen zu dem Ergebnis, dass die Gefahr bestand, dass der Kaufmann Helfer hatte, welche bei Bekanntwerden seines Todes das Werk vollenden wollten. Mara war in Worms nicht mehr sicher. Deshalb beschlossen Nahel und Christo die geplante Reise nach Speyer vorzuverlegen.

Innerhalb weniger Stunden war eine Reisemöglichkeit organisiert. Nahel und Mara würden mit einigen Pilgern reisen, welche auf dem Weg nach Rom waren. Die Männer hatten nach einer großzügigen Spende von Christo versprochen, die Mädchen gesund am Stadttor von Speyer abzuliefern.

Die wenigen Habseligkeiten waren schnell gepackt. Mara bekam überhaupt nicht richtig mit, was um sie herum geschah. Noch immer waren ihre Gedanken mit der vergangenen Nacht beschäftigt. Nahel hing ihr ein Lederband mit dem Ring um den Hals, es war zu gefährlich ihn an der Hand zu tragen. Er könnte Diebe anlocken.

Dann drückte sie Mara einen Beutel mit Brot, Käse und einigen Äpfeln in die Hand und schob sie zu dem vor dem Haus bereits wartenden Karren. Anschließend verabschiedete sich Nahel kurz von Christo. Sie versprach dem Buchhändler, bald zurückzukehren; bis dahin sollte er sie nicht vergessen. Dann bestieg auch Nahel den Karren. Christo winkte den beiden solange nach, bis er sie nicht mehr sehen konnte.

Vor der Stadt, in einem einsamen Bauerngehöft, wartete der Knecht des Kaufmanns seit zwei Tagen vergeblich auf dessen Rückkehr. Am Morgen des dritten Tages, nachdem Reisende aus Worms ihn mit Neuigkeiten versorgt hatten, traf er eine Entscheidung.

Hastig durchsuchte er das Gepäck seines Herrn. Der Knecht fand einige Münzen sowie zwei prachtvolle Gewänder. Diese wollte er später verkaufen. Das Gepäck enthielt auch mehrere Briefe, gerichtet an den päpstlichen Gesandten. Der Knecht war jedoch des Lesens und Schreibens unkundig und so erkannte er den Wert der Schriftstücke nicht. Er zerriss die Schreiben und verbrannte die Fetzen im Kamin. Dann packte er alles Wertvolle auf das Pferd des Kaufmanns und machte sich Richtung Norden aus dem Staub. Er hoffte, in einem Hafen an der Küste Arbeit zu finden und dort ein neues Leben beginnen zu können. Zurück zu seinem früheren Herrn, dem Handelshaus Fugger, wollte er auf keinen Fall. Wie sollte er dort das Misslingen des Anschlags und das spurlose Verschwinden des Kaufmanns erklären?

Entscheidung in Worms
April im Jahre des Herrn 1521
13. Kapitel

Am Abend machte die Pilgergruppe Rast in einem kleinen Marktflecken. Obwohl die Pilger Mara und Nahel freundlich behandelten, blieben die beiden lieber unter sich. Aus diesem Grund mieden sie auch das einzige Gasthaus am Ort und zogen es vor, in der angrenzenden Scheune zu übernachten.

Das Heu war weich und warm. Die Mädchen packten ihren Verpflegungsbeutel aus und stillten den größten Hunger. Längere Gespräche wollten sich allerdings nicht einstellen. Jede war mit ihren eigenen Gedanken beschäftigt. Nahel dachte an Christo und daran, wann sie ihn wiedersehen würde und Mara hatte Angst vor dem, was sie in Speyer erwartete. Kurz vor dem Einschlafen kamen ihr Eckbert und Luther in den Sinn. Ob sie schon auf dem Rückweg nach Wittenberg waren?

Während Mara im warmen Heu langsam im Reich der Träume versank, hatte Eckbert aufregende Stunden hinter sich. Nachdem Luther zur gleichen Zeit wie am vergangenen Tag abgeholt und zum Kaiser gebracht wurde, hielt es Eckbert nicht mehr im Johanniterhof. Mit der Erlaubnis von Justus Jonas machte er sich auf zum Bischofsbereich. Erneut hatte sich im Hof des Gebäudes eine große Menschenmenge versammelt, um den Ausgang der Anhörung mitzuerleben. Eckbert wäre in diesem Moment zu gern an Luthers Seite im großen Saal gewesen, um das Geschehen aus nächster Nähe zu erleben.

Doch auch an diesem Tag waren bei der Anhörung nur ausgewählte Personen zugelassen und die Wachen an den Eingängen ließen jeden Besucher seinen Passierschein vorzeigen. Eckbert war der Ansicht, dass Luther seiner Anhörung diesmal wesentlich gefasster entgegen trat. Er hatte einige Gesprächsfetzen zwischen Luther und Jonas mit angehört und war sich sicher ihnen entnehmen zu können, dass Luthers Argumente den Kaiser versöhnlich stimmen würden. Doch diesen Eindruck behielt er lieber für sich. Mittlerweile war die Nacht über der Stadt hereingebrochen und noch immer verharrte die Menge in Ungewissheit.

Eckbert begann, eingekeilt zwischen den fremden Menschen, vor Anspannung an seinen Nägeln zu kauen. Er konnte nicht wissen, dass Luther nach seiner Ankunft nicht gleich vor den Kaiser geführt wurde. Bei Luthers Eintreffen war Karl V. noch mit dringenden Staatsangelegenheiten beschäftigt und ließ den streitbaren Mönch erst einmal warten.

Ungeduldig lief Luther in dem kleinen Raum auf und ab. Leise vor sich hinmurmelnd ging er seine Argumente noch einmal durch. Er konnte keinen Fehler daran finden. Luther war froh, am gestrigen Tag um Aufschub gebeten zu haben. Dadurch hatte er genügend Zeit gehabt, die gegen ihn erhobenen Anschuldigungen zu überdenken. Nun konnte er dem Kaiser mit den richtigen Worten gegenübertreten.

Nach einigen Stunden Wartezeit war es endlich soweit, er wurde vor den Kaiser geführt. Diesmal fand die Anhörung in einem größeren Saal statt. Am gestrigen Tag mussten einige hochrangige Persönlichkeiten aus Platzmangel abgewiesen werden. Auch diesmal saß der Kaiser erhöht auf einem Podest mit Kurfürst Friedrich und dem päpstlichen Gesandten an seiner Seite. Luther meinte Besorgnis in den Augen des Kurfürsten lesen zu können.

Auch diesmal wurde er gefragt, ob er seine Bücher widerrufen wolle.

„Ich kann nicht", gab er zur Antwort.

Der kaiserliche Gesandte sah Luther eindringlich an und meinte dann mit strenger Stimme:

„Überlegt Euch gut, ob Ihr bei dieser Antwort bleiben wollt. Solltet Ihr uneinsichtig sein und nicht widerrufen, werdet Ihr die Gnade des Kaisers verlieren. Also?"

Luther schluckte schwer und sah sich im Saal um. In den Gesichtern der Anwesenden war zum großen Teil gespannte Neugierde, auf einigen jedoch auch Anteilnahme zu lesen.

Kaiser Karl V. blickte Luther ungeduldig an. Nun musste er schon den zweiten Tag mit der Angelegenheit dieses aufsässigen Mönches vergeuden. Warum konnte der Mann nicht einfach widerrufen und die Sache hätte endlich ein Ende?

Luther blickte dem Kaiser in die Augen und erklärte mit fester Stimme:

„Wenn ich nicht durch Schriftzeugnisse oder eine klare Begründung widerlegt werde – denn allein dem Papst und den Konzilen glaube ich nicht, da sie sich häufig geirrt und sich auch selbst widersprochen haben –, so bin ich durch die von mir angeführten Schriftworte bezwungen. Und solange mein Gewissen durch die Worte Gottes gefangen ist, kann und will ich nichts widerrufen, weil es unsicher ist und die Seligkeit bedroht, etwas gegen das Gewissen zu tun. Gott helfe mir. Amen."

Nach diesen Worten brach im Saal ein Tumult los. Die Anwesenden schrien durcheinander. Ketzer-Rufe wurden laut. Der Lärm drang hinaus bis zu der Menge im Hof. Im allgemeinen Durcheinander brach der Kaiser, erbost über die Dreistigkeit Luthers, die Verhandlung ab. Verwirrung herrschte im Saal.

Kurfürst Friedrich nuzte diesen Moment, um Luther zu sich heranzuwinken und ihm leise zuzuflüstern:

„Guter Mann, was habt ihr Euch nur dabei gedacht? Solche Kühnheit kann Euch das Leben kosten. Der Kaiser wird sich das nicht gefallen lassen."

Luther blickte seinen Landesherrn an und meinte noch einmal: „Ich kann nicht anders".

Seine Anhänger begleiteten ihn zur Sicherheit aus dem Saal. Vor dem Bischofshof setzte sich der Tumult fort. Die Mehrheit jubelte ihm zu. Doch es wurden auch Rufe wie „Ins Feuer mit ihm" laut.

Auch Eckbert jubelte mit. In seinen Augen hatte Luther einen großen Sieg errungen. Freudestrahlend kehrte er zum Johanniterhof zurück, wo Luthers Anhänger den Rest der Nacht ausgelassen feierten.

Einige Tage später verließ Luther mit seinen Gefährten, darunter auch Eckbert, Worms in Richtung Wittenberg. Der Zug kam nur langsam voran, da Luther oft Rast machte, um vor seinen Anhängern, die ihn überall begeistert empfingen, zu predigen.

Bei einer Rast, unweit der Burg Altenstein, wurde die Reisegruppe überfallen. Während Panik unter den Reisegefährten ausbrach, wurde Luther entführt. Zu seiner eigenen Sicherheit wurde er auf die Wartburg oberhalb von Eisenach gebracht. Bei seinen Anhängern rief die auf Befehl des sächsischen Kurfürsten Friedrich veranlasste Aktion große Aufregung hervor.

Der Rest seiner Gefährten erreichte einige Tage später verwirrt, jedoch ansonsten unbehelligt Wittenberg. Nach einigen Monaten Aufenthalt auf der Wartburg konnte Luther seine reformatorische Bewegung wieder aufnehmen.

Von Luthers Rede vor dem Kaiser, seiner Gefangennahme und dem vom Kaiser gegen ihn verhängten „Wormser Edikt" erfuhr Mara erst Monate später, als sie endlich ein Brief von Eckbert erreichte, in dem er ihr sein neues Leben in Wittenberg schilderte.

In jener ersten Nacht nach ihrer überstürzten Abreise aus Worms dachte Mara zwar an Luther und Eckbert, jedoch überwogen die Ängste, was sie in Speyer erfahren würde.

Früh am nächsten Morgen brach die Gruppe auf. Die Pilger wollten möglichst schnell vorwärts kommen, um noch vor dem Winter Rom zu erreichen.

An einem nebligen Morgen waren die Stadttürme von Speyer bereits in Sicht. Maras Unsicherheit stieg.

Die Pilgergruppe verabschiedete sich am Stadttor der Haupteinfallsstraße freundlich von den beiden. Ein letztes Mal versuchten die Pilger sie zu überreden, zusammen mit ihnen nach Rom zu reisen. Während der letzten Tage hatte der Anführer der Gruppe die Bedrücktheit von Mara und Nahel bemerkt und immer wieder versucht, den Grund dafür herauszufinden. Doch weder Mara noch Nahel wollten sich ihm anvertrauen.

Die Pilger versprachen, in der heiligen Stadt für die Mädchen zu beten und zogen ihrer Wege. Nachdenklich blickte Mara ihnen nach.

Sie wandte sich zu Nahel um.

„Vielleicht war die Idee, mit ihnen nach Rom zu reisen, doch nicht so schlecht."

Nahel sah ihre Schwester überrascht an.

„Ich dachte, es wäre klar, warum wir hier sind und jetzt willst du auf einmal weiterreisen?"

„Nun ja, während der letzten Tage hat mir Herr Odo viel von Rom und Jerusalem erzählt. Von den Wundern, die man dort sehen kann und von den fremden Ländern. Das ist doch aufregend. Bisher habe ich nur Speyer und Worms gesehen."

„Und den Weg dazwischen", warf Nahel ein. „Ich kann ja verstehen, dass du mehr als nur das von der Welt sehen willst. Aber im Moment ist der Zeitpunkt dafür ungünstig. Ich glaube, du hast einfach nur Angst, was dich hier erwartet und suchst nach einem Grund, um nicht in die Stadt zu müssen."

Mara zog die Nase kraus und dachte einen Moment über die Worte ihrer Schwester nach, dann antwortete sie leise:

„Du hast wohl recht. Eigentlich wollte ich nie an diesen Ort zurückkehren. Doch jetzt bin ich hier. Machen wir das Beste daraus."

Nahel packte Mara am Arm und zog sie durch das große Stadttor, bevor sie es sich doch noch anders überlegte.

Die Straße hinter dem Tor war breit und führte direkt auf den mächtigen Dom zu. Nahel staunte über die Größe der Stadt, sie hatte sich Speyer viel kleiner vorgestellt. Es hatte zwar nicht die Größe von Regensburg und nicht die bunte Vielfältigkeit ihrer spanischen Heimat, konnte es aber durchaus mit Worms aufnehmen.

Neugierig sah sie sich um. Gern ließ sie sich das ein oder andere von Mara erklären. Die wies mal dahin und mal dorthin und machte Nahel auf das Rathaus und den Marktplatz aufmerksam. Der Marktbetrieb war an diesem Morgen bereits in vollem Gang und der übliche Lärm sowie allerlei Gerüche erfüllten die Luft. Die beiden beschlossen, sich erst einmal zu stärken und dann über ihr weiteres Vorgehen nachzudenken. Nahel kaufte an einem Stand zwei noch warme süße Wecken und setzte sich mit Mara auf die Stufen des Doms.

Die hatte sich ihr Kopftuch tief ins Gesicht gezogen, um nicht erkannt zu werden. Mit sichtlich gemischten Gefühlen sah Mara sich um. Unzählige Erinnerungen stürmten auf sie ein. Es waren nur wenig gute darunter. Sie sah sich als Kind mit großen Augen die Bücher am Buchstand im Dom betrachten, schwere Eimer mit Wasser vom Brunnen herbeischleppen und bei Schnee und Kälte die Wäsche im Rhein waschen. Vor allem die kalten Augen ihrer Mutter waren ihr gegenwärtig. Einer Frau, die, wie sie jetzt wusste, eine Fremde war. Aber sie sah sich auch in Bertas warmer Küche sitzen, Gemüseeintopf löffeln und mit Liesje lachen.

Langsam kam Mara in die Gegenwart zurück. Nahel hatte sie die letzten Minuten in Ruhe gelassen, sie spürte, wie schwer Mara die Rückkehr in ihre Heimatstadt gefallen war. Nachdem sie einige Zeit schweigend nebeneinander auf den Stufen gesessen hatten, meinte Nahel:

„Zuerst brauchen wir eine Unterkunft. Hast du eine Idee, wohin wir uns wenden können?"

Mara dachte angestrengt nach. Bertas Gasthaus war für zwei alleinreisende Mädchen nicht der geeignete Ort, um die Nacht zu verbringen. Ansonsten hatte sie bisher kein Gasthaus in Speyer von innen gesehen.

Da hatte sie die rettende Idee. Mit einem Ruck sprang Mara auf und packte ihre verdutzte Schwester am Arm, zog sie hoch und hinter sich her, quer über den Marktplatz. Nahels Proteste verhallten ungehört. Kurze Zeit später blieb Mara vor einem kleinen Haus stehen und wies auf das Ladenschild.

„Meister Martin – Buchhändler" stand darauf zu lesen. Nahel sah ihre Schwester fragend an.

„Was sollen wir hier? Willst du ein Buch kaufen?"

„Nein, aber wir brauchen doch einen Platz zum Schlafen und hier ist er", lautete Maras Erklärung. „Hoffe ich zumindest.", kam es fast unhörbar hinterher. Innerlich war Mara unsicher, wie der Buchhändler auf ihre unerwartete Rückkehr reagieren würde.

Die Tür zum Laden stand offen und die Mädchen wurden von den vertrauten Gerüchen nach Staub und altem Pergament begrüßt. Von dem alten Buchhändler war nichts zu sehen. Nahel sah sich um und kam schon nach wenigen Augenblicken zu der Ansicht, dass der Laden kein Vergleich zu dem von Christo in Worms war. Dort hatte Ordnung und Übersicht geherrscht, hier regierte ein wüstes Durcheinander. Die Regale quollen über vor Büchern. Die Griechischen Denker standen neben Büchern über Heilkunde und Sternenlehre. Aus Schubladen ragten Pergamentrollen, loses Pergament türmte sich in einer Ecke und vieles war mit einer Staubschicht überzogen.

Auch Mara war sichtlich überrascht beim Anblick all der Unordnung im Laden. Zwar hatte Meister Martin stets seine spezielle Ordnung bei den Büchern gehabt, doch so hatte sie den Laden noch nie gesehen. Irgendetwas war während ihrer Abwesenheit geschehen. Eine seltsame Unruhe erfasste sie.

„Hallo", rief Mara laut, während sie sich weiter zwischen den Büchern umsah.

Sie erhielt keine Antwort. Kurze Zeit später rief sie noch einmal:

„Hallo, Meister Martin, wo seid Ihr?"

Aus dem Nebenzimmer, welches durch eine Tür mit dem Laden verbunden war, kam eine krächzende Stimme:

„Ich bin hier. Wer ruft da so laut nach mir?"

Mara bedeutete Nahel, im Buchladen zu warten. Sie wollte lieber zuerst alleine mit dem alten Buchhändler sprechen.

Vorsichtig stieß sie die angelehnte Tür auf und betrat das kleine Nebenzimmer. Früher hatte der Buchhändler in diesem Raum seine noch unausgepackten Bücherkisten aufbewahrt. Doch während Maras Abwesenheit hatte der Buchhändler die Kammer zum Schlafraum umgestaltet. Sein Anblick erschreckte Mara zutiefst. Meister Martin war innerhalb weniger Wochen um Jahre gealtert. Die Haut spannte sich um seinen fast haarlosen Schädel. Das Gesicht war eingefallen und er hatte stark abgenommen. Der alte Mann lag auf seiner Schlafstatt unter mehreren alten Decken. Neben seinem Bett in Reichweite befanden sich auf einem Stuhl ein Wasserkrug und ein halbvoller Becher. Am Fenster standen ein großer Sessel sowie eine schwere Holztruhe. Mehr Möbel gab es nicht im Raum.

Mara ging auf das Bett zu. Der Buchhändler kniff die Augen zusammen und betrachtete seine Besucherin. Bevor er noch etwas sagen konnte, schüttelte ihn ein starker Hustenanfall. Schnell eilte Mara zu dem Alten, um ihn zu stützen. Langsam kam Meister Martin zu Atem. Erschöpft ließ er sich auf die Kissen fallen. Mara setzte sich auf die Bettkante und sah ihn an.

„Erkennt Ihr mich, Meister Martin?", wollte sie wissen.

Der Buchhändler musterte sie eingehend. Plötzlich glitt ein leichtes Lächeln über sein Gesicht und er antwortete mit schwacher Stimme:

„Mara, mein Kind. Natürlich erkenne ich dich. Wie geht es dir und warum bist du nicht in Worms?"

„Das ist eine lange Geschichte. Ich werde sie Euch bald erzählen. Doch sagt mir zuerst, welche Krankheit habt Ihr?"

Der Buchhändler griff nach Maras Hand.

„Vor einigen Wochen erwischte mich ein schlimmer Husten. Ich hatte hohes Fieber. Die Nachbarn holten einen Arzt, der nach einer oberflächlichen Untersuchung meinte, das Fieber wäre ansteckend und bösartig. Daraufhin liefen mir meine Köchin und auch der neue Lehrjunge weg. Sie hatten Angst sich anzustecken. Zum Glück hatte meine Nachbarin keine Furcht. Zusammen mit ihrem Mann richtete sie mir das Bett hier in der Kammer und versorgt mich seitdem jeden Tag. Ohne sie wäre ich wohl schon tot."

Mara war erschüttert. Es tat ihr weh, den alten Buchhändler so hilflos zu sehen. Er hatte soviel für sie getan. Ihr war klar, nun war es an ihr, ihm zu helfen.

„Meister Martin, ich glaube nicht, dass Euer Fieber bösartig ist, sonst wärt Ihr bereits gestorben. Allerdings seid Ihr sehr geschwächt und braucht gute Pflege. Wenn es Euch recht ist, werde ich mich um Euch kümmern."

Erwartungsvoll sah Mara den Alten an.

„Aber das kann ich doch nicht von dir verlangen", meinte er leise.

„Doch, ich würde es gerne tun. Bitte lasst uns bei Euch bleiben, um zu helfen."

Der alte Mann war von Maras Angebot gerührt. Mit ihrer Hilfe hoffte er, wieder völlig gesund zu werden. Dankbar sah er sie an. Da bemerkte er das zweite Mädchen an der Tür. Er wies in ihre Richtung und meinte erstaunt:

„Wer ist das?"

Mara winkte Nahel herbei und stellte sie mit den Worten vor:

„Das ist Nahel, meine Schwester. Genau genommen meine Halbschwester. Sie ist meine Familie. Aber das gehört alles zu der Geschichte, die ich Euch erzählen werde, sobald es Euch besser geht. Jetzt werde ich erst einmal nachsehen, was an Essbarem im Haus ist und Nahel und ich werden Euch etwas Nahrhaftes kochen. Danach reden wir weiter."

Der Alte nickte schläfrig. Das Gespräch hatte ihn sehr erschöpft und bevor die Mädchen die Kammer verlassen hatten, war er bereits eingeschlafen.

Im Buchladen sahen sich Mara und Nahel nachdenklich an. So ganz unbeeindruckt von seiner Krankheit, wie sie sich vor dem Buchhändler gegeben hatte, war Mara doch nicht.

„Was meinst du?"

Fragend sah sie Nahel an, die sich weitaus besser in der Heilkunde auskannte. Die Schwester dachte einige Minuten nach und meinte dann:

„Ich glaube nicht, dass das Fieber bösartig war. Wahrscheinlich hatte der Buchhändler nur eine schlimme Erkältung und einen bösen Husten. Die Erkältung scheint ziemlich abgeklungen zu sein, allerdings bereitet mir sein Husten Sorgen. Ich werde mir den alten Mann, sobald er wieder wach ist, näher ansehen. Hoffentlich hat sich der Husten nicht schon in der Lunge festgesetzt. Als erstes braucht er nahrhafte Kost. Lass uns nachsehen, was wir in der Küche finden."

Nahels Worte hatten Maras Ängste nicht ganz beseitigen

können. Jedoch sah sie ein, dass es noch zu früh war, um etwas Endgültiges sagen zu können.

Die Küche befand sich im hinteren Teil des Hauses und hier herrschte die gleiche Unordnung wie im Buchladen. Benutzte Teller und Becher standen herum und über der erloschenen Feuerstelle hing ein Kupferkessel, welcher schon bessere Tage gesehen hatte. In einer Ecke des Raumes stritten sich drei Mäuse um einen harten Kanten Brot. Beim Eintritt der Mädchen suchten sie quiekend das Weite.

„Oje", rief Mara aus, nachdem sie sich einen Überblick in der Küche verschafft hatte. „Hier wartet einiges an Arbeit auf uns."

Nahel konnte dies nur bestätigen. Tatkräftig begann sie gleich damit, das benutzte Geschirr zusammenzustellen.

„Wo ist der nächste Brunnen?", wandte Nahel sich fragend an Mara.

„Nur einige Häuser weiter. Geh über den Hof, dann durch den schmalen Durchgang und schon bist du da."

Nahel schnappte sich einen Eimer und machte sich auf zum Brunnen, um frisches Wasser zu holen.

Währenddessen sah Mara in der Speisekammer nach. Zum Glück hatte die Nachbarin einige Lebensmittel eingekauft. In der Kammer lagerten zwei Kohlköpfe, einige Rüben, etwas Dinkel, Graupen und sogar mehrere Eier. Anscheinend hatte sie aus Vorsicht das Essen für den Kranken hier zubereitet.

Nachdem ihre Schwester mit dem Wasser zurück war, begann Mara damit, das Gemüse zu waschen und zu putzen. Sie hatte vor, eine kräftige Gemüsesuppe mit Graupeneinlage für den Buchhändler zu kochen. Während Mara noch mit dem Gemüse beschäftigt war, entzündete Nahel ein Feuer im Herd und machte Wasser heiß, dann spülte sie das Geschirr und putzte den Kessel blitzblank, bevor darin die Suppe gekocht wurde. Anschließend fegte sie die Küche gründlich, streute duftende Binsen aus und lüftete ausgiebig. Zufrieden betrachtete sie ihr Werk.

Mittlerweile war die Suppe fast fertig und verbreitete einen angenehmen Duft. Das in der Kammer gefundene Salz und

Pfefferkraut sowie etwas Beifuß gaben ihr noch die letzte Würze. Mara und Nahel waren so in ihre Arbeit vertieft, dass ihnen der Besuch der Nachbarin erst auffiel, als diese sich bemerkbar machte.

„Wer seid ihr und was tut ihr hier in der Küche?", äußerte sie lautstark.

Mara beschloss, es mit der Wahrheit nicht so genau zu nehmen, schließlich ging es ja keinen etwas an, wer sie wirklich waren. Außerdem wusste sie, wie schnell in den Gassen getratscht wurde. Aus diesem Grund entschloss sie sich zu einer Notlüge.

„Wir sind entfernte Verwandte von Meister Martin und nur auf der Durchreise. Doch nachdem wir gesehen haben wie krank unser lieber Onkel ist, werden wir wohl einige Zeit hier bleiben", meinte sie schnell.

„So, Verwandte seid ihr", meinte die Nachbarin misstrauisch. „Meister Martin hat nie irgendwelche Verwandte erwähnt und ich wohne nun schon gut fünfzehn Jahre nebenan."

„Das mag wohl daran liegen, dass er sich schon vor langer Zeit mit unserem Vater überworfen hat. Doch nun ist unser Vater vor Kurzem verstorben und Meister Martin unser einziger noch lebender Verwandte. Da wollten wir ihn kennenlernen."

Mara blickte die Frau bei diesen Worten unschuldig an. Sie hoffte, überzeugend genug geklungen zu haben. Nahel wandte den Kopf schnell ab, um ihr Grinsen zu verbergen.

Die Nachbarin schien nicht so ganz überzeugt, sah aber ein, dass sie heute nichts mehr erfahren würde.

„Nun, dann wird heute meine Hilfe wohl nicht gebraucht. Aber ich komme am Morgen wieder, um nach Meister Martin zu sehen."

Es war offensichtlich, dass sie den Mädchen misstraute.

Kaum war die Nachbarin draußen, verschlossen die Mädchen die Hintertür. Ein ungebetener Besuch am Tag war genug.

Der Buchhändler hatte tief und fest geschlafen. Nach dem Aufwachen fühlte er sich etwas besser, er verspürte sogar ein leichtes Hungergefühl. Ihm war so, als hätte er vor dem Einschlafen Mara gesehen. Aber das konnte nicht sein, Mara war in Worms. Spielte das Fieber ihm einen Streich oder war Mara tatsächlich wieder in Speyer?

Während der Alte noch darüber nachdachte, öffnete sich die Tür und Mara betrat den Raum. Der Buchhändler konnte es nicht glauben.

„Also war es kein Traum. Du bist wieder hier. Damit machst du einen alten Mann sehr glücklich", meinte er mit leiser Stimme. „Jetzt habe ich einen Grund, um wieder gesund zu werden."

Mara strahlte ihn an.

„Das ist gut, denn ich habe Euch eine stärkende Suppe gekocht. Möchtet Ihr sie probieren?"

Der Alte nickte und Mara verließ den Raum, um gleich darauf mit einem Becher Suppe zurückzukehren. Schluck für Schluck trank der Buchhändler die nahrhafte Suppe, bis der Becher leer war und er erschöpft in die Kissen zurücksank.

„Du kannst weitaus besser kochen als Gretel, meine Nachbarin", meinte er anerkennend. „Ihre Suppen waren immer recht dünn und ziemlich fade. Aber ich war froh, dass sie sich überhaupt um mich gekümmert hat. Allerdings wird sie nicht erfreut sein, wenn sie euch sieht."

„Sie hat uns schon gesehen, vorhin in der Küche. Ich habe ihr erzählt, dass wir mit Euch verwandt seien. Bitte sagt ihr nichts anderes. Den Grund dafür erkläre ich Euch bald."

„Gut, mir soll es recht sein. Ich bin euer Onkel. Dann müsst ihr mich aber auch mit Onkel Martin ansprechen und nicht mit Meister." Bei diesen Worten blitzte in seinen Augen ein neuer Funke von Lebenslust auf.

Mara freute sich, dass es dem Alten so gut geschmeckt hatte. Nun war es an der Zeit, ihn auf die anstehende Untersuchung vorzubereiten. Mara hoffte, dass er auch in dieser Hinsicht zugänglich wäre.

„Meine Schwester Nahel habt Ihr ja bereits gesehen, Onkel", begann sie vorsichtig. „Sie weiß einiges über Heilkräuter und möchte Euch gerne untersuchen. Natürlich ist sie kein Medicus, aber sie hat in ihrem Leben schon viel erlebt und weiß vielleicht die eine oder andere Pflanze, welche Euch stärken würde.

Möchtet Ihr mit Nahel sprechen?"

Der alte Buchhändler dachte über Maras Vorschlag nach. Es konnte bestimmt nicht schaden, wenn ihre Schwester nach ihm sah. Allerdings hatte er so seine Zweifel, ob ein so junges Mädchen ihm wirklich helfen konnte. Trotzdem beschloss er, es zu versuchen.

„Schick deine Schwester zu mir, dann werden wir erfahren, ob sie mir helfen kann", antwortete er deshalb.

Mara war sichtlich erleichtert, dass der alte Mann bereit war sich Nahel anzuvertrauen. Schnell eilte sie in die Küche zurück, um ihre Schwester zu holen.

Kurze Zeit später stand Nahel ratlos am Bett des Alten. Ihr war es sichtlich unangenehm, dass Mara sie so gelobt hatte. Zwar besaß sie einiges Wissen über Kräuter und ihre Anwendung, von umfangreichen Kenntnissen jedoch war sie weit entfernt. Nahel hatte sich den alten Buchhändler genau angesehen. Fieber schien er nicht mehr zu haben, die Stirn war kühl. Allerdings machte ihr der starke Husten des Alten Kopfzerbrechen. Er konnte mehrere Ursachen haben. Vor allem hatte er den alten Mann ziemlich geschwächt. Bestimmt war es nicht verkehrt, ihm weiterhin zur Stärkung nahrhafte Suppe zu verabreichen. Sie würde versuchen, den Husten durch gemahlenes Süßholz in heißem Wein zu lindern. Nahel war eingefallen, dass ihre Mutter früher dieses Mittel mehrfach angewandt hatte, wenn zu Hause in Spanien ein Angehöriger des Haushaltes an Husten erkrankt war. Hoffentlich gab es am Ort eine Apotheke. Im Moment konnte sie nur wenig für den alten Buchhändler tun. Trotzdem versuchte Nahel, Zuversicht auszustrahlen.

„Bald wird es Euch besser gehen. Ich werde gleich in der Apotheke ein Mittel besorgen, das Euch hilft."

Mara hatte ihre Schwester in den letzten Minuten beobachtet und spürte ihre Ratlosigkeit. „Kannst du ihm helfen?", lautete ihre leise Frage.

„Ich werde es versuchen. Allerdings war es nicht richtig von dir, ihm soviel Hoffnung zu machen. Ich bin doch kein

Medicus. Meine Kenntnisse sind eher gering. Gibt es hier im Ort eine Apotheke?"

Mara glaubte sich daran zu erinnern, dass es am Marktplatz eine gab und Nahel machte sich gleich auf den Weg dorthin. Kurze Zeit später war sie mit einer kleinen Tüte gemahlenem Süßholz zurück und löste etwas von dem Pulver in heißem Wein auf. Den Trank verabreichte sie dem Kranken.

Während der Alte vor Erschöpfung einschlief, planten Mara und Nahel in der Küche ihr weiteres Vorgehen. Gleich am nächsten Morgen wollten sie Maras Ziehmutter aufsuchen und zur Rede stellen. Mara fürchtete sich sehr vor dieser entscheidenden Begegnung, doch ihr war klar, wollte sie Gewissheit, dann musste sie es tun. Danach würden sie Berta und Liesje im Gasthaus besuchen. Nahel wollte die beiden unbedingt kennenlernen.

Mittlerweile war es spät geworden. Mara sah noch einmal nach Meister Martin. Der Alte schlief tief und fest. Danach suchte sie ihren eigenen Schlafplatz auf. Um in der Nähe des Kranken zu sein, schliefen die Mädchen im Buchladen auf alten Strohsäcken, welche sie im Obergeschoss gefunden hatten. So konnten sie in der Nacht immer wieder nach Meister Martin sehen.

Mara ließ sich auf den Strohsack fallen. Besonders bequem war der provisorische Schlafplatz nicht, doch für einige Nächte würde es gehen. Nahel war bereits eingeschlafen. Mara betrachtete ihre Schwester im flackernden Licht der Kerze. Noch immer teilte sie Nahels Zuversicht nicht, was ihre Vergangenheit betraf. Für sie war das meiste lediglich Vermutung. Weder ihre Mutter noch ihr Vater konnten ihre Identität bestätigen. Beide lebten nicht mehr. Mara hegte starke Zweifel daran, ob ihre Ziehmutter oder die Vorsteherin des Beginenkonventes ihnen die richtige Auskunft geben würden. Viel wahrscheinlicher war es, dass sich ihre Vergangenheit nie ganz klären lassen würde.

Mara legte sich auf ihren Strohsack und blies die Kerze aus. Das Mondlicht malte seltsame Figuren an die Decke und die vielen Bücher warfen ihre Schatten im Raum.

Trotzdem fühlte sich Mara in diesem Moment beschützt und angenommen. Vielleicht sollte sie ihre Suche aufgeben und mit dem zufrieden sein, was sie bisher wusste. Mit diesem Gedanken schlief Mara ein.

Am nächsten Morgen wurde Mara zeitig wach. Aus dem Nebenraum waren gedämpfte Stimmen zu hören. Anscheinend kümmerte sich Nahel bereits um den kranken Buchhändler. Mara erhob sich von ihrem Schlafplatz und begann, den Strohsack sowie die Decken in einer Ecke zu verstauen. Als sie damit fertig war, räumte sie auch Nahels Schlafplatz zusammen.

Gerade als Mara die Decken hinter einer Bücherkiste verstauen wollte, kam Nahel aus dem angrenzenden Raum.

„Du bist schon wach?", meinte sie erstaunt. „Eigentlich wollte ich dich noch etwas schlafen lassen. Ich war bereits am Brunnen und habe frisches Wasser geholt. Außerdem habe ich nach dem Kranken gesehen. Es geht ihm etwas besser, das Pulver scheint zu helfen. Soeben habe ich ihm noch einmal einen Becher heißen Wein mit Süßholzwurzel gebracht. Jetzt schläft er wieder. Am besten gehen wir gleich nach dem Frühstück los, dann sind wir wieder zurück, wenn er aufwacht."

Erwartungsvoll sah sie Mara an. Die wusste nicht, wie sie ihrer Schwester sagen sollte, dass sie es sich anders überlegt hatte. Also beschloss, sie zuerst zu frühstücken.

Als Mara sich in der Küche umsah, staunte sie. Ihre Schwester hatte nicht nur Wasser geholt, sondern auch vom Markt frisches Brot und Käse mitgebracht. Hungrig frühstückten die beiden. Eine Unterhaltung kam jedoch nicht in Gang, jede hing ihren eigenen Gedanken nach. Nahel konnte kaum abwarten, endlich mehr über Mara zu erfahren, während Mara die Suche nach der Wahrheit nicht mehr so wichtig war. Kaum hatte Mara den letzten Bissen Brot gegessen, sprang Nahel auch schon ungeduldig auf.

„Komm", drängte sie ihre Schwester. „Heute werden wir endlich alles erfahren. Bist du auch so gespannt darauf wie ich?"

Mara sah ein, dass sie Nahel nicht von ihrem Vorhaben

abbringen würde, so murmelte sie ein paar zustimmende Worte und folgte ihrer Schwester ins Freie.

Vor dem Buchladen standen einige Frauen beisammen. Gretel, die Nachbarin, war auch darunter. Als Mara und Nahel aus dem Hof traten und an der Gruppe vorübergingen, traf sie manch unfreundlicher Blick. Kaum waren die beiden vorbeigelaufen, setzte halblautes Getuschel ein.

„Ich glaube, die reden über uns. Gretel scheint es immer noch übel zu nehmen, dass wir uns um den Buchhändler kümmern."

Mara beschäftigten im Moment jedoch ganz andere Dinge.

„Lass sie doch. Es kann uns doch egal sein, was die Nachbarn denken."

Mittlerweile waren die Mädchen in dem Viertel angekommen, in dem Mara gelebt hatte. Als sie die vertrauten Gassen und Häuser sah, kam es ihr so vor, als wäre sie nie weg gewesen. Selbst der Geruch hatte sich nicht verändert. Man konnte die Armut der Bewohner förmlich riechen.

Vor Bertas Gasthaus blieb Mara kurz stehen und erklärte ihrer Schwester:

„Hier, das ist das Gasthaus, von dem ich dir erzählt habe. Hier wohnt meine Freundin Liesje und hier war ich immer, wenn ich etwas Zeit hatte. Wir werden Berta und Liesje auf dem Rückweg besuchen. Zuerst muss ich den unangenehmen Teil hinter mich bringen."

Nahel sah das Gasthaus an. Obwohl auch dieses Haus ziemlich ärmlich wirkte, machte es doch noch einen weit besseren Eindruck als die Hütten in seiner Nähe. Nie war ihr der Gedanke gekommen, dass Mara in solch einer Armut gelebt hatte. Sie spürte, dass ihre Schwester sich vor ihr schämte und nahm ihre Hand, um zu zeigen, dass sie zu ihr stand.

Hand in Hand gingen die Mädchen langsam weiter. Nachdem sie Bertas Gasthof hinter sich gelassen hatten, fiel Mara jeder Schritt schwer. Vor der letzten und schäbigsten Hütte in der Gasse blieb Mara stehen. Eigentlich hatte sie nie wieder hierher zurückkommen wollen.

Die Hütte war noch heruntergekommener als bei ihrem Weggang. Die Tür hing schief in den Angeln und die Stofffetzen vor dem kleinen Fenster waren zerrissen. Alles machte einen trostlosen und verwahrlosten Eindruck.

„Hier hast du also gelebt?", fragte Nahel leise.

Nahel konnte es noch immer nicht glauben und wollte von Mara eine Bestätigung. Die nickte wortlos.

Unendlich viele Erinnerungen stürmten auf sie ein und sie brauchte etwas Zeit, um sich zu sammeln.

„Ja, hier habe ich gelebt. Ich konnte es mir nicht aussuchen. Am besten bringe ich das Gespräch schnell hinter mich. Warte hier, ich sehe nach, ob jemand im Haus ist."

Beklommen bewegte sich Mara auf die Hüttentür zu. Nahel wartete ungeduldig in einiger Entfernung.

Die Tür stieß einen quietschenden Ton aus, als Mara sie langsam öffnete und den Raum betrat. Durch das Fenster und die Tür fiel nur wenig Licht herein, doch Mara erkannte sofort, hier wohnte niemand mehr.

Der Tisch und die Hocker waren fort, ebenso das wenige Geschirr. Jemand hatte das Bett ihrer Ziehmutter zerschlagen und das Stroh des Bettsackes im Raum auf dem Boden verteilt. Was war geschehen? Mara fand keine Erklärung. Allerdings war sie sich sicher, ihre Ziehmutter lebte hier nicht mehr. Auf der einen Seite war sie erleichtert, der Frau nicht mehr begegnen zu müssen. Doch nun fehlte ihr ein wichtiges Stück, um ihre Identität zu klären.

Froh, diesen trostlosen Ort verlassen zu können, trat sie ins Freie. Nahel sah ihr erwartungsvoll entgegen.

„Die Hütte ist verlassen. Es gab keinen Hinweis darauf, wohin die Frau gegangen ist", erklärte Mara ihrer Schwester.

„Und nun?", Nahel spürte, dass Mara das Verschwinden ihrer Ziehmutter nicht wirklich naheging.

Während die beiden noch beisammen standen und über das rätselhafte Verschwinden nachdachten, bemerkte sie, dass jemand sie beobachtete. Einige Hütten weiter stand eine Frau in zerschlissener schmutziger Kleidung mit grauem ungekämmtem Haar im Türrahmen und warf ihnen misstrauische Blicke zu.

„Die können wir doch danach fragen, was hier passiert ist", entschied Nahel spontan.

Mara musterte die Alte genauer und ein Stöhnen entfuhr ihr. „Gut, vielleicht weiß sie ja etwas. Aber du musst mit ihr reden. Sie besuchte früher ab und zu meine Ziehmutter und jedes Mal schwärzte sie mich bei ihr an."

„Ich bekomm sie schon zum Reden. Keine Sorge", kam es entschieden von Nahel.

Beim Weitergehen glaubte Mara einige Münzen in Nahels Tasche klimpern zu hören. Vorsorglich zog sie sich ihr Tuch weiter ins Gesicht. Beim Haus der Alten blieben die Mädchen stehen.

„Guten Morgen", grüßte Nahel freundlich. „Wir benötigen eine Auskunft. Vielleicht könnt Ihr uns ja helfen?"

Die Alte blickte sie weiter misstrauisch an.

„Kann sein. Um was geht es?"

„Um die Frau, die in der Hütte am Ende der Gasse gelebt hat."

Nahel wies mit der ausgestreckten Hand in die entsprechende Richtung. Die Alte blickte Nahel abschätzend an. Sie sah, dass die Kleidung der Mädchen zwar einfach, aber sauber und ordentlich war. Schnell entschied sie, was die Auskunft kosten würde.

„Für einige Pfennige sag ich euch, was ich weiß."

Nahel überlegte und gab dann der Frau einige kleine Münzen.

„So, Geld habt ihr. Also, was ist mit der Frau? Wo ist sie hin?"

„Wo soll eine wie die schon hin sein", meinte die Alte mit hohlem Kichern. „Tot ist sie. Vor einigen Wochen gestorben an einem Fieber. Lag morgens einfach tot im Bett. Der Pfarrer hat sie in einem Armengrab verscharrt. Nun hat sie ihren Frieden."

Mara hatte ihre Ziehmutter zwar nicht gemocht, aber den Tod hatte sie ihr dennoch nie gewünscht. Trotzdem war sie innerlich erleichtert. Gleich darauf schämte sie sich dafür.

Die Alte hatte sich nach ihren Worten grußlos umgedreht und war in ihrer armseligen Hütte verschwunden. Anscheinend hatte sie Angst, dass ihre Auskunft die Pfennige nicht wert war.

Hier würden die Mädchen nichts mehr erfahren, also machten sie sich auf den Rückweg und bei Bertas Gasthaus Halt. Wie es Mara erwartet hatte, freute sich die dicke Wirtin über das unverhoffte Wiedersehen. Erstaunt lauschte sie Maras Erlebnissen, wobei sie immer wieder ungläubig den Kopf schüttelte. Nachdem Mara mit ihrem Bericht am Ende war, drängte Berta die Mädchen, sich auf die Bank in der Küche zu setzen und tischte ihnen Brot und Käse auf.

Erst nachdem sie tüchtig zugelangt hatten und begeistert kauten, wurde es Mara bewusst, wie ruhig es im Gasthaus war. Wenn sie früher um diese Zeit in der Küche geholfen hatte, war der Schankraum bereits voller Männer gewesen und der Lärm drang bis in die Küche. Heute war außer dem Kauen der Mädchen nichts zu hören.

„Wie geht es dir, Berta?", begann Mara verhalten. „Die ganze Zeit habe ich nur von mir gesprochen. Wie ist es hier so gelaufen und was gibt es Neues?"

Bei Maras Worten begann die Schankwirtin leise zu schluchzen.

„Um Gottes Willen Berta, was ist passiert?", kam es bestürzt von Mara.

„Kind, nichts ist mehr so, wie noch vor einigen Wochen. Das Unglück hat uns schwer getroffen. Es fing damit an, dass mein Mann an einem merkwürdigen Fieber starb. Das Fieber hat sich hier im Viertel schnell ausgebreitet und mehrere Nachbarn innerhalb kurzer Zeit dahingerafft. Daraufhin kamen kaum noch Kunden, Irgendwer hatte das Gerücht verbreitet, bei uns im Gasthof holt man sich den Tod."

Mara bekam bei der Schilderung Angst. Hoffentlich war Liesje noch am Leben. Sie traute sich kaum, danach zu fragen.

„Was ist mit Liesje, geht es ihr gut?", kam es zögerlich aus ihrem Mund.

„Der geht es gut. Aber glaubst du, die würde sich um mich kümmern? Nein, die sitzt im noblen Gasthaus ihres Verlobten und erzählt mir, ich würde dort nicht hinpassen. Undankbares Gör."

Mara konnte den Groll der alten Frau gut verstehen. Schließlich war sie auf Liesje immer stolz gewesen. Natürlich hatte sie gedacht, ihre Tochter würde sie im Alter unterstützen. So abgewiesen zu werden tat weh.

„Es tut mir leid, dass Liesje dich nicht bei sich haben will. Du hast doch immer noch deinen Sohn. Er wird dir bestimmt beistehen."

„Der Bengel ist auch nicht besser. Kaum war sein Vater tot und das Gasthaus brachte nichts mehr ein, hat er sich eines Nachts einfach so auf und davongemacht. Keine Ahnung wohin. Ich weiß nicht, wie es weitergehen soll."

Die alte Frau fing erneut an heftig zu weinen. Mara nahm sie tröstend in den Arm.

„Das wird schon wieder", meinte sie beruhigend.

Allerdings war ihr klar, dass es wenig Aussicht gab, das Gasthaus weiter zu betreiben. Was sollte sie Berta sagen?

Schließlich war es Nahel, die eine Idee hatte. Bisher hatte sie schweigend zugehört, doch das Leid der Frau rührte sie.

„Ich hätte vielleicht eine Möglichkeit, um Berta zu helfen", mischte sie sich ein.

Mara und Berta blickten sie erstaunt an. Mara hatte ihre Schwester während des Gespräches vollkommen vergessen.

„Was für eine Idee hast du?"

„Ich habe überlegt, dass der Buchhändler eine tüchtige Haushälterin brauchen könnte. Schließlich sind wir ja nicht immer hier. Es könnte also nicht schaden, jemanden einzustellen. Platz genug ist im Haus."

Mara sah ihre Schwester erstaunt an. Der Einfall war gut. Sie mussten nur den Buchhändler davon überzeugen. Berta schien er auch zu gefallen. Hoffnungsvoll sah sie die Mädchen an.

„Meint ihr, das könnte klappen?"

Mara wollte in der alten Frau keine voreiligen Erwartungen wecken und meinte deshalb ausweichend:

„Wir werden Meister Martin fragen. Im Moment ist er noch ziemlich krank. Wahrscheinlich leidet er an dem gleichen Fieber wie dein Mann. Nur hat er mehr Glück gehabt. Sobald es ihm besser geht, sprechen wir mit ihm."

Die Mädchen wandten sich zum Gehen. Als Mara fast schon aus der Tür war, hielt Berta sie am Arm zurück.

„Deine Mutter hatte auch das Fieber. Sie hat es nicht überlebt. Es tut mir leid", meinte sie leise zu Mara. Die nickte und antwortete:

„Ich weiß es schon. Gott wird sich um sie kümmern."
Berta drückte sie noch einmal kurz, dann machten sich Mara und Nahel auf den Heimweg.

Obwohl sie länger als geplant unterwegs gewesen waren, schlief der Buchhändler noch immer tief und fest. Zum ersten Mal seid sie angekommen waren, ging sein Atem regelmäßig und der Schlaf wurde nicht durch quälende Hustenanfälle unterbrochen.

„Es geht ihm wohl besser," meinte Nahel. „Ich glaube, sobald er aufwacht, wird er Hunger haben. Kannst du ihm gleich einen kräftigen Eintopf kochen? Gemüse und Graupen sind noch genug da. Uns wird die Suppe auch guttun. Nach dem Essen sollten wir überlegen, wie wir weiter vorgehen wollen. Am besten lesen wir den Brief unseres Vaters noch einmal. Vielleicht haben wir ja bisher einen entscheidenden Hinweis übersehen?"

Mara fand es eine gute Idee, den Brief noch einmal genau zu lesen. Zuerst würde sie sich aber um das Essen kümmern. Nahel blieb im Buchladen zurück. Obwohl sie keine Kunden erwartete, schloss sie die Ladentür auf. Dann begann sie, den Laden auszukehren und die Bücher abzustauben. Sie musste sich einfach beschäftigen. Nach einer Weile kam Mara aus der Küche, um nach dem Kranken zu sehen. Sie blieb stehen und beobachtete Nahels Geschäftigkeit wortlos.

„Ist es eine Sünde, wenn ich über den Tod meiner Ziehmutter nicht weinen kann, sondern erleichtert bin, ihr nicht mehr begegnen zu müssen?", meinte Mara unvermittelt.

Nahel sah sie erstaunt an. Sie hatte schon die ganze Zeit gespürt, dass Mara die Rückkehr in die Vergangenheit nicht guttat.

„Ich denke nicht, dass es eine Sünde ist. Nur wenn ein Mensch freundlich und gut ist, wird er bei seinem Tod beweint. Deine Ziehmutter hat viel Schuld auf sich geladen. Leider werden wir nun nicht mehr erfahren, wie es dazu kam. Warum sprichst du in den nächsten Tagen im Dom nicht ein Gebet für sie, dann fühlst du dich vielleicht besser", antwortete sie verständnisvoll. „Jetzt sollten wir aber an die Lebenden, unseren Kranken und die Not deiner Freundin Berta denken."

Sie hoffte, Mara damit etwas ablenken zu können, was ihr auch gelang, denn Mara antwortete:

„Ich werde gleich nach Meister Martin sehen. Bestimmt hat er bereits Hunger."

Sie eilte zum Nebenraum und öffnete leise die Tür. Der alte Buchhändler lag entspannt im Bett und blickte bei ihrem Eintritt auf:

„Mara", meinte er leise. „Ich fühle mich um einiges besser. Der Husten lässt nach und ich schlafe ruhiger. Deine Schwester versteht etwas vom Heilen."

Mara freute sich aufrichtig über die Fortschritte des Alten. Wenn nun auch noch der Appetit zurückkäme, könnte der Buchhändler in einigen Wochen vollständig genesen sein.

„Habt Ihr Hunger? Ich habe einen kräftigen Eintopf für uns gekocht. Soll ich Euch etwas davon holen?"

Erwartungsvoll sah sie den Kranken an.

„Ein paar Löffel Eintopf würden mir sicher guttun."

Strahlend eilte Mara in die Küche. Im Vorbeieilen berichtete sie Nahel von der Besserung. Die freute sich, dass es mit der Gesundheit des Buchhändlers aufwärtsging. Mara richtete eine kleine Schüssel mit Eintopf.

„Wahrscheinlich ist er noch zu schwach, um selbst zu essen. Gib ihm also vorsichtig einen Löffel nach dem anderen. Mach Pausen zwischen den Löffeln und pass auf, dass er sich nicht verschluckt", ermahnte Nahel, die ihrer Schwester in die Küche gefolgt war, Mara.

Die nahm den Napf und eilte zurück ans Krankenbett. Dort half sie dem Alten, sich halb aufzurichten. Vorsorglich stützte sie den Rücken mit einem weiteren Kissen. Dann setzte sie sich auf die Bettkante und flößte dem Buchhändler einen Löffel Eintopf ein. Man merkte, das Kauen und Schlucken bereitete dem Alten noch Mühe. Dennoch schaffte er es, langsam den Napf zu leeren. Nach dem letzten Löffel ließ er sich ermattet in die Kissen sinken.

„Das hat sehr gut geschmeckt. Du bist tatsächlich eine ganz passable Köchin, während deine Schwester sich in anderen Dingen auskennt."

„Ja, sie weiß viel mehr als ich. Manchmal komme ich mir neben ihr ziemlich unwissend vor", gestand Mara dem Buchhändler.

„Das musst du nicht. Du hattest es im Leben nie leicht und bist doch schon weit gekommen. Wer weiß, was noch geschieht? Also sei zufrieden."

Der leichte Tadel des Alten machte Mara verlegen. Eigentlich hatte er recht, sie hatte bisher viel mehr erreicht als andere Mädchen in ihrem Alter. Da es dem Kranken besser ging, beschloss sie, ihn gleich wegen Berta zu fragen.

„Ihr kennt doch die dicke Berta vom Gasthaus am Speyerbach", begann sie. Der Buchhändler nickte. Er fühlte sich bereits wieder schläfrig. Jedoch wollte er erfahren, was Mara auf dem Herzen lag.

„Ihr Mann ist an dem gleichen Fieber wie Ihr es hattet gestorben. Der Sohn ist auf und davon. Die Liesje kümmert das Leid ihrer Mutter nicht und Gäste kommen auch keine mehr. Berta ist völlig verzweifelt. Da dachte ich, sie könnte hierher kommen, die Küche überwachen und kochen. Das kann sie nämlich richtig gut. Das meiste, was ich weiß, habe ich bei ihr gelernt. Was meint Ihr?"

Voller Hoffnung sah sie den Kranken an.

„Aber, du kochst doch. Was sollen wir mit einer weiteren Köchin?", meinte er irritiert.

„Ja, im Moment, aber wer kocht für Euch, wenn wir wieder weg sind?", erklärte sie ihm.

Ein Schatten flog bei diesen Worten über das Gesicht des Kranken und Mara erkannte, dass der Buchhändler damit gerechnet hatte, dass sie und Nahel in Speyer blieben. Mara tat der alte Mann leid, doch sie konnte und wollte ihm keine unnötigen Hoffnungen machen. Außerdem war es noch zu früh, um solch eine Entscheidung zu treffen.

„Bitte überlegt es Euch. Berta würde sich sehr freuen", meinte sie deshalb bittend.

Der Buchhändler wandte das Gesicht ab und schloss die Augen. Kurz darauf war er eingeschlafen. Mara nahm den Napf und verließ leise den Raum.

In der Küche hatte Nahel den Tisch gedeckt. Zum Eintopf gab es kräftiges Brot und Käse. Mara betrat die Küche, stellte das benutzte Geschirr neben den Spüleimer und setzte sich wortlos. Nahel füllte einen Teller mit Eintopf und brachte ihn Mara. Dann holte sie ihren Teller und beide begannen zu essen.

Als Maras Teller halb leer gegessen war, meinte sie unvermittelt: „Ich habe Meister Martin wegen Berta gefragt."

Nahel sah interessiert auf. „Und wie hat ihm die Idee gefallen?"

„Wenig", kam es einsilbig von Mara. „Ich glaube, er will, dass wir bei ihm bleiben."

Nahel schüttelte irritiert den Kopf.

„Wie kommt er nur darauf?", meinte sie. Für Nahel war klar, dass Mara und sie so bald wie möglich zu Christo zurückkehren würden.

Nach dem Essen sahen sich die beiden noch einmal den Brief ihres Vaters genau an. Sie fanden jedoch keinen neuen
Hinweis darin.

„Anscheinend gibt es keine weiteren Spuren", stellte Nahel nach mehrmaligem Lesen resigniert fest. „Als Nächstes werden wir zu den Beginen gehen. Dort werde ich mich bei der Vorsteherin als Tochter von Hermann von Regensburg anmelden lassen. Mal sehen, ob sie mich empfängt und was ich erfahre."

„Und was soll ich tun?" Fragend sah Mara ihre Schwester an.

„Du hältst dich besser erst einmal im Hintergrund. Ich glaube, wenn die Beginen dich erkennen, werden wir nur wenig erfahren. Ich werde die Vorsteherin einfach mit dem Inhalt des Briefes vor den Kopf stoßen. Sollte sie mir die Antwort verweigern, werden wir sie gemeinsam unter Druck setzen."

Nahel faltete den Brief zusammen und steckte ihn in die Tasche ihres Kleides. Sie war gespannt, ob der Besuch bei den Beginen mehr Licht in die Sache bringen würde. Innerlich beschloss sie, wenn auch auf diesem Weg nichts in Erfahrung zu bringen war, würde sie die ganze Angelegenheit nicht weiter verfolgen, sondern mit Mara zu Christo zurückkehren.

Froh eine Entscheidung getroffen zu haben, richtete sie sich im Buchladen ihren Schlafplatz. Kurze Zeit später folgte Mara. Nachdem beide im Dunkeln auf ihren Schlafsäcken lagen, tastete Mara nach Nahels Hand. Sie umschloss sie fest und meinte leise:

„Für mich bist du meine Schwester. Egal, was die Beginen dir erzählen werden. So langsam glaube ich, meine Mutter und dein Vater wollten ihr Geheimnis nicht preisgeben. Auch nicht nach ihrem Tod. Vielleicht wäre es besser, dies zu achten und damit aufzuhören, in ihr Leben einzudringen?"

Nahel konnte die Beweggründe ihrer Schwester gut nachvollziehen. Vielleicht hatte sie recht und es war besser, die Toten ruhen zu lassen? Doch einen letzten Versuch wollte sie noch machen.

„Nur einen Versuch noch. Bitte. Sollte auch der zu nichts führen, lassen wir die Toten ruhen und kehren nach Worms zurück." Zur Bekräftigung drückte sie Maras Hand ganz fest.

Der Kreis schließt sich, Speyer Anfang Mai im Jahre des Herrn 1521

14. Kapitel

Der Beginenkonvent lag im hellen Sonnenlicht, als sich ihm die Mädchen am nächsten Tag näherten.

Beim Anblick der mit Efeu bewachsenen Mauern überkam Mara erneut das Gefühl des Friedens und der Ruhe, welches sie auch in ihrer Zeit im Konvent gespürt hatte. Unwillkürlich verlangsamten sich ihre Schritte bis sie mitten auf dem Weg stehen blieb, den Blick unverwandt auf den Konvent gerichtet.

Nahel schritt weiter zügig aus, bis sie merkte, dass die Schwester nicht mehr neben ihr ging. Etwas unwillig drehte sie sich nach Mara um und rief ihr zu:

„Was ist? Warum bist du stehen geblieben?"

„Spürst du nicht, welche Ruhe von diesen Mauern ausgeht? Ich war hier zum ersten Mal in meinem Leben richtig glücklich."

Nahel hatte an diesem Tag nur wenig für die Gefühle ihrer Schwester übrig und meinte deshalb ungeduldig:

„Mag ja sein, aber du hast von hier fliehen müssen und du weißt auch warum. Also, so ruhig und friedlich kann das Leben hier nicht gewesen sein."

Mara war inzwischen langsam herangekommen. Nahel wollte sich so kurz vor dem Ziel nicht mit Mara streiten und erklärte deshalb in einem versöhnlichen Ton:

„Rückblickend erscheint einem vieles besser, als es eigentlich war."

Dann nahm sie Mara an der Hand und gemeinsam gingen sie das letzte Stück des Weges auf das große geschlossene Holztor zu.

Leise raunte Nahel ihrer Schwester zu:

„Zieh dir dein Kopftuch weit in das Gesicht, damit dich niemand vorzeitig erkennt. Am besten hältst du den Blick möglichst gesenkt. Ich werde am Tor um ein Gespräch mit der Meisterin bitten. Dann sehen wir weiter."

Mara und Nahel waren am Tor angelangt, welches fest

verschlossen war und einen abweisenden Eindruck auf sie machte. In Kopfhöhe gab es eine kleine rechteckige Luke. Doch diese war genau wie das Tor verschlossen.

Ratlos sahen sich die Mädchen an. Es musste doch irgendwo eine Möglichkeit geben, sich bemerkbar zu machen. Mara sah sich eingehend nach allen Seiten um und entdeckte neben dem Tor eine Glocke. Diese war früher noch nicht da gewesen. Ein fester Strick war daran angebracht. Offensichtlich mussten Besucher, welche Einlass begehrten, zuerst die Glocke läuten. So wurde sichergestellt, dass kein Unbefugter den Konvent betrat.

Mara zog fest an dem Strick. Lautes Gebimmel erschallte. Nach einigen Minuten näherten sich schlurfende Schritte dem Tor und die Luke wurde geöffnet. Der Kopf einer alten, zahnlosen Begine erschien. Fragend blickte sie die Mädchen an und meinte mit leichtem Nuscheln:

„Wer seid ihr und was wollt ihr?"

Nahel richtete sich gerade auf und versuchte ihrer Stimme einen befehlsgewohnten Klang zu geben:

„Ich bin die Tochter von Hermann von Regensburg und wünsche die Meisterin dieses Konventes in einer dringenden persönlichen Angelegenheit zu sprechen."

Nahel hoffte, dass ihre Worte ihnen den gewünschten Einlass in den Konvent verschaffen würden. Mara stand hinter ihr, halb verdeckt und hielt vorsorglich den Kopf gesenkt.

Die alte Begine schien von den Worten unbeeindruckt.

„Wartet."

Sie schloss mit einen lautem Knall die Luke und ihre schlurfenden Schritte entfernten sich langsam.

Nahel wandte sich verwirrt zu Mara um und wisperte:

„Was meinst du, lassen die Beginen uns hinein?"

Die zuckte mit den Schultern und zog ihr Kopftuch noch etwas weiter ins Gesicht. Mehrere Minuten vergingen, welche den Mädchen wie eine Ewigkeit vorkamen. Endlich waren erneut Schritte zu hören und die Besucherpforte wurde geöffnet. Eine dürre jüngere Begine ließ die Mädchen wortlos ein.

Beim Anblick der Frau überkam Mara ein Gefühl der

Erleichterung, da sie ihr unbekannt war.

Hinter ihnen verschloss die Begine sorgsam die kleine Pforte und Mara erfasste ein beklemmendes Gefühl. Die Mauern schienen sie einzuschließen. Um ihre Angst in den Griff zu bekommen, blickte sie angestrengt auf den steinigen Boden.

Die Begine bedeutete Nahel und Mara durch ein Handzeichen, ihr zu folgen. Der Weg über den Hof war nur kurz und Mara sehr vertraut. Die Meisterin bewohnte noch immer die Räume über dem Speisesaal. Aus diesem drangen vertraute Stimmen an Maras Ohr. Genau wie früher arbeiteten tagsüber die Stickerinnen im Saal. Mara betete innerlich, dass keines der Mädchen in der nächsten Zeit den Saal verlassen würde.

An der Tür sagte die Begine mit rauer Stimme:

„Wartet einen Moment hier, ich werde Euch bei der Meisterin anmelden."

Sie entfernte sich über die Treppe und die Mädchen blieben im Halbdunkeln des Flurs zurück. Kurze Zeit später rief die Begine ihnen von oben leise zu, die Meisterin wäre nun bereit sie zu empfangen. Mit gemischten Gefühlen stiegen die Mädchen die Stufen zum Obergeschoss hinauf. Mara hielt sich hinter Nahel, den Blick züchtig gesenkt, wie es sich für eine Dienstmagd gehörte.

Oben an der Treppe angekommen, sahen sie die Begine vor einer schweren Holztür stehen. Es war die gleiche Tür, vor der Monate zuvor Mara mit klopfendem Herzen gestanden hatte. Die spürte, je näher sie der Tür kam, die gleichen heftigen Gefühle wie damals. Nahel dankte der Begine freundlich und klopfte energisch an die Tür. Von drinnen kam die Aufforderung zum Eintreten und Nahel öffnete die Holztür. Die Mädchen betraten hintereinander den Raum, Mara schloss die Tür und blieb hinter ihrer Schwester stehen. Unter ihren gesenkten Lidern ließ Mara ihren Blick vorsichtig durch den Raum schweifen. Ihr kam es so vor, als wäre die Zeit stehen geblieben. Nichts hatte sich in den vergangenen Monaten verändert.

Genau wie bei ihrem Gespräch damals brannte ein Feuer im Kamin. Der Raum wurde noch immer durch den massiven Schreibtisch beherrscht, auf welchem sich auch heute etliche

Pergamente und Briefe stapelten. Es erschien Mara so, als wäre sie nie weg gewesen. Es lag auch die gleiche Angespanntheit in der Luft.

Die Meisterin erhob sich aus ihrem Sessel, ihr Gesichtsausdruck war verschlossen. Sie musterte Nahel mit kühlem Blick und begann das Gespräch:

„Man sagte mir, Ihr wärt die Tochter des Kaufmanns Hermann von Regensburg und wolltet mich in einer privaten Angelegenheit sprechen. Also, um was handelt es sich?"

Es war der alten Begine bei diesen Worten anzumerken, dass sie das Gespräch für Zeitverschwendung hielt und die Besucherin nur aus Höflichkeit empfangen hatte.

Nahel straffte die Schultern, um selbstbewusster zu erscheinen als ihr eigentlich zumute war und antwortete mit fester Stimme:

„Mein Vater verstarb vor einiger Zeit und hinterließ mir einen Brief. Daraus geht hervor, dass er Kontakte hierher nach Speyer und zu Eurem Konvent hatte. Ich möchte Näheres darüber erfahren. Kanntet Ihr meinen Vater persönlich?"

Bei diesen Worten wurde die Vorsteherin blass. Doch es gelang ihr schnell, wieder einen völlig unbeteiligten Gesichtsausdruck zu zeigen. Nur ihre Hände, welche unruhig über die Tischplatte strichen, zeigten wie stark ihre innerliche Anspannung tatsächlich war.

„Hermann von Regensburg", murmelte sie. Ihr Blick verlor sich einen Moment in der Vergangenheit. Dann erklärte sie:

„Nein, dieser Name sagt mir nichts. Ihr müsst Euch irren."

Nahel wollte sich nicht so einfach abweisen lassen. Hier war die letzte Möglichkeit, Licht in das Dunkel der Vergangenheit zu bringen und so antwortete sie:

„Nein, ein Irrtum ist ausgeschlossen. Mein Vater erwähnte in seinem Brief ausdrücklich diesen Konvent hier. Es gab wohl damals einen örtlichen Skandal. Mein Vater verliebte sich in ein Mädchen aus Speyer. Dieses wurde schwanger und suchte Zuflucht vor der Rache ihres Vaters hier im Konvent. Hier wurde auch meine Halbschwester geboren. Bitte, Ihr müsst mir helfen, sie zu finden. Wenn Ihr mir nicht glaubt, ich habe den Brief hier bei mir. Ihr könnt ihn lesen."

Ihre Augen nahmen einen flehenden Ausdruck an. Ihre Hoffnung war es, die Begine damit zu erweichen.

Einst hatte die Meisterin geschworen, die Angelegenheit für sich zu behalten und der Konvent war dafür mit großzügigen Spenden belohnt worden. Doch das alles war lange her. Anscheinend lebte keiner der damals Beteiligten mehr. Es war wohl an der Zeit, die Wahrheit auszusprechen und damit auch ihre Seele zu erleichtern. So holte diese tief Luft und begann zu erzählen:

„In einer dunklen Nacht vor langer Zeit suchte ein schwangeres Mädchen bei uns Zuflucht. Ihr Name war Magdalena. Durch Gerüchte aus der Stadt erfuhren wir bald, dass sie die Tochter eines reichen Kaufmanns war. Dieser hatte sich aufgrund der Schwangerschaft von ihr losgesagt und sie aus dem Haus geworfen. Magdalena war ein stilles freundliches Mädchen, stets bereit bei allen Arbeiten im Konvent zu helfen. Nur über den Vater des Kindes verlor sie nie ein Wort. Ihr eigener Vater konnte mit der Schande, welche seine Tochter ihm gemacht hatte, nicht leben. Er löste all sein Hab und Gut auf, um nach Jerusalem zu pilgern und dort am Grab unseres Herrn für seine Tochter zu beten. Vor seiner Abreise besuchte er Magdalena jedoch ein letztes Mal, hier im Konvent. Er verabschiedete sich und bat um ihr Versprechen, das Kind nach der Geburt wegzugeben und für den Rest ihres Lebens als Begine zu leben.

Magdalena wollte sich auf keinen Fall von ihrem Kind trennen und verweigerte sich dem Wunsch ihres Vaters. Trotzdem erhielt der Konvent von ihm eine umfangreiche Spende. Danach trat er seine Pilgerreise an. Man hat nie wieder etwas von ihm gehört. Mag sein, er hat im Heiligen Land ein neues Leben begonnen."

Mara konnte den Worten der alten Begine kaum folgen, so aufgewühlt war sie. Nach allem was sie gerade gehört hatte, war ihre Geburt der Auslöser für das Unglück zweier Menschen. Mit jedem weiteren Wort fühlte sie sich unglücklicher. Die Begine gönnte jedoch der Magd keinen Blick, sondern sprach weiter. Ihre Stimme wurde sicherer.

„Das Kind kam nach einer schweren Geburt zur Welt. Zum Glück konnten wir eine Hebamme finden, die dem Mädchen beistand und zudem noch schweigsam war. Magdalena brachte ein Mädchen zur Welt und war überglücklich. Doch die Geburt hatte sie sehr geschwächt. Der Hebamme gelang es nicht, die Blutung ganz zu stillen. Kurze Zeit später verstarb Magdalena. Wir haben sie am Rande unseres Friedhofes begraben. In ihrer Todesstunde bat sie mich, den Vater des Kindes zu benachrichtigen und nannte mir endlich seinen Namen.

Als das Kind einige Monate alt war, kam ein Mann in unseren Konvent. Er nannte sich Hermann von Regensburg und verlangte die Herausgabe des Kindes. Es muss sich dabei um Euren Vater gehandelt haben. Da der Name stimmte und er sich entsprechend ausweisen konnte, hatten wir keinen Grund ihm zu misstrauen. Außerdem war ich froh, die Sorge um das Kind los zu sein.

Euer Vater nahm die Kleine, welche wir auf den Namen Mara getauft hatten, mit. Ich habe das Kind danach nicht wieder gesehen und weiß auch nicht, was aus ihm geworden ist."

Die Worte der Begine gaben halbwegs den Inhalt des Briefes wieder. Die Mädchen glaubten der alten Frau, dass sie über den weiteren Verbleib des Kindes nichts wusste und auch nichts wissen wollte.

Diese Antwort hatte Mara tief erschüttert. Obwohl sie schon seit Langem wusste, was in dem Brief stand, war es doch etwas anderes, den Hergang der Ereignisse von einem Menschen zu hören, welcher dabei war und ihre Mutter gekannt hatte. Tränen liefen ihre Wangen hinunter und sie hielt den Kopf noch tiefer gesenkt, um ja keine Aufmerksamkeit zu erregen. Eines jedoch musste sie unbedingt noch wissen. Mara zupfte Nahel von hinten leicht am Kleid und flüsterte ihr fast lautlos zu:

„Das Grab. Frage sie nach der Lage des Grabes meiner Mutter."

Die Begine hatte sich mittlerweile erschöpft hinter ihrem Schreibtisch niedergelassen. Sie nahm ein Schreiben, welches durch ein blutrotes Siegel einen äußerst wichtigen Eindruck machte und sie wollte ihren Besuchern damit zu verstehen geben, dass für sie das Gespräch beendet war. Es gab nichts mehr zu sagen. Ohne den Kopf noch einmal zu heben verabschiedete sie Nahel:

„Bitte geht jetzt. Schwester Maria erwartet Euch vor der Tür und wird Euch zurück zur Pforte geleiten. Gott möge Euch schützen."

Nahel rührte sich jedoch nicht von der Stelle, sondern räusperte sich vernehmlich. Die alte Begine blickte daraufhin von ihren Papieren auf.

„Ich danke Euch für Eure Offenheit Meisterin", bedankte sich Nahel.

„Gestattet mir jedoch, Euch noch eine Frage zu stellen. Wo genau liegt das Grab dieser unglücklichen Frau?"

„Am Rande unseres Friedhofes. Wir haben den Platz mit einem großen Stein gekennzeichnet. Sagt Schwester Maria, sie soll Euch den Platz zeigen. Doch nun geht, das Gespräch hat mich sehr ermüdet und ich möchte nicht länger über die Schatten der Vergangenheit sprechen."

Nahel murmelte halblaut noch einige Dankesworte und schob Mara schnell aus der Tür. Im Halbdunkeln des Ganges wartete bereits Schwester Maria, um die Mädchen zurück zum Tor zu begleiten. Nahel sprach sie an:

„Eure Meisterin wünscht, dass Ihr mich zum Grab der unglücklichen Frau bringt, welche auf eurem Friedhof vor langer Zeit begraben wurde."

Schwester Maria sah Nahel erstaunt an. Sie sah jedoch keinen Grund, sich dem erteilten Auftrag zu widersetzen. Kurz blitzte in ihren Augen ein Funke von Neugierde auf. Jeder hier im Konvent kannte die tragische Geschichte der Verstorbenen. Im Laufe der Jahre war sie hinter vorgehaltener Hand immer mehr ausgeschmückt worden. Besonders die jüngeren Beginen hatten eine Vorliebe für unglückliche Liebschaften und vergossen heimlich am Grab der Verstorbenen die eine oder andere Träne des Mitleids. Schwester Maria hätte gerne gewusst, warum die Besucherin sich für das Grab interessierte. Doch Neugierde passte nicht zu einer Begine und so nahm ihr Gesicht schnell wieder einen demütigen Ausdruck an und sie meinte nur kurz:

„Folgt mir."

Mara und Nahel begleiteten Schwester Maria erneut quer über den Hof, durch den Gemüsegarten, vorbei an Obstbäumen, welche um diese Jahreszeit in voller Blüte standen und einen angenehm süßlichen Duft verbreiteten, in den am weitesten entfernten Teil des Konvents. Versteckt hinter den Obstbäumen und eingerahmt von niederen Hecken lag der kleine Friedhof. Nur wenige Gräber waren deutlich erkennbar und mit schlichten Holzkreuzen geschmückt. Eine friedliche Stille lag über dem Ort, nur das Zwitschern der Vögel war zu hören. Etwas abseits von den Gräbern der Beginen, direkt an der Mauer, welche den Konvent umschloss, wuchs ein üppiger Rosenbusch. Die zartrosa Blüten verströmten einen angenehmen Duft. Gleich daneben lag ein großer Stein, welcher zum Sitzen einlud. Die Begine wies auf den Rosenbusch und meinte:

„Es heißt, unter dem Busch wurde die Frau damals begraben."

Die Mädchen blieben am Stein stehen und Nahel bat Schwester Maria freundlich:

„Bitte lasst uns für einige Minuten alleine. Ich möchte für die unglückliche Frau ein kurzes Gebet sprechen. Es wird nicht lange dauern."

Schwester Maria zuckte mit den Achseln und antwortete:

„Mir soll es recht sein. Ich warte auf Euch vorne im Gemüsegarten."

Nahel dankte ihr und ging dann langsam zu dem Rosenbusch. Mara folgte ihr nach kurzem Zögern. Vor dem Busch blieben die Mädchen stehen. Jede sprach für sich, dem jeweiligen Glauben entsprechend, ein kurzes Gebet. Dann blickten sie schweigend auf den üppig blühenden Busch. Nahel unterbrach als erstes die Stille:

„Nun sind wir am Ende unserer Suche. Hier liegt das Grab deiner Mutter. Es ist alles so, wie es mein Vater geschildert hat. Nun kannst du endlich nach vorne blicken."

Mara ließ sich auf dem Stein nieder und blickte Nahel offen an:

„Ja, meine Suche hat endlich ein Ende. Aber weißt du, was sonderbar ist? Hier genau an diesem Grab war einer meiner Lieblingsplätze, als ich noch bei den Beginen war. Natürlich kannte ich die traurige Geschichte, aber bis eben war mir nicht klar, dass es sich dabei um meine Mutter gehandelt hat. Jetzt verstehe ich auch, warum ich mich gerade an diesem Platz immer geborgen gefühlt habe."

Nahel nahm Maras Hand und drückte sie kurz.

„Es wird Zeit zu gehen. Deine Mutter hat hier einen schönen Platz und ihr Grab wird nicht vergessen."

Zumindest hat sie ein Grab, anders als mein Vater, setzte sie in Gedanken traurig hinzu.

„Du hast recht", antwortete Mara erleichtert. „Lass uns gehen. Meine Mutter hat hier ihre Ruhe gefunden und ich muss nun mein Leben überdenken."

Im Gemüsegarten wartete wie verabredet Schwester Maria und begleitete die beiden zurück zum großen Haupttor. Nach einer höflichen Verabschiedung verließen die Mädchen den Konvent und die Pforte schloss sich hinter den beiden.

Erleichtert und irgendwie beschwingt machten sich Mara und Nahel auf den Weg zurück zur Stadt. Unterwegs kauften sie bei den Händlern in der Marktstraße frisches dunkles Brot, würzigen Käse und einen Krug Rotwein. Ihnen war zum feiern zumute. Außerdem schmiedeten sie Pläne für die Zukunft. Nahel wollte so schnell wie möglich zurück nach Worms zu Christo. Sie hoffte darauf, dass Mara mit ihr kommen würde. Am Grab von Maras Mutter hatte Nahel ihren Vater um Vergebung gebeten. Dafür, dass sie ihm nach dem ersten Lesen des Briefes so gegrollt hatte. Heute wusste sie es besser und war froh, eine Schwester zu haben. Mara hörte Nahel ziemlich zerstreut zu. Zu viele Gedanken gingen ihr durch den Kopf. Sie war sich nicht sicher, ob es gut für sie war, mit Nahel zurück nach Worms zu gehen.

Zwischen Christo und Nahel bahnte sich eine zarte Liebe an, das hatte sie bereits in Worms gespürt. Bald wäre dort kein Platz mehr für sie. Der Gedanke in Speyer zu bleiben kam ihr in den Sinn. Hier war das Grab ihrer Mutter, hier hatte sie ihre Wurzeln. Meister Martin würde sich sicher über ihr Bleiben freuen. Sie war gern in seiner Gesellschaft und sah in ihm mittlerweile fast so etwas wie einen Ersatzvater.

An diesem Abend herrschte im Haus des Buchhändlers eine gelöste, freudige Stimmung. Zum ersten Mal konnte Meister Martin sein Bett verlassen und saß zusammen mit den Mädchen in der Küche. Berta war spontan vorbeigekommen und hatte einen großen geräucherten Schinken gebracht. Dazu gab es das frische Brot, den würzigen Käse und den dunklen roten Wein, den Mara und Nahel unterwegs besorgt hatten. Mara war erleichtert, dass ihre Abenteuer zu Ende waren, sich ihre Herkunft soweit wie möglich geklärt hatte und sie sich nun um ihre Zukunft kümmern konnte.

Mara und Nahel hatten während des Essens dem Buchhändler und Berta die zurückliegenden Ereignisse geschildert. Berta wusste ja schon einiges, doch Meister Martin kam aus dem Staunen nicht mehr heraus. Noch immer schüttelte er ungläubig den Kopf.

„Hätte ich das alles geahnt, ich hätte dich doch nie nach Worms gehen lassen. Ich dachte, es ginge nur um den Streit mit den Beginen."

Mara drückte dem alten Mann leicht die Hand.

„Lasst es gut sein. Ich wäre auf jeden Fall zu Luther nach Worms gereist. Trotz aller Gefahren habe ich in den letzten Wochen gesehen, was in mir steckt. Außerdem, ohne die Reise hätte ich nie erfahren, dass ich eine Schwester habe."

Nahel, die gerade Berta eine weitere Scheibe Schinken reichte, lächelte Mara an. Sie nahm sich noch etwas von dem Käse und meinte dann in die Runde:

„Nachdem nun in Speyer alles geklärt ist, gibt es für Mara und mich keinen Grund, hier länger zu verweilen. Wir werden also gleich morgen mit den Vorbereitungen für unsere Rückreise nach Worms beginnen.

Bei diesen Worten spiegelte sich Erstaunen auf den Gesichtern von Berta und Meister Martin. Sie hatten angenommen, dass die beiden noch einige Zeit in Speyer bleiben würden und auch Mara, die gerade genüsslich in eine reichlich belegte Scheibe Brot biss, sah erstaunt auf. Bisher hatte sie noch keinen Gedanken an den genauen Zeitpunkt der Rückreise verschwendet, doch bei den Worten von Nahel war ihr mit einem Mal klar, sie wollte hier in Speyer bleiben.

Obwohl sie sich sicher war, dass sie mit den nächsten Worten Nahel verletzen würde, musste sie jetzt handeln, bevor die Ältere über ihr Leben bestimmte. Mara wandte sich an Meister Martin, der ihr am Tisch gegenüber saß:

„Es ist wahrscheinlich nicht der richtige Moment für meine Bitte. Ihr seid von Eurer Krankheit noch nicht genesen, aber besteht die Möglichkeit, dass ich hier bei Euch in Speyer bleiben und alles über Bücher lernen kann, was Ihr mir beibringen könnt? Ich halte auch den Laden in Ordnung und werde alles tun, was Ihr mir auftragt. Ich brauche auch nicht viel zu essen und nur wenig Platz zum Schlafen."

Mara hatte zum Ende hin immer schneller gesprochen vor Angst, Nahel würde sie unterbrechen. Doch die sah sie nur völlig erstaunt an. Für Nahel war es immer klar gewesen, dass Mara mit ihr zurück nach Worms kommen würde. Jetzt erkannte sie, dass ihre jüngere Schwester viel eigensinniger und unabhängiger war, als sie bisher bemerkt hatte. Trotzdem stimmte sie Maras Entschluss traurig. Sie hatten sich gerade erst gefunden und nun würde sie Mara bereits wieder verlieren.

Meister Martin war sichtlich gerührt von Maras Bitte. Insgeheim hatte er gehofft, dass Mara bei ihm bleiben würde. Er hätte es aber auch verstanden, wenn sie lieber mit ihrer Schwester zurück nach Worms gereist wäre. Ihre Worte stimmten ihn unendlich froh.

„Kind, du machst einen alten Mann sehr glücklich. Ich freue mich darauf, an dich alles, was ich über Bücher und deren Verkauf weiß, weiterzugeben. Aber bist du dir auch ganz sicher, dass du hier bleiben willst? Bedenke, deine Schwester geht zurück nach Worms."

Forschend sah der alte Buchhändler Mara an. Diese strahlte über das ganze Gesicht und rief freudig aus:

„Ja, ich will hier bei Euch bleiben. Speyer ist meine Heimat und Nahel ist ja nicht aus der Welt, bestimmt darf ich sie ab und zu besuchen?"

„Natürlich, es gehen immer mal wieder Büchersendungen nach Worms. Da kannst du gefahrlos mitreisen."

Mara blickte ihre Schwester unsicher an. Sie beugte sich zu

Nahel hin, die neben ihr saß, und versuchte im Gesicht ihrer Schwester zu lesen. Als die keinen Ton von sich gab, flüsterte sie ihr halblaut zu:

„Sei mir bitte nicht böse. Ich muss meinen Weg alleine finden und meine eigenen Entscheidungen treffen, auch wenn ich sehr dankbar dafür bin, dass es dich gibt."

Sie umarmte Nahel fest und drückte sie. Mara konnte sich ein leichtes Grinsen nicht verkneifen und meinte:

„Freu dich, in Zukunft haben Christo und du das Haus für Euch alleine."

Nahels Gesicht errötete sich bei diesen Worten. Verlegen gab sie Mara einen Stoß in die Seite.

Der Buchhändler und Berta sahen sich vielsagend an. Sie hatten von Mara schon einige Andeutungen über die Beziehung zwischen Nahel und Christo gehört. Um das Gespräch abzuschließen antwortete Nahel:

„Ich bin zwar deine Schwester, doch ich will dir dein Leben nicht vorschreiben. Wenn du lieber hier bleiben willst, kann ich es nicht ändern. Ich wünsche dir auf jeden Fall für die Zukunft alles Gute."

Mara war überglücklich, dass Nahel nicht böse auf sie war und strahlte Berta und den alten Buchhändler an.

Berta freute sich zwar für Mara, hatte aber Sorge, was nun aus ihr werden würde. Wenn Mara bei dem Buchhändler wohnte, würden ihre Kochkünste nicht benötigt. Trotzdem wollte sie nicht einfach so aufgeben und wandte sich an Meister Martin:

„Ich freue mich für Euch, dass Mara hier bleibt. Bestimmt kann sie viel von Euch lernen und wird den ganzen Tag beschäftigt sein. Wäre es da nicht besser, sie müsste sich nicht auch noch um den Haushalt kümmern?"

Voller Erwartung blickte die dicke Berta den Buchhändler an. Dem war schon nach wenigen Worten klar, worauf die Köchin hinauswollte. Eigentlich war er der Meinung, Mara könnte den Haushalt erledigen. Jedoch war er über ihren Entschluss, bei ihm zu bleiben, so glücklich, dass er auch Berta glücklich sehen wollte. Allerdings ließ er sich mit seiner Antwort ziemlich Zeit. Er musterte Berta ausgiebig, runzelte die Stirn, murmelte halblaute Worte vor sich hin und schien zu keinem Ergebnis zu kommen. Berta wurde immer nervöser. Sie sah sich schon in ihr leeres Gasthaus zurückkehren. Mara und Nahel, welche den beiden gegenüber saßen, konnten sich kaum das Lachen verkneifen. Ihnen war klar, dass der Alte die Köchin nur narren wollte.

„Ich werde es mit dir versuchen. Mara hat mir schon viel von deinen Kochkünsten erzählt. Wenn auch nur die Hälfte davon wahr ist, dann hast du hier eine Lebensanstellung."

Berta konnte kaum glauben, was sie da gehört hatte. Eben noch war sie sich sicher gewesen, dass alles verloren war und nun hatte sich doch noch alles zum Guten gewendet. Jetzt konnte auch sie den Abend genießen.

Einige Tage später reiste Nahel zurück nach Worms, zusammen mit einigen erlesenen Büchern, die ein Geschenk von Mara an Christo waren. Sie hatte auch einen kurzen Brief beigefügt, worin sie ihn bat, gut auf ihre Schwester aufzupassen. Mara fiel der Abschied nicht leicht.

Das Gepäck war bereits verstaut und der Kutscher wartete ungeduldig auf dem Fuhrwerk. Von Berta und Meister Martin hatte sich Nahel bereits verabschiedet. Nun stand sie mit Mara neben dem Karren und suchte nach den richtigen Worten:

„Versprich mir, wenn du Hilfe brauchst, sofort zu schreiben. Oder wenn du unglücklich bist oder traurig. Ach was, schreibe mir am besten jede Woche, damit ich immer weiß, wie es dir geht."

Mara stiegen die Tränen in die Augen. Am liebsten wäre sie jetzt doch mit Nahel nach Worms gereist. Der Gedanke, ihre Schwester nicht mehr jeden Tag zu sehen, zerriss ihr fast das Herz. Sie bemühte sich stark zu sein.

„Du musst mir aber auch oft schreiben und mir genau berichten, was es Neues zwischen dir und Christo gibt."

Mara war sich sicher, dass Christo seine Gefühle für Nahel leichter offenbaren würde, wenn sie nicht mit zurück nach Worms käme.

Die Mädchen umarmten sich ein letztes Mal. Dann stieg Nahel auf und suchte sich einen bequemen Platz zwischen den ganzen Kisten und Fässern. Der Kutscher hob die Zügel und die Maultiere begannen loszulaufen.

Mara stand auf den Stufen zum Bücherladen und sah den Karren anfahren. Da fiel ihr im letzten Augenblick etwas Wichtiges ein.

„Halt", rief sie dem Kutscher zu. „Wartet einen Moment, ich muss meiner Schwester noch etwas sagen."

Irritiert blickte der Kutscher sie an und brachte die Maultiere zum Stehen. Schnell lief Mara zu ihrer Schwester, beugte sich über den Karrenrand und flüsterte:

„Vergiss nicht, Christo gleich nach deiner Ankunft zu sagen, dass du Jüdin bist."

In der vergangenen Nacht, als die Mädchen zum letzten Mal für lange Zeit gemeinsam in einem Bett lagen und sich flüsternd unterhielten, hatte Nahel ihr letztes Geheimnis preisgegeben. Für Mara spielte es keine Rolle, welchen Glauben ein Mensch hatte. In den vergangenen Monaten hatte sie erlebt, was religiöser Fanatismus bewirken konnte. Dadurch war sie in diesen Dingen toleranter geworden. Sie hoffte, dass auch Christo, wenn er Nahels wahre Geschichte gehört hatte, so denken würde.

Nahel konnte die Meinung ihrer Schwester nicht so ganz teilen und sie hätte Christo ihre jüdische Geburt lieber noch eine Weile verschwiegen. Doch Mara hatte sie davon überzeugt, offen und ehrlich zu sein. Gleich nach ihrer Ankunft in Worms würde sie Christo alles erzählen. Über ihr Leben in Cordoba, ihre Flucht aus Spanien und aus Regensburg. Sollte es dann für sie keinen Platz mehr in seinem Haus geben, würde sie zu Mara nach Speyer zurückkehren. Sie hoffte jedoch ganz fest auf ein Leben zusammen mit Christo in Worms.

Wortlos nickte Nahel. Dann fuhr der Karren endgültig davon. Mara winkte, bis sie Nahel im Gewühl der Händler, Mägde, Handwerker und Bettler, die wie immer zahlreich die Straße bevölkerten, nicht mehr sehen konnte. Dann drehte sie sich um, wischte sich die Tränen aus den Augen, straffte die Schultern und betrat den Buchladen.

Ihr neues Leben hatte begonnen.

Danksagung

Bedanken möchte ich mich, bei meiner Verlegerin Sonia Lauinger und meiner Lektorin Sandra Nagel, welche das Buch erst möglich gemacht haben.

Bei den Mitarbeiterinnen der Stadtarchive Speyer und Worms, für die Beantwortung meiner Fragen, sowie bei der Pfälzischen Gesellschaft zur Förderung der Wissenschaften für die freundliche Genehmigung zum Abdruck des alten Stadtplans von Speyer.

Außerdem möchte ich Rainer Wekwerth danken, der mir immer wieder Mut machte als Autorin nicht aufzugeben.

Birte Jacobs

Weitere Bücher erschienen bei

Der Kleine Buch Verlag

Mordsküche: Eiskalt um die Ecke serviert
Krimi-Anthologie, Oktober 2012
ISBN: 978-3-942637-15-2

Krimis aus der Hexenküche
Krimi-Anthologie, Oktober 2011
ISBN: 978-3-942637-08-4

Hannelore Bahl oder der Eselsfurz
Roman von Angela Hornbogen-Merkl
ISBN: 978-3-942637-03-9

Wie im Märchen
Frauenroman von Roberta Gregorio
ISBN: 978-3-942637-06-0

Hippie High – EINE BADISCHE REVOLUTION
Roman von Daniel Bittermann
ISBN: 978-3-942637-07-7

KRANKE PFLEGE 'N' LEICHT
Kurzgeschichten von Birgit Jennerjahn mit Illustrationen von Libuše Schmidt
ISBN: 978-3-942637-04-6

22.44 schwindelfrei unterwegs
Roman von Gisa Feldmayer und Andrea Schmied
ISBN: 978-3-942637-17-6

www.derkleinebuchverlag.de

Weitere Bücher erschienen bei
Der Kleine Buch Verlag

Erben
Roman von Martina Bilke
ISBN: 978-3-942637-18-3

Milchfrei kochen
Kochbuch für Menschen mit einer Laktoseintoleranz von Petra Kipp
ISBN: 978-3-942637-09-1

Das Vaterschaftsjahr
Satirische Erzählung von Nina Bihr
ISBN: 978-3-942637-02-2

Kopieranstalt – Schule ist ein Irrenhaus
Band I. Satirischer Lehrerroman von Joseph Maria Samulskie
ISBN: 978-3-942637-00-8
auch als Hörbuch erhältlich, gelesen von Jannek Petri
ISBN: 978-3-942637-10-7

Psychoknast – Und täglich winkt der Wahnsinn!
Band II. Satirischer Lehrerroman von Joseph Maria Samulskie
ISBN: 978-3-942637-05-3

Fünf Puzzlestücke – Füge alles zusammen
Eine kafkaeske Erzählung von Cihan Aydin
ISBN: 978-3-942637-01-5

www.derkleinebuchverlag.de